项目资助

本书系国家社会科学基金"十三五"规划2018年度教育学一般课题"'双一流'建设背景下高校分类管理政策与制度创新研究"的最终成果

高校分类管理政策研究

Research on the Policy of Classified Management of Colleges and Universities

雷家彬 著

中国社会科学出版社

图书在版编目（CIP）数据

高校分类管理政策研究 / 雷家彬著 . —北京：中国社会科学出版社，2024.6
ISBN 978 - 7 - 5227 - 3580 - 1

Ⅰ.①高… Ⅱ.①雷… Ⅲ.①高等学校—学校管理—政策—研究—中国 Ⅳ.①G649.22

中国国家版本馆 CIP 数据核字（2024）第 102006 号

出 版 人	赵剑英	
责任编辑	赵　丽	
责任校对	周　昊	
责任印制	王　超	

出　　版	中国社会科学出版社
社　　址	北京鼓楼西大街甲 158 号
邮　　编	100720
网　　址	http://www.csspw.cn
发 行 部	010 - 84083685
门 市 部	010 - 84029450
经　　销	新华书店及其他书店

印　　刷	北京明恒达印务有限公司
装　　订	廊坊市广阳区广增装订厂
版　　次	2024 年 6 月第 1 版
印　　次	2024 年 6 月第 1 次印刷

开　　本	710×1000　1/16
印　　张	18.5
插　　页	2
字　　数	285 千字
定　　价	96.00 元

凡购买中国社会科学出版社图书，如有质量问题请与本社营销中心联系调换
电话：010 - 84083683
版权所有　侵权必究

序　言

中国高校分类问题的出现与高等教育大众化紧密相关。20世纪90年代至21世纪初，中国高等教育经历了快速的大发展、大扩张、大提高的阶段，"院系调整"期所确立下来的体系结构发生了重大变化。不少公办院校纷纷改名、合并，而民办高校、独立学院等机构快速出现且有力地充实了高等教育资源，大量中央部委属高校被下放地方管理，更多的院校在内部调整了办学定向、学科专业结构、办学职能，传统高校的类型属性稀释了、转移了，甚至消失了。同期，高等教育重点建设战略进入新阶段。由于高等教育在促进国家经济社会发展中的作用不断凸显，在国际竞争中的核心地位越来越明显，中国先后出台了"211"工程"985"工程，倾力打造重点学科和一流大学，不同区域高等教育体系和高校，围绕重点建设工程项目展开了全方位的竞争，大量的高校通过多种方式实现了升格，学科专业布点增多，过去高校的层级次序也持续出现了新的变化。

和国外的情况相似，大众化前后体系结构的变化带来的是敏感的警示信号。中国高校分类的研究最初是从高校开始的，最初，除了基于保证高等教育办学质量的讨论外，教育部门、政府、学界、社会不乏这样的声音，将这些变化理解为高等教育体系的"无序"，并从规制高校层次、类型结构生成秩序的角度，提出高校分类问题。但是，以上及后续深入发展似乎都说明了高校分类未必是涉及高校单一主体的研究议题。它既不是单纯的如何促进高校"科学定位""特色发展"的问题，如同20世纪90年代至20世纪初一些研究所认为的那样；也不是后来一些研究尝试性将高校进行"分类"所能解决的，毕竟那样太理论化；也好像不是其后的一些研究，构思要求各类高校如何"分类发展"那样理想化，何况高等教育管理体制改革下地方和高校办学已经有了更大的办学自主权。

进一步地，高校分类问题与研究的发展脉络的梳理会涉及太多问题和线索，这里不作一一回顾。但是，总体上，随着《国家中长期教育改革和发展规划纲要（2010—2020年）》的颁布，越来越多的研究倾向于将高校分类列入一类复杂的系统性问题，而不仅仅是涉及高校自身，高校分类的研究取向也经历着四个转向：一是研究内容由高校发展转向于体系建设和结构优化，二是研究重点由高校行为转向于政策制度设计，三是研究难点由高校分化的规定性转向于政府、市场和高校等多方协同下的高校分化的实现机制，四是研究方法由思辨转向于定量与定性的多元综合研究。

以上这些回溯表明，高校分类问题的出现源于高等教育体系的变化，其中很多变化都直接与宏观的高等教育管理政策相关。而从清末现代高等教育体系建设，到中华人民共和国成立初期的"院系调整"，甚至纵横比较国外中世纪以来现代高等教育发展的历史进程来看，高校分化都是不可抗拒的普遍趋势，宏观层面的系统体系结构调整及其衍生出的系列问题其实也都是普遍的、持续存在的，对此近30年来我们只是套用了"分类"这个主题而已，仅凭搞一套高校分类方案或设置管理办法一劳永逸解决这类问题都是徒劳的。但可以肯定的一点就是，高校分类及这些体系结构的问题因政策而起，而问题的解决也理应回到院校分类管理的制度和政策上来。

基于以上思考，本书中的高校分类研究聚焦于高校分类管理的政策，准确地说，即高校分化的促进政策，因为分化或多样化较之分类更为客观，立足分类管理促进高校分化、增进多样性的角度分析相关政策的效用与优化策略。主要着眼于两个问题：其一，高校分化是如何产生的？有什么规律和特点？其二，为促进高校按照政策限定目标或出于优化体系优化的需要实现分化，需要哪些制度和政策条件？围绕这两大目标，本书主要从以下三个方面展开研究。

其一，高校分化与分类管理的理论研究。第一章通过梳理中世纪以来高校分化的特点、具体特征和内容，重点分析趋同分化与差异化两类现象，并从系统体系结构、高校组织转型、高校层次类型分化三个维度，探究高校分化的规律；为立体呈现分类管理的价值，从政策分析的两种取向入手，归纳高校分类管理政策的价值，并对分类管理促进高校分化的机理进行了社会学、组织学、生态学的多视角分析。

其二，高校分类管理政策的实践研究。第二章系统回顾中华人民共和国成立以来中国高校分类管理的系列政策，分析政策内容特征、梳理不同时期政策的背景与实践历程；为进一步了解政策的推进效果，第三章从校名和生物学两个视角描述高校多样性的历时变迁、现时样态、特征与发展趋势；第四章则基于"双一流"建设和"学科评估"等典型政策，分析当前高校分类管理政策的突出问题及优化路径。

其三，高校分类管理的政策创新研究。在国外，中国学界所谓的高校分类研究有着更为广阔的研究域，可将其归为高校多样化促进政策的范畴，研究者多以社会学组织学派居多，且以高校多样性、高校分化为主要研究对象，实践层面的推进政策比较多元。因此，第五章主要对国外相关研究和加拿大安大略省的政策经验进行了分析。最后，第六章从分类设置政策、分类评价政策、分类拨款政策维度探讨了高校分类管理政策创新的具体内容。

中国高等教育已进入普及化阶段，面临的体系结构调整的任务更为艰巨，促进高校按照政策目标实现多样化的政策主体更为多元、形势更为复杂、不确定性因素也更多。因此，对高校分化现象和相关政策的多维研究就显得尤为重要。本书在这方面作了一些尝试性的工作，如引入高校多样性视角，从生物多样性分析高校分化，运用内容分析、指数分析方法等分析相关政策和高校多样性表现，基于各省市政策文本和学科评估数据剖析政策问题等，或许能为相关研究和实践提供一点点帮助。同时，我们也期待更多更深入的研究，这也是高质量高等教育体系建设所需要的。

雷家彬

2024年4月6日于湖北武汉

目　录

第一章　高校分类管理的理论分析 ………………………………… (1)
　　第一节　从高校分化现象说起 ………………………………… (1)
　　第二节　高校多样性 …………………………………………… (19)
　　第三节　高校分类管理 ………………………………………… (28)
　　第四节　分类管理促进高校分化的理论依据 ………………… (37)

第二章　高校分类管理政策及其演进 ………………………………… (48)
　　第一节　高校分类管理政策概述 ……………………………… (48)
　　第二节　高校分类管理政策的历史演进 ……………………… (77)

第三章　高校多样性的变迁与测度 …………………………………… (94)
　　第一节　校名视角下高校多样性的变迁 ……………………… (94)
　　第二节　高校多样性变迁的生物学测度 ……………………… (110)
　　第三节　高校多样性变迁的特征与政策展望 ………………… (126)

第四章　高校分类管理政策的冲突与调适 ………………………… (135)
　　第一节　高校分化策略概述 …………………………………… (135)
　　第二节　高校分类管理中的政策悖论 ………………………… (141)
　　第三节　高校分层建设中的"一流学科"建设目标失真 ……… (156)
　　第四节　"双一流"建设中高校分化政策的优化路径 ………… (174)

· 1 ·

第五章　国外高校多样化促进政策与案例研究 …………………（181）
　　第一节　国外高校多样化促进政策及其争论 ………………（181）
　　第二节　加拿大安大略省高校差异化制度实践 ……………（195）
　　第三节　结论与启示 …………………………………………（213）

第六章　高校分类管理的政策创新 ……………………………（226）
　　第一节　高校分类设置政策 …………………………………（226）
　　第二节　高校分类评价政策 …………………………………（241）
　　第三节　高校分类拨款政策 …………………………………（256）

参考文献 …………………………………………………………（274）

后　记 ……………………………………………………………（286）

第一章

高校分类管理的理论分析

自中世纪以来，高等教育形态已发生了持续的变化。从一定意义上看，高等教育发展史就是一部机构的分化史。高校分化作为一种普遍现象，指引着高等教育不断向前发展，产生了色彩斑斓的系统多样性。这种多样性越来越被认为是一种优势，因此，通过系统的分类管理活动推动高校分化，进而增进高校的多样性，具有重要的理论价值。

第一节 从高校分化现象说起

古今中外，各个系统都面临着高校分化现象。高校分化不受高等教育管理体制、规模、历史的影响，具有普遍性。尽管如此，高校分化的结果却不尽相同。分化既可以产生示范效应，使得不同的院校都朝着同一种类型发展，甚至向头部院校看齐，导致整体系统的趋同化；也可能使得院校形成不同的分工，为了追求适当的生态位，满足不同主体和自身不同功能实现的需要，实现机构间的特色化、个性化和错位发展。

一 高校分化的普遍性

高等教育大众化的一个核心特征是差异化或者分化。中世纪以来，高校的形态已经并将持续发生变化。以单一大学为原型的高等教育机构在世界各地普遍开花结果，并逐渐演化出各异的形态。随之，高等教育系统的构成方式也在发生变化，高校的形态和职能越来越多样。

(一) 中世纪以来的高校分化

中世纪以来高等教育经历了中世纪大学、近代早期高等教育（1500—1800年）、近现代19世纪至20世纪上半叶（1800—1945年）以及"二战"后以来四个发展阶段。从系统分化的视角来看，以中世纪大学为原型的高等教育史无疑是一部高等教育机构的分化史。

在整个中世纪，大学是高等教育的同义语，大学是当时唯一的高等教育机构。这种组织属于行业组织，是由教师和学生组成的社团，有着制度化的教学、学位授予、管理等运行模式，通过行业自治以保障知识生产活动的正常运行，学术共同体的群体利益受宗教、世俗的侵扰，以维护大学这种"高深学问"的专门机构的合法地位。史学家们为了方便认识，将中世纪大学分为先生大学和学生大学两类，但中世纪大学本身就是一个模糊的且不断动态发展的组织。"假如我们就此为止的话，那么，也许就会给读者留下一种完全同一和静态的印象。但是，对于60多所中世纪西方大学来说，它们的人数、理智取向、社会角色，以及大学自身的组织机构，都是千差万别的。"[①] 仅从主办者来看，14世纪之前出现的大学多由学者主导自发形成，享有较高的自治权；14世纪之后建立的大学则多由政府、教会组织创建，具有一定的政治性和社会性。

跨过黑暗的中世纪，近代早期的高等教育随着民族国家的崛起而不断凸显出来的公共性，使大学的发展进入所谓的"冰河期"。大多数人民对那些学校和大学的恶劣善不抱幻想，迫切地要求改革。[②] 大学内部的系科开始走向独立，并逐渐从大学整体中脱离出来，形成独立的大学、学院和其他高等教育机构。高等教育开始为平民、社会服务，成为更为实用的机构。新建了大量的大学，或准大学，或高等教育机构，这些教育机构中有许多都是在大学的网络之外的，其组织非常复杂，并具有自治权利。这些新建的教育机构并不轻易隶属于大学，事实上，有时它们

---

① [法] 雅克·韦尔热：《模式》，载 [比] 希尔德·德·里德－西蒙斯主编《欧洲大学史（第一卷）：中世纪大学》，张斌贤等译，河北大学出版社2008年版，第47—48页。
② [英] 威廉·博伊德、埃德蒙·金：《西方教育史》，任宝祥等译，人民教育出版社1985年版，第279页。

还是作为大学的替代品而建立的。① 大学的分化表现为职业化的加深，一方面，老大学或分离出新的学院，或被整合到新的以职业训练为目的的新机构中；另一方面，产生了独立的高等教育机构、介于大学与高中之间的机构，如专科学校（实科学校）、神学院、宗教会社学院等，这些机构注重吸纳新学科知识，专注于实际应用和职业训练，而非科学研究与通识教育。

高等教育在19世纪至20世纪上半叶发展迅速。随着高等教育规模的扩张，几乎所有的高等教育体系都在不断分化以应对日益多元的内外部需求压力。18世纪末之前，整个欧洲共有的传统大学模式为高等教育的不同模式所取代，现代大学日益关注专业化的科学研究。② 伴随着殖民化的推进，以英国、德国和法国为代表的欧洲高等教育模式向全球扩散，高等教育系统在政府、宗教、社会、私人、高等教育机构等主体的协调下，发展模式更为多元。仅从1790年至20世纪30年代，大学结构因专门大学的大规模增长而被完全改造，还有一些学术学院、大学分部或私立大学，外加大学性的学术机构，欧洲高等教育机构总数增长为原来的3倍。③ 在美国，初级学院、州立大学、研究型大学开始出现，并构成其多样化高等教育的重要支柱；中国以京师大学堂为代表的大学、洋务学堂、教会大学、私立大学等高等教育机构的诞生和发展，描绘出"后发外生型"国家高等教育分化的典型轨迹。

"二战"结束以来，世界高等教育从废墟中得以重建、恢复，并逐步步入大众化、普及化阶段，高等教育规模的扩大与机构层次类型的多样化同步，高校分化的模式更为多元。一方面，由于大学办学主体和经费来源

---

① ［荷兰］威廉·弗里霍夫：《模式》，载［比］希尔德·德·里德-西蒙斯主编《欧洲大学史（第二卷）：近代早期的欧洲大学（1500—1800）》，张斌贤等译，河北大学出版社2008年版，第65—66页。

② ［法］克里斯托弗·查理：《模式》，载［瑞士］瓦尔特·吕埃格主编《欧洲大学史（第三卷）：19世纪和20世纪早期的大学（1800—1945）》，张斌贤等译，河北大学出版社2014年版，第11页。

③ ［法］克里斯托弗·查理：《模式》，载［瑞士］瓦尔特·吕埃格主编《欧洲大学史（第三卷）：19世纪和20世纪早期的大学（1800—1945）》，张斌贤等译，河北大学出版社2014年版，第75页。

的多元化，内部结构和职能越来越复杂，利益相关者的价值诉求更为多元，如何在全球背景下定义大学面临困境。如在西欧，1984年存在的所有大学中，有超过60%是新建的，而在东部集团，这个数字是53%。[①] 另一方面，高校分化主要表现为非大学的高等教育机构不断增加。这类机构的诞生与分化是传统大学无法回应外部需求的结果，特定机构具有很强的本土性特征，办学模式和职能极具异质性，在许多国家，非高等教育机构如各类技术学校、专科学校、实科中学等随着大量学生的涌入升格为高等教育机构。因此，总体上看，不同系统为满足高等教育需求不断增长的方式不同，或将非高等教育机构升级，增设新型机构，或以扩张原有机构的新职能等方式实现，纯粹同质化的规模扩大的案例并不多见。

（二）不同系统中的高校分化

中世纪以来高校分化已经成为一种常态，"没有一个近代的高等教育系统历史上根本不进行职能的分化。"[②] 然而，不同系统高校所经历的分化轨迹和结果并不相同。

在中央集权制系统中，典型的如法国、俄罗斯，高等教育管理突出政府干预，政府实施分类管理推动高校分化，高校层次结构清晰，分工明确，体现出很强的专门化特征。法国作为中世纪大学的发源地之一，高校分化一直在综合化、专业化间摇摆。法国现代高等教育体系形成于18世纪末，国民议会于1793年通过《关于公共教育组织法》，即"达鲁法案"，奠定了法国近现代高等教育的基本结构，传统综合性大学被拆解形成以专门学院为主体的高等教育系统。1860—1940年经历了大学系统的多样化、扩张和专业化为特征的改革，形成了以专注精英教育的"大学校"、以大众教育为重点的综合性大学和各类高等专科学院为主体的高等教育体系，体现出中央集权下的部门管理体制、教学与科研机构相互分离、国家主义和功利主义的教育价值观的特征。受到法国和德国高等教育的影响，俄罗

---

① ［英］盖伊·尼夫：《模式》，载［瑞士］瓦尔特·吕埃格主编《欧洲大学史（第四卷）：1945年以来的大学》，张斌贤等译，河北大学出版社2019年版，第56页。

② ［美］克拉克·克尔：《高等教育不能回避历史——21世纪的问题》，王承绪译，浙江教育出版社2001年版，第110页。

斯早在18世纪就由彼得一世主导创办了炮兵、数学、航海、外国语等大量实科学校和大学机构；在俄罗斯科学界先驱米哈伊尔·瓦西里耶维奇·罗蒙诺索夫的倡导下，成立了第一所综合性大学莫斯科大学，为俄罗斯高校分化带来了新的样板。历经苏联时期大幅度的院系调整，创办了一大批大学和新型学院，形成了以工科类院校为主体的专业学院体系，包括综合大学、师范院校、医学院校、高等技术院校、文科专业院校、体育院校、文化和艺术院校等类型的高校。这种模式成为中华人民共和国成立之初"院校调整"的参照，并一直影响着当前中国高等教育体系结构调整的方向。

与此相对，以美国为代表的高等教育分权制管理系统，高校与市场对接更为紧密，机构分化受多种力量影响，分化结果更为复杂，高校形态具有更强的多样性。正如博耶所言："我们崇尚多样性，承认我们的高等教育体系享誉世界。确实，恰恰因为避免了一元模式，美国的学院和大学网络才如此强大。"[①] 经过殖民地时期学院、建国时期小型学院、工业化时期大学的转型，以及"二战"结束以来的高等教育大众化、普及化等历程，吸收英国、德国高等教育模式特点，开创了美国整合本科生学院、专业学院和研究生院等于一体的综合型大学和现代研究型大学模式，并成功地将社会服务职能引入高等教育。工业化以来美国高等教育分化与规模扩张同步，"虽然人口增长对此有所助益，但主要的推动力还在于高等教育和中等教育的服务更多样化了，开发了新的课程计划，吸引了更多学生接受高等教育。"[②] 根据2021年卡内基分类法，美国现有各类高校3940所，这些院校可按照"本科教育"（20种）、"研究生教育"（18种）、"在校生结构"（7种）、"本科生概况"（15种）和"规模与住宿"（18种）五个相对独立的多维分类体系进行分类。由表1-1可以看出，据2021年卡内基分类法的基本分类，美国高校依学位授予层次、学科类别、学制等可分为33种类型，包括博士授予大学2类、博士/专业型大学1类、硕士授予院

[①] ［美］E. 博耶：《美国高等教育机构的发展》，袁惠松译，《外国教育动态》1989年第2期。

[②] ［美］亚瑟·M. 科恩、卡丽·B. 基斯克：《美国高等教育的历程》，梁燕玲译，教育科学出版社2012年第2版，第67页。

校 3 类、学士授予院校 2 类、学士/副学士授予院校 2 类、副学士授予院校 9 类、两年制专门学院 4 类、四年制专门学院 9 类、部落学院和大学 1 类等。其中 469 所博士授予大学按研究活动的集中度分为极高研究活动类（146 所）、高研究活动类（134 所）、博士/专业性大学（189 所）；667 所硕士授予院校按照专业规模分为大规模型（324 所）、中等规模型（184）和小规模型（159 所）。

表 1-1　　　　2021 版卡内基高等教育机构基本分类　　　　（单位：%）

	子类型	类数	数量占比	招生占比
博士授予大学	极高研究活动、高研究活动	2	7.1	32.2
博士/专业型大学		1	4.8	8.3
硕士授予院校	大规模、中等规模、小规模	3	16.9	18.7
学士授予院校	偏重艺术与科学、多领域	2	13.5	4.2
学士/副学士授予院校	学士与副学士混合型、副学士为主	2	5.1	6.1
副学士授予院校	高转学—高传统、高转学—传统/非传统混合、高转学—高非传统、转学与职业技术混合—高传统、转学与职业技术混合—传统/非传统混合、转学与职业技术混合—高非传统、高职业技术—高传统、高职业技术—传统/非传统混合、高职业技术—高非传统	9	24.1	26.5
两年制专门学院	卫生、技术、艺术设计、其他领域	4	8.6	0.9
四年制专门学院	宗教、医药、其他卫生专业、工程、其他技术专业、商业管理、艺术音乐与设计、法律、其他	9	18.9	3.0
部落学院和大学		1	0.9	0.1

资料来源：https://carnegieclassifications.iu.edu/downloads/CCIHE2021-SummaryTables.xlsx.

集权与分权相结合的系统中，如英国、德国，高校分化是政府与市场相互角力的结果。英国高等教育自 19 世纪初以前，宗教和古典大学势力比较强大，国家对高等教育采取不干涉的立场，此后国家开始逐步介入高等教育，适应各阶段社会发展的需求，分批建立了一些城市大学、准大学的机构，包括从事技术学科与艺术教育的机构、各类技术学院和师范学院，以牛津、剑桥为代表的传统大学不断变革，因势吸纳应用型、技术型学科专业完成了向现代化的转型。高等教育体制尽管经历了20世纪60年代末至1992年期间的二元制，圈层制分层结构更为固化，形成了"罗素集团"大学、"老"（1992年前）大学、"新"（1992年后）大学及其他类机构等组成的高等教育体系。① 相比欧洲强国，德国高等教育起步相对较晚，但发展迅速。早期的高等教育机构注重知识发现与科学探索，以1810年洪堡创办柏林大学为形成标志，逐步建立了以研究为导向的现代大学体系；工业化以来高等教育围绕民族国家建设，高校分化走向专业化、应用化，高等教育体系形成以大学和应用科技大学为主体的"二元结构"。这种"二元结构"遵循不同的规则体系，在办学目标、研究类型、人才培养、学科专业设置和课程教学组织等各个方面将学术教育与职业教育基本划清界限。② 总体上，在相当长的时期，德国高等教育一直秉持着均衡发展理念，高校层次和类型的差异较小，较之其他系统而言多样性相对较低。但是自20世纪90年代以来，随着高等教育竞争机制的引入，高等教育纵向分层趋势比较明显，并于2004年推出"精英大学计划"（后更名为"卓越大学计划"），大力打造世界一流大学。

（三）高校分化的具体内容

分化是自然和人类社会的普遍现象，但学界对这一现象的系统研究最初源于生物学。早在1859年，查尔斯·达尔文在《物种起源》中对"分化"和"多样性"进行了系统的理论阐释。他坚信物种并非一成不变的，而是在环境、遗传等多种因素作用下，遵循"生存斗争、优胜劣汰"的自然选择规律，朝着更有利于生存的形态不断演化。"物种不是被分别创造出来的，而是跟变种一样，由其他物种演化而来。"③ 基于物种可变、生物演化的观念，他系统构建了生物进化理论，有力地解释了物种分化、生物多样性的生成。生物的进化表现为遗传、变异，这两者是对立的统一体。

---

① Kate Purcell, Peter Elias and Gaby Atfield：" Analysing the relationship between higher education participation and educational and career development patterns and outcomes"，https://warwick.ac.uk/fac/soc/ier/futuretrack/findings/access_ tariff_ classification_ paper_ nov_ 2009.pdf.

② 雷家彬：《国际比较视域下高校分类与分层的共生关系研究》，《国家教育行政学院学报》2021年第10期。

③ [英]达尔文：《物种起源》，舒德干等译，北京大学出版社2005年版，第11页。

遗传使亲子间保持相似性，物种得以延续；变异则使亲子间、子代个体间呈现差异，以适合不断变化的环境。因此，变异便可视为一种普遍的、螺旋上升的进化现象。生物学及其相关学科，包括生态学、分类学、遗传学、进化论等都直接涉及生物物种的分化现象。

生物进化及其多样性的观点对社会学特别是结构功能主义学派产生了广泛影响，斯宾塞、孔德、涂尔干、韦伯以及帕森斯等均依此建立其社会学分析范式。尽管在一定程度上，达尔文的生物进化理论受到斯宾塞学说的影响，但《物种起源》问世后，斯宾塞则将这一理论进一步丰富，运用"社会分化"解释社会进化过程中的现象，并建立了与之相对的社会学理论体系。他的社会学理论主要包括"社会有机论"和"社会进化论"，他认为社会组织与生物有机体有着类似的特征，比如，社会发展比较缓慢，也会经历由小到大的过程，社会组织的结构随之也会不断复杂化、专门化，并呈现出比较多元的功能分化，而社会组织不同部门是相互依赖的关系，功能上相互联系又相互制约，构成一个复杂的有机社会，而社会分化主要表现为结构功能上的变化。在《社会分工论》中，涂尔干对社会现象中的分化作了更为普遍的解释，他认为，"任何同质性的物质本来就没有什么固定性质，但它总归要变成异质性的物质，而不管它的范围有多大。不过，物质所占有的范围越大，它的分化就越迅速，越彻底。"①

在高等教育领域，高校分化多是组织学理论关照的重要领域，组织研究专家们也大多借鉴生物学观点分析高等教育机构的分化、多样性与多样化等现象。高校分化理论和概念的正式运用始于20世纪70年代，随着时间的推移，这些研究的差异体现在研究高校分化差异时所选用的具体高校特征的不同。② 但是，由于高等教育组织毕竟不同于生物物种，高校分化当然具有更为特殊的意义。从属性上看，物种一旦被确定或被定义，其内

---

① [法]埃米尔·涂尔干：《社会分工论》，渠东译，生活·读书·新知三联书店2000年版，第220页。

② Michael L. Skolnik, "A Discussion of Some Issues Pertaining to the Structure of Postsecondary Education in Ontario and Some Suggestions for Addressing Them", https://files.eric.ed.gov/fulltext/EJ846470.pdf.

部的属性相对恒定，生物无法决定其物种属性，生物变异过程的发生也只限于内部。因此，生物分化的内容主要涉及物种的类别数量的变化，而不涉及内部变异。不同于生物，高校可以通过改名、合并、转型、新建、重建等方式改变其组织属性，组织会因内部与外部的变化产生分化。惠斯曼因此认为，在这些情况下，很难决定新的功能或结构是从系统内部产生还是从系统外部引入。建议避免生物内涵，将分化过程设想为在某一系统的"新事物"，如新型高等教育机构、新组织形式、新教育技术的出现。在这种情况下，高校分化具体指实体数量增加的过程，或在更大单元中特定实体出现的过程。[1]

总之，高等教育机构的分化是指不同类型的高等教育机构在培养目标、办学层次、质量、社会声望、培养模式和特色等方面形成差异的过程，也用来描述这一过程的结果，即高等教育机构的差异性。[2] 涉及高等教育系统的分化的各个层面，如宏观层面的高等教育形式、形态、内容、职能、管理体制、办学形式，机构层面的如种族人口、性别、层次、学术与教学侧重、信息技术运用、举办者、招生、就业、后勤等方面的分化。大学分化已经引发大学的属性和功能发生重大变化，并导致整个高等教育系统变得十分复杂。可以说现今大学发展中的许多基本问题，例如大学理念、大学制度、大学分类、大学管理、大学质量观、大学的公益性和产业性等，都与大学分化这一命题紧密相关。[3] 为此，邬大光归纳了十余种大学分化的现象，包括基于理念差异、教育属性差异、知识分化、职能拓展、管理体制、办学体制和投资体制变更、培养目标不同、政府干预和市场影响、高等教育规模扩张引发、借鉴与学习异国经验、信息技术进步等。除此，语言、办学传统等都可成为大学分化的具体内容。如在南非，按人口种族分为白人大学和职业技术学院、黑人大学和职业技术学院。而

---

[1] Jeroen Huisman, "Differentiation and Diversity in Higher Education Systems", in J. C. Smart (ed.), *Higher Education: Handbook of Theory and Research*, New York: Agathon Press, 1998, pp. 77–110.

[2] 孙进：《由均质转向分化？——德国高等教育的发展趋向分析》，《比较教育研究》2013年第8期。

[3] 邬大光：《大学分化的复杂性及其价值》，《教育研究》2010年第12期。

不同的大学又存在语言上的差异。在10所白人大学中，以英语为官方语言的大学共有4所，使用阿非利加语的大学共有6所。①

二 高校分化中的趋同与差异化

高校分化是一个动态的过程，而分化自然会改变院校和系统结构。高校分化结果不一定表现为多样性的增加，而要视过程的性质决定。② 这样便会产生两类结果，要么使得院校或者更为趋同，要么更为差异化或多样化。要指出的是，分化所带来的结果，趋同与差异化本身就是相对的，并不具有统一的标准。这是因为趋同与多样化有着不同的标准。即使是同一系统，形式上的机构类型变化与实质的组织间分化很难被清晰地区分。高校既受系统层面高等教育结构调整影响，同时也受内部组织转型发展影响，从而实现个体的分化。

（一）趋同分化

所谓趋同分化，是指同一系统内不同类型高校在形态和职能等方面朝着相同方向的分化。系统分化使高校表现出越来越不同于现实属性的方面，甚至回归到过去的系统结构状态，也会使原本极具多样性特征的院校系统演化为一个趋同的系统。

1. 系统整合

尽管高校分化是一种常态，但分化并不是高等教育发展的全部。从系统层面上看，分化之后高校仍面临着协调、兼容发展的问题，新旧结构的有效交替需要一定的适应期，这将为下一轮系统分化积蓄能量。高等教育系统正是在这种分化、整合、再分化、再整合的过程中得以进化，实现现代化。分化是指高等教育系统及其构成要素不断朝异质方向分裂并形成各功能性领域的过程。与之相对，整合是指对系统分化后的子结构进行协调

---

① 陈恒敏、金超逸：《从分化到整合：南非高校分类变迁的内在逻辑》，《江苏高教》2020年第4期。

② Jeroen Huisman, "Differentiation and Diversity in Higher Education Systems", in J. C. Smart (ed.), Higher Education: Handbook of Theory and Research, New York: Agathon Press, 1998, pp. 77 - 110.

和组织，使它们成为功能统一的整体，以满足系统生存的各种必要需求，使其保持一致性和完整性。①

系统整合（聚合）具有相对性，从分化的形式评断，系统整合也属于分化的范畴，有时属于逆向分化，甚至反分化。而从结果来看，系统整合显然降低了高校的多样性，使得机构更为趋同。但是要决定改变的方向，并不是一件容易的事。因为聚合与分化是一个"动态性"的过程，没有明确的指涉与标准，随时处于改变状态，难有明确界线。使用这两个名词，甚至有时会招致定义上的矛盾困境，例如在一个分化区隔非常清楚的高等教育系统中，不同机构类型之间的合作、竞争与模仿，也会被当成是聚合的发展，这样的结论部分是因为难以对不同国家或地区定义出何者的分化或聚合现象程度是最清楚明确的。换言之，当焦点是在聚合或分化时，当前高等教育系统既有的现况会被当成判断基准，用以解读或说明随后发展的方向。也正因为如此，一个被认为正在朝向分化的系统，其实质的分化程度，有可能会比一个正在迈向同质的系统来得更微弱、更为相似。

高校分化与系统整合几乎是高等教育体系发展的常态，这在经历过大众化、普及化的系统中表现更为常见。典型的如英国。英国高等教育历史上表现出广泛的多样化，高校分化受到政体、宗教、文化的多重影响，系统层面曾出现过多种体制选择，形成特有的高等教育英国模式。不同历史阶段产生不同类型的高校，使得英国高等教育体系形成独具特色的"年轮结构"。进入20世纪60年代，英国社会高等教育需求不断上涨，为应对大众化的挑战，英国高等教育以一种充分内涵式方式加以应对，通过整合资源成立多科技术学院，挖掘非大学办学潜力的方式增加高等教育供给。1965年，教育教学部大臣安东尼·克罗兰德首次提出"双轨政策"，随后英国整合艺术、教育、商业与技术学院，成立多科技术学院，这标志着"双轨制"的正式确立。进入20世纪80年代，多元技术学院在经过二十

---

① 袁本涛：《分化与整合：中国高等教育现代化途径的战略选择》，《高等教育研究》1998年第1期。

余年的发展后,办学模式日渐成熟,社会认可度不断提高,并开始承担过去大学独有的研究职能,在办学模式上已与传统大学无异。英国于是于1992年根据《扩充与高等教育法》,正式废除"双轨制",将多科技术学院升格为大学,使得两者具有同等的学位授予权,拨款方式和管理模式也得到统一,成为"1992年后大学"。总体上看,英国高等教育系统经历了由多元到双轨制再到一元制的整合过程。法国高等教育体系的发展与此类似。如中世纪以来,法国大学经历了从一元到大革命时期的专门化,再到拿破仑时期"帝国大学"的综合化等历程,形成"综合大学"与专门学院并存的独特体系,而当前法国正推进高校与科研机构进行合并、改组,打造巨型研究型大学。中国高等教育体系在20世纪90年代,通过"共建""合作""合并""协作"和"划转"等方式,推进高等教育体制改革,所引发的系统整合影响不亚于20世纪50年代的"院系调整"。

2. 职能漂移

系统整合在一定程度上缓和了高校差异化的程度,使得整个体系与环境更为兼容。与此相对,院校也会自主模仿榜样院校的模式,选择趋同的发展路径,从而表现出院校办学的"越轨现象",其中以教学型院校的"学术漂移"与研究型院校的"职业漂移"最为典型。

"学术漂移",又称为"垂直漂移""向上漂移",是指承担教学、社会服务等非学术性职能的院校模仿研究型院校办学模式,强化科研职能的现象。基于对美国高等教育系统的观察,大卫·理斯曼形象地将其描述为"蛇形队列"现象。他发现,高校依据各自声望的不同形成了明显的等级层次,位于队列"尾部"、声望较低的学院总是模仿那些排位靠前、更加成功的大学和学院的行为与举措,从而造成了大学组织形式的趋同以及多样性的丧失。[①]"学术漂移"一旦出现,便会促使高校改变其办学使命,在内部办学的各个维度随之产生漂移。依照凯维克的观点,"学术漂移"包括"政策漂移""院校漂移""学生漂移""教师漂移""项目漂移"和

---

① David Riesman, *Constraint and Variety in American Education*, Lincoln: University of Nebraska Press, 1956, pp. 12–87.

"行业漂移"六个层面,不仅非大学的学生对大学的认可度更高,非大学部门及其教师角色、项目、内部制度等都在向突出科研的大学看齐。①

"学术漂移"发生在低层次、非大学的院校之中。克拉克·克尔对此曾有过担忧,"在高等教育,我害怕个人主义的竞争将导致所有的院校都寻求把它们自己均质化,具有作为研究型大学的相似的学术使命,尽管这样符合它们的学术抱负。"②伯吉斯就将"学术漂移"定义为非大学的高等教育机构按照更接近于大学"面目"的方式来确定其活动实践的一种趋势。③不仅在美国,从全球范围来看,在研究型大学为指引的世界一流大学建设浪潮下,声望较低的院校都在致力于成为研究型大学,扩展其博士教育计划。中国也存在较为严重的"学术漂移"现象,有研究通过对91所新建本科院校转型现状的实证调查发现,新建本科院校存在较为明显的以研究型大学为最终发展目标的"学术漂移"趋向。制度环境中"合法性机制"影响下的竞争性模仿、制度性模仿和社会规范机制使得新建本科院校办学模式趋同研究型大学,形成了"学术漂移"趋向。④

与"学术漂移"相对,所谓"职业漂移"是指以科学研究和技术开发应用服务为主的院校,转向于教学职能和学生的职业发展目标,从而实现职能的"向下"漂移。以英国为例,研究者将英国传统大学设立职业性课程、开展校企"联姻"及其人才培养模式定位转变的改革趋势,称为"职业漂移"。⑤相比"学术漂移",目前"职业漂移"的研究相对较少,但这种现象随着大学观念的不断泛化,已经成为一种非常普遍的现象,突出地表现在传统大学广泛开设实用性学科专业,人才培养倾向于以发展学生的专业技能、职业能力为重点,大量从事应用研究和技术开发,从事传统大

---

① Center for Higher Education Policy Studies, *Towards a Cartography of Higher Education Policy Change*, Enschede: University of Twente, 2007, pp. 333 – 338.

② [美]克拉克·克尔:《高等教育不能回避历史——21世纪的问题》,王承绪译,浙江教育出版社2001年版,第145页。

③ Tyrrell Burgess, *The Shape of Higher Education*, London: Cornmarket Press, 1972, pp. 7 – 49.

④ 聂永成、董泽芳:《新建本科院校的"学术漂移"趋向:现状、成因及其抑制——基于对91所新建本科院校转型现状的实证调查》,《现代大学教育》2017年第1期。

⑤ 姚荣:《制度性利益的重构:高等教育机构"漂移"、趋同与多元的动力机制——基于英国高等教育机构变革的经验》,《教育发展研究》2015年第21期。

学不屑一顾的非大学机构的事务。传统上,大学是传授知识、无止境地探索真理的场所,与知识的应用无关,法国和英国的古典大学、德国研究型大学以人文主义统领大学建制。随着大学越来越走向社会生活,职能越来越复杂,以美国大学引入社会服务职能为标志,"职业漂移"开始成为大学办学的自然状态。古典大学如牛津大学、剑桥大学开始开设商业化学科专业,创业型大学、理工科甚至单科性大学开始出现并成为知识创新的重要力量。大学在"学术资本主义"的影响下进一步扩展了其学术领地,并将触手伸向其职业主义的禁区。

英国高等教育由"双轨制"走向"一元制"后大学"职能漂移"的表现同样具有代表意义。导致整个高等教育体系改变的关键因素是学术和职业相互的"漂移"。[1] 20世纪80年代政府的经费削减,需要整个高等教育更具有"走向市场"的经营特点。由于职业性学科教学的变革,大学与非大学两部分在许多方面都变得比较相像。多科技术学院在追求学术漂移的同时,仍然保持自己固有的特色,继续发挥着自己原有的优势。而人们对"大学"一词的理解也扩大了,许多历史悠久的大学发现它们在压力下呈现了"多科技术的"特征。[2] 以前的多科技术学院扩展其研究生教育和研究领域,并通过大量招收海外学生取得了一定的国际影响力。而传统的古典大学则扩展其教学领域,招收更多半日制学生。1992年以前的古典大学和1992年以后的新式大学都开设商业和体育研究这样的学科。所有的高校都迫切希望扩大招生并且满足地方和区域社区的需要。[3] 尽管2000年高等教育拨款委员会发布的《高等教育中的多元化》政策声明和2003年《高等教育的未来》白皮书都明确提出高等教育多元化发展,但都强调院校自主选择使命和财政来源,没有政府的理性规划,由此导致了院校发展

---

[1] 张建新、陈学飞:《从二元制到一元制——英国高等教育体制变迁的动因研究》,《北京大学教育评论》2005年第3期。

[2] 张建新:《走向多元——英国高校分类与定位的发展历程》,《比较教育研究》2005年第3期。

[3] 朱春芳、高益民:《分化还是分层——英格兰高等教育分类管理中的新矛盾》,《比较教育研究》2015年第8期。

中的机会主义和使命漂移。①

无论是"学术漂移"还是"职业漂移",都是高校内部分化的重要表现,均会造成高校的趋同发展。前者使得高校背离原有的职能,追随研究型大学的办学定位。由于大学和学院复制那些声望更高的高等教育机构所提供的学科专业,"学术漂移"使得高等教育系统成本更高、更难满足学生和社会需求,因此这一现象被认为是院校多样性的最大威胁,经常受到高等教育研究者的批评。② 同样地,后者在弱化机构间正常的职能分工外,也会拉大院校间的地位不公平,身处高位的研究型大学一旦开始涉足教学型大学的职能领地,便会借助其固有的优势地位掠夺后者的资源,并将这种优势蔓延到专业性、职业性学科专业领域。

(二) 差异分化

"高校有差别地分化"一直是高等教育组织研究的重要领域,各国高等教育政策普遍将促进高校分化、增强组织多样性作为其理想目标。但是,"对于多样性实际上意味着什么,或者如何培植多样性,几乎没有一致的意见。"③ 高校差异化分化表现为体系层面的高等教育机构类型的扩充,同时院校个体也会通过实施组织转型战略实现差异化。

1. 体系分化

中世纪大学诞生后,大学作为高等教育化身在不同的时空进化,衍生出不同的机构类型,高等教育也不断被赋予新的意义,普遍上,全球高等教育体系都经历过并不断地进行着体系分化。我们可能无法预测体系分化的趋势,但通过现代学人的眼光,以现代高等教育的形态回溯高等教育的发展史,抛开由时空所赋予的高等教育机构意义,高等教育体系大致经历了由大学到学院再到职业学院不断分化的经历,并形成以这种机构为主体

---

① John Taylor, "Institutional Diversity in UK Higher Education: Policy and Outcomes Since the End of the Binary Divide", *Higher Education Quarterly*, Vol. 57, No. 3, 2003.

② Christopher C. Morphew, "Conceptualizing Change in the Institutional Diversity of U. S. Colleges and Universities", *The Journal of Higher Education*, Vol. 80, No. 3, 2009.

③ Frans A. van Vught, "Diversity and Differentiation in Higher Education", in F. A. van Vught (ed.), *Mapping the Higher Education Landscape: Towards a European Classification of Higher Education*, Dordrecht: Springer, 2009, pp. 1 – 16.

的三级高等教育体系。

　　大学是否是高等教育的原初形态本来就是不确定的。大学、高等教育本身就是相对的，就形式而言，大学只是居于整个系统最高层次的教育机构类型，尽管早期在世界各国，包括中国和亚洲其他国家这样的机构并不少见，却并不能被称为大学，更无法列入高等教育范畴。"只是到了12、13世纪，世界上才出现了具有我们现在最为熟悉的那些特征的有组织性教育，即以系科、学院、学习课程、考试、毕业典礼和学位为代表的教育机构。"[1] 而在美国，大学一般是指拥有一个文理学院、研究生院和若干专业学院，并有权在各个研究领域授予学位的高等教育机构。大学通常被视为普遍性机构，规模比较大，课程和职能广泛，除授予本科学位外，还有权授予研究生和专业学位。在许多国家和系统的不同时期，大学并没有统一的形态，"大学"的目标和入学标准都具有多样性。

　　与大学相比，学院更具专业性，规模相对较小，专注于本科教学和专门性课程领域，一般只授予学士学位，不同系统中学院的成分和来源更为多元，这并不意味着学院的诞生就晚于大学。在一些国家，学院与大学的重要性几乎一样，前者的历史甚至早于后者。最早可以称为大学的西方机构是一所著名的医学院，如诞生于9世纪的意大利萨勒诺医学院，尽管具有知识传授的普遍性特征，吸引了来自欧洲各地的学生，但由于它毕竟只是一所医学院，因而不能被称为大学，并归入高等教育的范畴。"我们所知的学院基本上是英国的理念"[2]，在英国和早期的美国，从事本科教学和文理教育的学院是大学的原初形态和主要构件，学院便是大学，大学就是学院。而在17世纪以后的民族国家，由于传统综合性大学无力回应生产力的新变化和资本主义生产方式变革，法国、普鲁士等当局普遍通过大学分化形成专门性学院或者另辟蹊径建设专门机构，使学院成为另一种合法的高等教育机构。然而，正如精英大学总是在高等教育不断扩张的同时，不

---

[1] ［美］查尔斯·霍默·哈斯金斯：《大学的兴起》，王建妮译，上海人民出版社2007年版，第1—2页。

[2] Andrew Delbanco, *College: What it Was, Is, and Should Be*, Princeton: Princeton University Press, 2012, p.48.

断圈出属于自身的势力范围，保持精英的专属权力一样，学院成为正式的高等教育机构的过程和历史并非一帆风顺，往往交错着古典大学、知识精英的排挤，经历了大众怀疑、识别和艰难的认可过程。

当代的高等教育已经演变成非常复杂的系统，若是以"知识复杂程度"而言，高等教育机构所提供的知识，大致可以分成三种不同的阶层：高深知识和变化中的知识级、既成的职业能力级以及编集的技能级。① 而作为新型的高等教育部门，职业类院校的创办则是20世纪60年代以来的新变化，是高等教育从精英体系向大众体系扩张的直接产物。这类院校在特定系统中尽管有着不同定位，如英格兰理工学院、德国应用技术大学、美国社区学院、非洲和其他发展中国家的技术与职业教育培训学院、职业教育与训练、职业与技术机构、职业与技术教育机构等，但均专注于技能型人才培养，同时附带有转学和职后培训等职能，面向不同行业部门工作的学徒（行业或技能学习者）和在不同技术职业学院、中心和学校接受培训的学生，增进其技能和知识，提供非学术技术教育和实践培训。

2. 组织转型

高校的分化具体表现为机构类型和不同类型机构数量的变化。而为提升院校多样性，各国一般采用增设新型高校、挖掘旧机构潜能两种手段。前一种方式直接促成了体系的分化，面临的阻力相对较小，效果更为直观，但效力和覆盖面毕竟有限，无法从根本上实现体系的分化。而促进存量高校的主动分化，才能最大范围地促进院校的普遍差异化发展。以大学为典范，高等教育的保守性几乎世人皆知。这也是历史学家、组织学家在研究其他组织和部门时，附带得到的常见结论。但是，古往今来，保守的大学和高等教育绝非没有变革，只是自我进化更为缓慢、更为谨慎而已，高等教育系统的复杂化与高等教育所要承担的任务日趋复杂有关，而高校的转型更是普遍如此，路径和结果也更为多元。

"二战"以来，世界高等教育格局产生了深刻的变化，高校迅速成为

---

① [美]克拉克·克尔：《高等教育不能回避历史——21世纪的问题》，王承绪译，浙江教育出版社2001年版，第105页。

国家和经济社会发展的中枢组织,知识生产方式在网络和新技术媒体的推动下正加速变革,学科专业不断分化,高等教育面临的机遇、责任和风险更大,内外部环境面临着极大的不确定性。就连美国这样奉行市场主义的国家,也不得不改变高等教育自由放任的做法,通过主动战略规划,更好地谋划组织转型。乔治·凯勒就曾疾呼,美国高等教育进入了一个革命时期,正在发生急剧变化的不只是财政和学生人数,还包括学生整体的构成状况、存在欠缺的课程与教学计划,以及解决这类问题的方案、学校之间的竞争程度、学校所需要的技术、教师的特性、外部控制与约束不断增强的程度等。[1]

伯顿·克拉克对高校实施组织转型战略进行了系统研究。根据他的跨国比较分析,组织转型不仅普遍存在,而且非常复杂,是一个转型与反转型不断交互、矛盾共生的过程。"高等教育系统既不断地产生五花八门的形式,又不断地实施有条不紊的操作。这种无序和有序相互作用,相互激励。高等教育组织形式在一定程度上依靠产生并维持反变革的倾向来限制变化。"[2] 而面对高等教育系统扩张、劳动力市场的开拓以及寓于科研和批判性学术活动压力下,高校不得不变革。这时候,"分化是保护集团利益的一种手段。然而,如果我们想作简单的概括,反衍进也可以作为一种保护手段。"[3] "日益扩大和日益相互影响的需求的潮流把大学又推又拉,迫使它们改革它们的课程,改变它们的老师,并使它们越来越昂贵的物质设备和器材现代化,而且这种改变比任何时候都来得迅速。"[4] 基于此,他两度归纳了传统大学向创业型大学转型的组织特征和分化模式,几乎涉及世界各个主要高等教育体系。

---

[1] [美]乔治·凯勒:《大学战略与规划——美国高等教育管理革命》,别敦荣等译,中国海洋大学出版社2005年版,第29页。
[2] [美]伯顿·克拉克:《高等教育系统——学术组织的跨国研究》,王承绪等译,杭州大学出版社1994年版,第239页。
[3] [美]伯顿·克拉克:《高等教育系统——学术组织的跨国研究》,王承绪等译,杭州大学出版社1994年版,第246页。
[4] [美]伯顿·克拉克:《建立创业型大学:组织上转型的途径》,王承绪译,人民教育出版社2003年版,第1页。

高校自主实现组织转型无疑是一种常态，更是由高校作为知识创新的元组织的天性决定的。高校是一个能够自主行动的、与环境产生交互作用的开放系统。开放型高校需要抵御环境复杂性对组织发出的挑战，从环境中汲取维持自身生存与发展的资源。[①] 大学组织经历了从教学型向研究型、研究型向创业型转型的过程，其职能实现了从教学向教学与研究进而向教学、科研、社会服务与创业的拓展和延伸。[②] 但是，要指出的是，分化所带来的结果，多样化与趋同本身就是相对的，并不存在统一标准。由于对于分化、多样化、趋同的形式和内容上的认识的差异，同一系统是否在分化，分化后究竟是走向了多样化还是同质化，许多时候并没有形成共识。多样化与趋同都具有阶段性，形式上的、阶段性的表现往往会引起外界的质疑，机构间出于生存和竞争的需要，采用模仿、合作、联合等方式实施组织变革，会被误认为同质化。这便是所谓的"反分化""反多样化"现象。如1992年英国取消双轨制，重回一元系统，让多科技术学院升级为大学，从形式上是趋同了，但新旧大学之间并没有因此而走向实质的趋同，而且在教学、科研上形成了新的分工，整个系统因各部门的差异而趋于多样化。

第二节 高校多样性

高校分化现象无处不在，分化后机构的趋同与差异化发展均是分化的自然结果，但增进机构多样性却是高等教育利益者的共同目标。学界对高等教育多样化、多样性的探讨由来已久，并着重从机构的内部与外部的多样性解析高校多样性的特征。

一 作为分化结果的高校多样性

高校多样性是高校作为高等教育组织的基本物理属性，是高校分化后对高等教育系统所呈现的特征的静态写实结果。而从一定时期来看，这些

---

① 陈沛西：《高校组织转型：研究进展与分析框架》，《中国人民大学教育学刊》2018年第1期。
② 任玉珊：《大学组织转型研究评述》，《国家教育行政学院学报》2008年第9期。

特征是机构渐进性分化、逐渐多样化分化的阶段性表现。

(一) 多样化的动态性

多样化或差异化是对高校分化的状态性描述。这两个术语以及相关术语都来源于生物学和生态学理论，因此有一个共同的核心关注点，那就是差异的存在或出现，但它们有不同的含义和内涵。对于高校的多样化，国内外观点存在很大的差异。国内一般从高校趋同发展造成特色淡化、"千校一面"局面出发，提出促进高校多样化的具体策略。多样化因此被认为是一种结果，这种多样化反映在举办与投资主体、学生入学形态、学校类型、学校功能、办学层次等维度[1]，包括价值与功能、生源结构与院校结构、专业课程结构与教学方式等方面的多样化[2]，是与趋同相对的一种分化状态，而这在国外属于高校"多样性"的研究领域。

与此相对，根据国外组织学者的系统研究，高校多样化主要用以描述高校发展的一种存在状态，且层次和内涵、表征丰富。高校多样化与多样性有着不同的内涵。多样性是用于表示系统内实体多样性的专用术语。差异化指的是一个动态的过程，多样性指的是一个静态的情况；差异化意指系统中新实体出现的过程；多样性指的是在特定时间点上实体的多样性。[3] 多样化有两个层次：一是系统层面的多样化；二是个体层面的多样化，按照惠斯曼的理解，前者可谓"差异化"，是从集成系统角度观测的整体性动态变化；后者则具体指"多样化"，是从一个社区或子系统角度观测到的个体的动态变化。他对多样化的层次的划分和理解带有明显的结构功能主义色彩。在生物科学的发展过程中，"差异化"指的是几个部分从前一个完整的整体中出现。为此他以人体发育为例进行了解释，如从卵细胞受精的角度来考虑人体的发育，细胞分裂和生长发生，在整个发育过程中，

---

[1] 刘在洲、汪发元：《我国后大众化时期高等教育多样化模式及其构建》，《高教探索》2012年第4期。

[2] 董立平：《多样化：高等教育普及化阶段的基本特征》，《中国高等教育》2016年第17期。

[3] Frans A. van Vught, "Diversity and Differentiation in Higher Education", in F. A. van Vught (ed.), *Mapping the Higher Education Landscape: Towards a European Classification of Higher Education*, Dordrecht: Springer, 2009, pp. 1–16.

人体的不同部分出现，每个部分都作为更大整体的一部分完成自己的功能。进一步来讲，新兴部分仍然"需要"彼此才有意义。分化过程重点关注整体的功能获得与改变；同时，正由于同样的原因，整体往往蕴含着部分，很难区分各个部分，体现出你中有我、我中有你的状态，整体及其赖以存在的环境融为一体，直到发展的最后阶段差异才清晰可见。[1]

对高校多样化的关注还与高等教育大众化的深入推进有关。阿特巴赫认为高校多样化是20世纪末至21世纪初的普遍现象，"世界范围内大众高等教育体系的核心特征是差异化。学术系统已经成为服务于专业客户的各种类型的学术机构的集合，具有不同的目的，以各种方式得到资助，并且具有相当不同的质量和成就水平。"[2] 作为过程的大众化，并没有终点，虽然从形式上看，大众化及普及化反映出高等教育毛入学率的阈值，但这些数量上的变化无法揭示高等教育规模不断扩张后的深层矛盾。而这正是马丁·特罗相关理论的重要现实基础，"差异"这一理念的含义来自于探求其他合适的备选方案——我们需要在更大程度上并且通过更高效的方式来调整高等教育的供给和办学宗旨，从而通过高等教育来推动全球性互相依存的动态系统，使之能够更加公正、公平地发挥作用。同时，如何推进高校多样化，需要多种力量的合力使用且存在系统间的差异，如在一些国家，高等教育机构的分类被视为多样化的主要机制；而在另一些国家，同一类型高校内部多样化被认为是其主要机制；而在某些国家，如法国，课程层次和程度是多样化的主要手段。[3]

总体来说，多样化是一个比较的概念，包含着个体对整体功能变化的系统性分析，也涵养着过程性、阶段性特征，甚至表征为一种不断差异化分化的状态。

---

[1] Jeroen Huisman, "Differentiation and Diversity in Higher Education Systems", in J. C. Smart (ed.), *Higher Education: Handbook of Theory and Research*, New York: Agathon Press, 1998, pp. 77–110.

[2] Philip G. Altbach, "Differentiation Requires Definition: The Need for Classification in Complex Academic Systems", *International Higher Education*, No. 26, 2002.

[3] [德] 乌尔里希·泰希勒：《迈向教育高度发达的社会：国际比较视野下的高等教育体系》，肖念、王绽蕊译，科学出版社2014年版，第55页。

（二）高校的多样性特征

以上分析中，已经涉及高校多样性，我们可将高校多样性理解为高校经过分化系统所呈现出的结果或静态特征，相关研究对这一术语描述更为系统、角度更为多元。

高校多样性研究涵盖高校分类与分层，有着更为广阔的研究领域。国内研究看到的是大规模、多种质量观下的院校层次、类型的不同，体现在生源、经费、教师、职能、规模、所有制等多个方面；国内研究往往不特定区分高等教育与高校两个层次的多样性。如有研究认为，高等教育多样性蕴含差异性、特色性、系统性和复杂性的特征，包括类型和层次多样性、服务对象多样性、教学方式多样性、经费来源多样性等多个维度，具有倡导政治民主和教育公平、促进国家和地方社会经济发展、形成高等教育生态系统平衡机制、满足个人充分而有个性的发展等多元价值。[1] 同时，高等教育多样性具有诸多不同的含义。多样性可以指诸多不同的价值观，如社会包容、反精英主义、积极回应新需要、给学生更多的选择权等，也可以是结构或制度上的多样性，如财政收入来源的多样性、各层次或类型学生群体的比例，以及教学和研究的比重等。[2]

在国外，以马丁·特罗、伯顿·克拉克等为代表的社会学家正是基于高校分化现象的关注才深入高等教育体系研究，进一步揭示高校多样性，而且不同系统和时期高校多样性各有不同的侧重。如在美国，高校多样性更加强调入学机会、学生人口的多样性；在欧洲大陆，多样性则强调入学覆盖面、院校组织和系统层面的多样性；如果放在南非，多样性多半与种族问题相关。伯恩鲍姆则将高等教育系统的多样性归为7种：系统多样性、结构多样性、专业多样性、方式多样性、声誉多样性、构成多样性以及价值与氛围多样性。[3]

---

[1] 孙传远：《高等教育多样性：特征、维度与价值》，《国家教育行政学院学报》2017年第10期。

[2] 朱春芳、高益民：《分化还是分层——英格兰高等教育分类管理中的新矛盾》，《比较教育研究》2015年第8期。

[3] Robert Birnbaum, *Maintaining Diversity in Higher Education*, San Francisco, CA: Jossey-Bass, 1983, pp. 37–56.

赫尔肖克从全球化下教育公平和资源不足等角度理解高校多样性，并进一步区分了"多样"与"多样性"，或者对高校多样性作了"量"和"质"上的区分。量的多样化（性）非常容易识别，由此可见由外界输入得到，"是在数量上简单累加那些明显不同的事物"；而质的多样性是自我维持的、差异丰富的一群个体所构成的复杂的利益共同体，它们多样化地协调和依赖产生新兴模式的交互形式。这是一种有联系的状态，仅仅会随着时间推移而演变发展，并不能由外界输入得到。而这种严格的区分，反映出对高等教育结构上和个体层面差异的关注立场发生了改变，"为了评判性地避免对差异采用包容或不包容的单一视角，我们需要将高等教育领域的差异视为从现代普遍主义到后现代相对主义的一系列不同立场"，进一步来看，高校多样性更应突破对量的多样性过度关注，而应重点关注质的多样性，"意味着将关注的重点从我们彼此的区别有多大转移到我们如何最好地将彼此区别开来。"①

乌尔里希·泰希勒则从高等教育构成要素的层面分析高校的多样性特征。在他看来，高等教育多样性的一个最为明显的方面是学科的多样性。理论、方法和知识领域发展出了它们各自独特的学术领地，高等教育机构通常由多个学科单元组成。然而，关于多样性的主要争论是围绕不同类型高校之间的差异展开的，这就是所谓的高等教育体系的"类型""模式"或"结构"。因此，学校和项目类型、学习项目的层次、一所高校或一个系的层次和内部结构受到了很多关注。一些研究也提到了其他维度，如组织差异、高校的财政管理权（从公立与私立高等教育的区别可以明显地看出这一点）、教育的传播模式（如远程教育）等。②

尽管观点和立场不同，增进高校多样性在满足日益多元的市场需求方面的确有着天然的优势。就学生而言，增加高校多样性可以满足学生需求、应对学生来源多样化，也能促进社会阶层正向流动；同时，多样性的

---

① ［美］彼得·赫尔肖克：《高等教育、全球化以及多样化的矛盾性》，冯李鉴译，《清华大学教育研究》2010年第2期。

② ［德］乌尔里希·泰希勒：《迈向教育高度发达的社会：国际比较视野下的体系》，肖念、王绽蕊译，科学出版社2014年版，第18页。

高校应能满足劳动力市场的多元需求，更好地服务于利益集团的政治需要。从系统层面来看，高校多样性是精英高等教育和大众高等教育的不断融合的结果，使得系统体现出更强的兼容性和发展韧性。

二 多视角下的高校多样性

多样性是高校作为系统组织单元的重要特征，在大众化和普及化阶段，高校面临着高等教育内外部多元的压力，组织形态不断多元化。现代大学属于松散耦合系统，功能结构复杂，已成为拥有多个中心和为多个主体服务的多元巨型机构。高校同时朝着不同的向度分化，不同主体评判高校多样化发展价值取向、解释高校多样性的角度也比较多元，高校多样性主要体现为系统层面的横向与纵向多样性，高校层面的内部与外部多样性。

（一）横向与纵向多样性

从整体上看，高等教育系统由不同层次和类型的高等教育机构组成，机构沿着层次和类型两个向度进行分化，使得系统整体呈现出纵向和横向的多样化发展的态势。正如联合国教科文组织的观点，高等教育的多样化包括两层意义：高校的层次差异属于"纵向多样化"，而举办主体和办学形式的不同属于"横向多样化"。[1] 按照这种理解，多样性即特定高等教育系统中不同层次和类型高校的组合模式与构成方式，包括横向与纵向两种多样性形态。

泰希勒曾将多样性区分为"纵向多样性"和"横向多样性"，完整的高等教育体系的多样性涵盖了不同高校类型、项目层级、项目的官方职能等正式元素，以及高校特征、声誉等非正式元素。[2] 依此，美国是一个在两个维度上都高度分化的国家，日本是在垂直维度上高度分化的国家，而

---

[1] ［美］世界银行——联合国教科文组织高等教育与社会特别工作组：《发展中国家的高等教育：危机与出路》，蒋凯等译，教育科学出版社2001年版，第23—26页。

[2] Ulrich Teichler, "Changing Patterns of the Higher Education Systems in Europe and the Future Tasks of Higher Education Research", in European Science Foundation (ed.), *Higher Education Looking Forward: Relations between Higher Education and Society*, Strasbourg: ESF, 2007, pp. 79 – 103.

德国则属于是在两个维度上均低度分化的国家。① 传统上，英国的大学被普遍认为是分层程度最高的大学，而德国的大学也被认为是分层程度最低的大学。② 屈罗也曾根据统一与多元、英才与平等间的关系，构建英才统一型、英才多元论、平等统一论、平等多元论四种高等教育分层体系。③ 在他的理论体系中，典型的院校多样性和分层理论事实上是相通的，高校分类对应于横向多样化（分化），可用统一与多元维度加以解释；高校分层描述院校纵向多样化（分化）的图景，可用英才与平等维度进行衡量。根据这些研究，我们不难建立涵盖分类与分层的高等教育多样性结构，根据两者的组合关系，得到四种类型的系统，即：强分层、弱分类的"圈层"系统，如英国；强分层、强分类的"分体系协同"系统，如美国；弱分层、弱分类的"二元平行"系统，如德国；弱分层、强分类的"专门性"系统，如法国。④

横向多样性是院校职能、类型、组织特征等方面表现出来的分化特征。对应于国内高校的分类发展，强调院校间无价值和地位倾向的机构特征。横向多样性无关高校的价值判断，关注机构分工和组织角色的差异。高校具有教学、科研、社会服务等职能，一些系统采取分工协作的方式，将这些职能分解到不同的院校，从而形成相应的机构类型，而有的系统则采取一体化的方式将这些职能整合到同一类高校中。同时，高校管理体制在公与私的两极之间，构成丰富复杂的光谱带。因资助和管理权限的不同，公立高校包括国立、省立、州立和地方管理的院校，私立高校一般又可分为营利性与非营利性两大类型。在新公共管理运动和新自由主义影响下，政府越来越倾向于以市场手段介入高等教育事务；私立高校由于办学

---

① 参见孙进《由均质转向分化？——德国高等教育的发展趋向分析》，《比较教育研究》2013年第8期。
② ［德］乌尔里希·泰希勒：《迈向教育高度发达的社会：国际比较视野下的高等教育体系》，肖念、王绽蕊译，科学出版社2014年版，第145页。
③ ［美］马丁·屈罗：《第五章　地位的分析》，载伯顿·克拉克主编《高等教育新论：多学科的研究》，王承绪等译，浙江教育出版社2003年版，第162—168页。
④ 雷家彬：《国际比较视域下高校分类与分层的共生关系研究》，《国家教育行政学院学报》2021年第10期。

职能和规模的扩大，办学资源日趋紧张，不得不将筹资触手伸向传统公立高校主导的政府部门。这些都促使这两种机构的界限越来越模糊。此外，高校组织特征中的核心要素是学科，学科类型无疑是观测高校组织特征多样性的重要尺度，包括综合性大学和以部分学科见长的多科性院校以及专注于特定学科的专门院校，各类高校构成了整个体系，并在这场大型协奏曲中发出了不同的机构声音。

纵向多样性对应于高校分层发展，是院校因地位、声望等不同而体现出机构间的等级差异。生物界和人类社会一样，机构尽管在职能分工上有着平等的角色地位，但职能大小和服务范围存在差异，不同时期和系统中院校角色定位的重要程度各不相同，这些都直接影响了资源获取能力和机构声望的大小。分层是高校分化的自然现象，任何一所高校都处于一定的组织等级体系之中，都有其特定的生态位。纵向多样性多是院校竞争和发展所取得的自然结果，有时甚至由法律和高等教育体制规则所决定，表现为院校学术资源、人才和经费等方面的优势地位。以大学排名和学科评估等为代表的社会机构在评价高校纵向多样性方面提供了丰富的结果。综合性大学排名、世界一流大学评价、分学科和领域的高校评价、各类以高校为单元的学科评价等，这些排名体系以量化形式将高校进行排序，展示高校纵向多样性的同时，一定程度上也为高校分层推波助澜。

（二）内部与外部多样性

以个体机构为分析单元，高校多样性又可分为内部与外部的多样性。高校内部多样性是以某一所高校而言的，是指高校运行和办学活动、内部组织结构、部门职能与构成、文化氛围等内部特征的多样化水平的表现。高校内部组织结构多元，同时兼具事业部门、学术与研究机构、教学部门等多种机构的特征，教师、学生、管理和工作人员的身份、来源及分工不尽相同，许多内部办学活动及其表现难以测量，因此高校内部多样性具有较强的异质性，而且很难进行跨高校的比较分析。高校外部多样性则是以高校群体为对象，是指不同高校整体的办学职能、办学特色、规模、地理分布、实力与声望等外部特征的多样化水平的表现。由于高校与外部主体联系的不断深入，利益相关者均会出于不同的目的对高校办学活动和表现进行评价，因此，高校外部多样性更具普遍性，也更容易被发现和进行高校和系统间的比较分析。

社会学家布劳在研究社会结构时，用不平等程度表示社会垂直分化的程度，用异质性程度表示社会水平分化的程度。[①] 结合前述对高校横向与纵向多样性的分析，高校内部同样存在较为丰富的多样性。一方面，高校内部组织的垂直分化程度不高，结构相对松散，部门内部职权边界相对模糊，由行政部门和学科构成多元的组织矩阵，行政、教学科研和办学支持部门围绕高校内部办学的具体事务，通常会形成多任务的组织集群。另一方面，高校水平分化程度较高。组织尽管按教学、科研和服务等职能进行了相应分解，构成了以学科专业为主体的学院，管理和服务系统之间相互分离，系科和学院相对独立，但是不同职能又矛盾地共存于同一体系之中。不同传统的高等教育系统中，高校的内部差异更为明显。英国高校以学院为主体，学院就是大学，各个学院拥有独特的运作体系和组织管理模式，学科专业更为侧重，学生管理实行导师制；德国大学突出研究职能，教学科研实施讲座制；美国大学则在综合两者特点基础上，整合本科生教育、研究生教育于一身。高校内部管理方面，学院与学校间的管理可以实施以校系两级为主的直线职能模式、以学院为主的事业部模式和行政与学术交叉整合的矩阵模式。各类高校的不同学科在教学和科研上也有不同的侧重，硬学科与软学科有着不同的组织文化和学科领域。因此，高校是具有很高内部多样性的复杂组织。

总体上，内部多样性是高校最为核心的特征差异，更为重要但较难测量，而外部多样性更容易评价且具有较高的外部关注度。因此，政府和学界对外部多样性的讨论更为集中。凡尔维泽基于对高等教育机构的内部分化和外部分化的这种区分后认为，对于高等教育系统分化与多样性维护的研究，应侧重于外部分化，如机构之间由于学校定位、与政府

---

① [美] 彼特·布劳：《不平等和异质性》，王春光等译，中国社会科学出版社1991年版。

关系、所拥有资源、生源质量的不同而产生的差异[1];而不是高等教育机构内部,如教学和研究等方面的分化。[2] 王英杰也指出,高等教育制度多样化具有丰富的内涵,研究认为高等教育制度的纵向多样化是以横向多样化为前提的,因此把横向多样化视作上位概念,以横向多样化为主要议题;同时,研究更关注高等教育机构的外部多样化,也就是高等教育机构之间的差异,即高等教育机构类型多样化。[3] 尽管如此,我们更应研究内部多样性,两种观点均狭隘地聚焦于高校的外部多样化,即从院校类型和形式等外部层面讨论院校多样性。应该看到,单个机构各部分间的职能差异可能比多个同类甚至异类机构间的差异更大,有时这种内部变化更富有多样性意义,而且学术界与外部伙伴合作的愈发紧密软化了机构类型的边界。因此院校不应成为探索高等教育多样性的唯一关键单元。[4] 相反,院校治理结构、办学愿景、院系和学科专业传统等内部要素的多样性更为稳固,而正是这些微观元素的差异才成就了院校和整个系统色彩斑斓的多样性。[5]

第三节 高校分类管理

实施分类管理是促进高等教育体系优化的重要手段。无论是市场主导还是政府干预下的高等教育体系,以有形或无形之手优化高校分工,从多个利益相关者的立场来看,都具有很强的现实意义。

---

[1] James S. Fairweather, "Diversification or Homogenization: How Markets and Governments Combine to Shape American Higher Education", *Higher Education Policy*, Vol. 3, No. 1, 2000.

[2] 武玉洁:《高等教育系统分化与多样性维护的述评——基于组织学角度的分析》,《重庆高教研究》2015年第3期。

[3] 王英杰:《刍论多样化高等教育制度建设》,《比较教育研究》2019年第5期。

[4] Sybille Reichert, "Refocusing the Debate on Diversity in Higher Education", in A. Curaj, P. Scott, et al. (ed.), *European Higher Education at the Crossroads*, Dordrecht: Springer, 2012, pp. 811–835.

[5] 雷家彬:《政府还是市场:国外高校多样化策略的争论与启示》,《清华大学教育研究》2022年第1期。

一 高校分类管理的内涵

高校分类是高等教育管理和研究关注的重要问题。按照贝利的观点，分类是"根据事物的相似性把它们分门别类"。[①] 这是国内外高校分类定义的共同基点，但在具体研究中，高校分类却有着截然不同的内涵。国内语境下的"分类"与高等教育体系结构的调适、院校的定位相关，即所谓的"规定式分类"。"此分类非彼分类"，以卡内基分类法为典型，国外高校"分类"多指院校层次类型的描述工具，而对国内"分类"问题却另有所指。国内外高校分类管理研究因分类观的差异而呈现不同轨迹。

（一）"为高校分类管理"的国内观点

相比美国这样市场化成分更高的系统而言，中国高校层次类型、所有制等属性明确且固化，高等教育管理体制稳定、分工明晰。因此，国内分类研究从来就不是以描述和认识高校类型为研究和实践指向，而是作为高等教育系统发展战略下的一个子课题被提出，是天然的"为高校分类管理"的研究。

国内高校分类管理研究发轫于20世纪80年代初。伴随着系统层面高等教育管理体制变革的不断深入，高等教育大众化迅猛推进，高校办学自主权不断扩大，个体高校的合并、升格、划转、更名等行为重塑了"院系调整"所确立的高等教育结构。在这些因素的联合作用下，高等教育规模、结构、质量、效益关系不断面临新的挑战，促使国家层面必须持续统筹高校分化政策，相关研究的重心随之先后偏向于"高校分类描述""高校分类发展与定位""高校分类管理政策"；贯穿其中有三条主线，即：国外分类法和分类制度研究、分类活动中高校与政府关系研究、分类体系设计研究，这些研究均紧紧围绕政府的高等教育管理职能而展开。

早期研究出于提高高校规模效率、促进机构分工的考量，多描述院校类型层次状况，以便为系统结构调整提供决策参考信息。正如前副总理李

[①] Kenneth D. Bailey, *Typologies and Taxonomies: an Introduction to Classification Techniques*, Thousand Oaks, CA: Sage Publications, 1994, p. 10.

岚清在多次讲话中所指出的，为了进一步提高高等教育资源的使用效率，高等学校应分为教学科研型和教学型。高校分类管理的必要性在于"适当减少高校，提高规模效益""调整布局结构，适应区域经济发展"等。①

2000年后，随着扩招后高等教育管理体制改革的深入，高校类型层次日益多元，高校发展战略规划得到高度重视。出于对高校层次类型混乱、分工模糊、趋同化等发展状况的判断，在院校研究的推动下，后续研究的重点转向于高校定位问题。② 研究热点趋向于分类体系设计、高校分类发展中政府职能及其与高校和市场的关系，目的在于引导高校分类发展、形成良好的高等教育秩序。

2009年开始，特别是《国家中长期教育改革和发展规划纲要（2010—2020年）》出台以来，高等教育结构问题受到普遍重视，高校分类研究重心也由分类发展转向分类管理政策。虽然此前同类研究不少，如周长春的《高校分类分层标准的探索》（2004年）、陈厚丰的《中国高等学校分类与定位问题研究》（2004年）、马陆亭的《高等学校的分层与管理》（2004年），但往往重在分类设计，对分类管理具体政策和制度关注并不多，这些研究以大众化为背景、以院校传统层次类型为参照，回应了扩招以来管理体制变革的要求；相比之下，当前相关研究可谓"为政策"的高校分类研究，研究中突出结构优化下高等教育内涵式发展的趋向，注重院校实力提升和特色再造，其内容更为具体、政策导向更为明确。

（二）"高校多样化促进政策"的国外观点

国外高校分类研究一般应用于认识、描述、统计现实院校概况和多样化等指向，其中并不直接涉及分类管理活动及相关政策。但这些分类法可用以指导稀缺资源的分配、提高管理政策的合法性。③ 一旦院校分类活动与这些功用联合，便进入国内所谓的分类管理研究的范畴，自然涉及这样

---

① 胡瑞文、卜中和：《优化布局结构改革管理体制——对当前高等教育布局结构调整的思考》，《教育发展研究》1997年第2期。
② 潘懋元、吴玫：《高等学校分类与定位问题》，《复旦教育论坛》2003年第3期。
③ Alexander C. McCormick, "Classifying Higher Education Institutions: Lessons from the Carnegie Classification", *Pensamiento Educativo*, Vol. 50, No. 1, 2013.

的议题：如何让高校的使命、人力和财政资源等与特定院校分类标准相结合。① 因此，国外相关研究应归入院校类型层次多样化或分化促进政策的范畴，其中重点关注院校横向多样化发展的支持政策和制度。②

虽然促进高校分化和多样化一直是国外高等教育实践和研究的重要内容，但高校分化理论和分类管理政策的正式运用始于20世纪70年代，其背景是高等教育大众化的不断深入，各个时期研究范式的分野源于观照高校分化差异时所选用的具体特征不同。③ 分类管理研究实践因而在"市场"和"政府"两端摇摆，经历了"市场导向阶段""多元分析阶段""复合研究阶段"三个时期。

早期院校分化研究主要根据院校的法律规定（法定分类）、相似性和差异等进行分类；在院校多样化发展的影响因素上，尽管加州高等教育总体规划（1960年）的成功展示了政府力量的强势存在，但以特罗、伯恩鲍姆为代表的研究者们较少关注政策、政府因素，而将其归为市场力量的作用。以卡内基分类法（1970年）的出台为标志，相关研究致力于描述高等教育大众化背景下院校的多样化特征，以便增进社会对院校类型的认识。

进入20世纪80年代，在新公共管理理论的推动下，后续研究认为院校多样化受政府、市场、高校等多种因素影响。包括环境状况、管理体制、地区政策（如系统框架和质量保证）、学术价值、学术漂移、财政刺激、市场力量及排名等，并且这些因素的作用效果也存在差异。分类管理中注重多元化手段的使用，引入市场力量弥补政府直接监管所引发的院校分化乏力的弊端。

2003年以来，随着世界大学排行榜的兴起，国际高等教育进入一个全

---

① Claudia Reyes and Pedro Rosso Chile, "a New Approach for Classifying Chilean Universities", in G. Mihut, P. G. Altbach & H. Wit (ed.), *Understanding Global Higher Education*, Rotterdam: Sense Publishers, January 2017, pp. 49–51.

② Frans van Vught and Frank Ziegele (eds.), *U-Multirank: Design and Testing the Feasability of a Multidimensional Global University Ranking: Final Report*, Brussels: Consortium for Higher Education and Research Performance Assessment, 2011, p. 25.

③ Michael L. Skolnik, *A Discussion of Some Issues Pertaining to the Structure of Postsecondary Education in Ontario and Some Suggestions for Addressing Them*, https://files.eric.ed.gov/fulltext/EJ846470.pdf.

球竞争的发展阶段。在中国一流大学建设项目带动下，法国、俄罗斯、日本、韩国、加拿大等均出台了国家层面类似建设项目，而促进院校分层同样也是其中的重要内容和工具。相关研究主要基于院校的表现尤其是研究的表现进行分类①，强调政府宏观高等教育规划、分类管理职能，集中于政府管理职能转型，包括对分类评估、资源配置等政策的设计应用。研究主题既关注横向分类与纵向分层，又覆盖院校分化中政府与市场的作用与限度。

（三）分类管理的内涵与理论立场

分类管理作为一种新的管理时尚，学界对其内涵和内容涉足不多。从当前相关研究和政策中，我们可将其归纳为政府部门对不同类型高校办学所实施的差异化的制度、政策及干预等管理活动。正如赵庆年等所认为的，高校分类管理与高等教育行政管理和高等学校管理都不同，它指管理主体围绕管理目标，遵循高等教育发展规律，分别对不同类型高校进行组织、协调、规划、引导、控制、服务等的一系列活动，具体内容包括高校的职能、办学质量、办学资源和办学制度的分类管理。② 这种管理理念因立场差异选取不同的分类观，"分类管理的目的包括为行政管理而分类、为学校发展而分类以及为人才培养而分类。"③ 分类管理的前提是对高校进行科学的分类，而制定分类发展政策又是引导高校分类发展的重要保证和促进力量。

分类管理的正当性源于这样两个假设：一是分类管理有助于提升院校的多样性。增进院校多样性是政府高等教育管理的主要目标，这是因为院校多样化发展本身就被视为一种潜在实力。于是，"外部变化对院校治理和学术系统的影响是非常重要的，高等教育的成功转型要运用系统规划、组织和控制的有效实施来实现。"④ 二是现有院校层次类型结构不合理。

---

① Nihat Erdogmus and Murat Esen, "Classifying Universities in Turkey by Hierarchical Cluster Analysis", *Education and Science*, Vol. 41, No. 184, 2016.
② 赵庆年、祁晓：《高等学校分类管理：内涵与具体内容》，《教育研究》2013 年第 8 期。
③ 马陆亭：《为什么要进行高等学校分类》，《中国高等教育》2010 年第 20 期。
④ Hasan Arslan, *Leadership Roles in the Framework of the Classification of Higher Education*, http://files.eric.ed.gov/fulltext/ED493838.pdf.

"多元化作为一个目标本身就反映了对大学的不信任，认为大学作为正在老化或已经老化的机构不能根据社会和学生的需要更新自己。"[1] 而在中国，分类和分类管理研究的预判是现实高校"不安其位"、同质化发展、特色淡化及实力提升乏力。

二 高校分类管理的价值取向

多样化的高等教育部门有能力满足其服务对象（学生、雇主、高等教育服务的购买者和更广泛的社区）的不同需求和愿望。这些需求和愿望正变得越来越多种多样，最明显的是随着参与高等教育的范围越来越广，学生的期望、能力和情况也越来越多，但也体现在对高等教育如何为国家的经济、社会和文化发展做出贡献的理解上。从这个意义上说，高等教育提供的多样性本身并不是目的。这是确保当前和未来利益攸关方的需求和愿望得到最佳满足的一种手段。多元化是有价值的，因为它有助于改善这种契合度。它应该发展和扩大，以跟上不断变化的情况，它本身应该有助于形成和提高愿望和期望。

然而，促进多样性不能成为高等教育发展的唯一目标。孤立地看，多样性总是可以通过更好地调整机构的差异化方案来增加，以满足学生个人、雇主和其他人的需求和愿望。[2]

（一）满足学生多样化的高等教育需求

从学生的角度来看，分类管理可以满足学生的多样化需求，扩大高等教育入学机会和覆盖面。进入大众化阶段以后，高等教育人口结构已发生很大的改变。如在中国，人口总数和结构的变化也在向高等教育发生传导。从结构变动趋势来看，各年龄队列之间人口规模从差距巨大向差距显著缩小转变。1982年和2015年同样是人口规模在1.3亿左右，1982年最多年龄队列为19岁队列，人口总量达到2727.96万人，比人数最少的21

---

[1] Jan Fridthjof Bernt, "Universities, Colleges and Others: Diversity of Structures for Higher Education—Report on the Multilateral Workshop", *Higher Education in Europe*, Vol. 19, No. 4, 1994.

[2] 高燕：《高等教育机构类型分化的历程、特征与趋势》，《中国高等教育评论》2012年第3卷。

岁年龄队列1069.08万人的规模多了1600多万人。从2015年高等教育年龄人口各队列的人口规模来看，人口规模都在2000万以内，人数最多的年龄组为24岁，人口规模为1990.80万人，比人数最少的18岁年龄队列的1552.30万人多不到450万人，24岁多出的人口不到18岁人口总量的30%。从年龄别在校比例来看，2015年18岁在校比例达到67.31%，比2010年的56.95%提高了十多个百分点，比1990年的17.15%提高了50多个百分点。[①] 而在美国，除了人口数量结构所引发的变化外，移民政策、内部种族阶层、高等教育形态和政策等多种因素交织下，如何满足多元主体的高等教育需求、保障不同阶层和群体的受高等教育机会是相关政策和研究的重要议题之一。

数量结构方面是一个广泛讨论的主题，因为它们反映了各种教育目标（学术质量、专业相关性、精英选择、机会平等）之间的普遍妥协。在许多国家，它们是公众对教育的期望和学术自律之间互动的关键领域，与学生相关的数量结构方面往往比研究问题更是高等教育资源分配的核心。在这一领域内，公共话语开始关注高等教育形态，即：高等教育体系的模式，因为主流观点认为，一个经济发达的现代社会应该接受入学率的大幅增长或高入学率，而当大众高等教育这个术语开始传播时，不管以前的模式如何，当高入学率被视为可接受或可取时，问题不在于人们是否能够学习，而在于他们应该在高等教育的什么地方被分配或自己分配。[②] 几十年来，更广泛的社会经济群体和学习群体、教育需求和迅速扩大的职业生涯支撑了世界各地教育服务及其提供者的转变、扩大和多样化。[③] 这往往成为高等教育改革，特别是大众化和普及化阶段要解决的更为紧迫的问题。

---

① 王广州：《中国高等教育年龄人口总量、结构及变动趋势》，《人口与经济》2017年第6期。

② Ulrich Teichler, "Diversification? Trends and Explanations of the Shape and Size of Higher Education", *Higher Education*, No. 56, 2008.

③ Ellen Hazelkorn, "Preface" in R. Pritchard, M. Klumpp and U. Teichler (ed.), *Diversity and Excellence in Higher Education: Can the Challenges be Reconciled?* Rotterdam: Sense Publishers, 2015, p. 7.

（二）优化机构分工，提高办学效率

从高校来看，分类管理有助于优化机构分工，提高高校办学效率，促进组织创新，增强高等教育机构的活力。高校分化的历程表明，多样化是由传统大学不能满足外部需要，不愿主动实施组织变革引起的。在这种形态下，建立新机构往往比变革传统机构更容易实现，处于市场中心的非大学机构往往比传统大学拥有更为敏锐的市场感知力和变革动力。

不仅是在国内，在国外，通过分类管理促进高校差异化发展、增进系统多样性一直是重要的政策议题。即使是在高等教育极具多样性特征的美国也不例外。马丁·特罗为此就曾指出，在现代社会中，高等教育政策的一个核心问题是如何维持院校的多样性，其中也包括许多以教学为主，没有明显研究实力的院校，如何抵抗走向一个共同模式的研究型大学的压力。升格为研究型大学的运动不管能否实现都是非常重要的，因为不管成功与否，这种想成为研究型大学的意愿形成了目前学院与大学发展的特色。因此，这些学校不是以自身的目标或相似院校的目标来评价自己和成功，而是用剑桥大学、乌普萨拉大学、哈佛大学、麻省理工学院、希伯来大学的目标与任务来评估自己。这注定会出现挑战与不一致性。[1] 即满足政府促进高校办出特色的实践需要。满足这种实际需要，是我们提出高校分类标准的"共同意味和兴趣"的现实基础。关于政府分类管理高校的职能，学术界有不同理解。值得重视的是1999年美国学者布拉科、理查森、卡兰和芬尼提出的"政府分类管理高校的四职能"观点。他们认为，政府分类管理高校的职能是提供办学资源、制定办学法规、保护消费者权益和引导办学市场。[2]

（三）完善高等教育体系，区分大众机构与精英机构

分类管理的正当性往往是出于优化高等教育体系结构的考虑。综合来

---

[1] John Taylor, "Institutional Diversity in UK Higher Education: Policy and Outcomes Since the End of the Binary Divide", *Higher Education Quarterly*, Vol. 57, No. 3, 2003.

[2] Kathy Reeves Bracco, Richard C. Richardson, Jr. Patrick M. Callan, and Joni E. Finney, "Policy Environments and System Design: Understanding State Governance Structures", *The Review of Higher Education*, Vol. 23, No. 1, 1999.

看，中国高等教育经过大扩招以来，迅速实现了大众化，现已进入普及化阶段。到2021年年底，中国高等教育毛入学率为57.8%，提高了27.8个百分点，高等教育进入世界公认的普及化阶段。[1] 但仍面临着比较突出的结构问题，如盲目追求办学规模、盲目提升办学层次、盲目追求综合全面、盲目趋向学术性、人才培养目标定位与模式趋同等问题。[2] 这些问题表面上反映出个体机构的非理性竞争行为，实际上都反映出高等教育结构性矛盾，尤其是精英教育与大众机构间的非对称关系。由于精英机构处于系统顶端，拥有更高层次的学位授予权和更多的办学资源，自然成为大众机构办学的模仿对象。进入大众化后，高等教育系统表现出更为明显的多样化特征。各国经常存在矛盾的政策，试图同时发展和维持精英教育和大众教育，这往往会使整个系统变得潜在不稳定。[3]

从高等教育发展阶段来看，政府热衷于以实现院校的分类发展的名义对系统内机构进行分类管理，通过人为设置的机构层次类别体系将精英机构与大众机构区分出来，并进一步将传统精英大学保护起来。因此，每一次新的机构出现，一方面来源于高等教育市场的新变革所催生的新机构的生存需求；另一方面更来源于传统精英部门保护自身精英地位的自我保护行为。同时，政府作为公共利益的代言人，实施高校分类管理可以满足特定的高等教育政策偏好，比如出于推进高等教育现代化、调整区域高等教育体系结构、促进高等教育公平、建设世界一流大学等政策需求，完成市场机制所无法覆盖的特定领域的公共职能。

（四）应对劳动力市场结构性变化

从市场来看，高校分类有助于高等教育人才结构的优化，满足劳动力市场对不同层次和规模人才的需求。社会转型发展带来的行业和产业变革，要求高等学校适应社会发展需要培养多类型和不同层次的人才，促进

---

[1] 怀进鹏：《胸怀国之大者 建设教育强国 推动教育事业发生格局性变化》，《学习时报》2022年5月6日第1版。

[2] 何万国、蔡宗模、杨正强：《我国高校分类发展对策研究》，《中国高教研究》2016年第2期。

[3] Ivar Bleiklie, "Organizing Higher Education in a Knowledge Society", *Higher Education*, Vol. 49, No. 1–2, 2005.

高等学校进行合理的自我定位和分类发展。随着中国高等学校与区域的关系愈加密切，高等学校与区域发展形成了互利共赢的局面，经济发展速度快的区域，高等学校也获得较快发展，适应社会和区域发展对人才结构需求的高等学校分类也已然成为社会发展的有效推力，反之则高等学校与区域发展互相限制。在这样的现实背景下，政府在管理过程中一般根据社会的人才需求情况对高等学校进行分类引导和分类管理。[①] 人才培养是高校最为根本的办学职能。高校分类要对接劳动力市场的需求，高等教育结构调整要适应劳动力市场结构的变化，甚至在一定程度上要引领市场的变化。而当前一些研究对高校分类广泛按照机构职能将高校分为研究型、教学型和职能技能型院校，实际上并未考虑院校人才培养的类型特征。现有的高校分类大多聚焦于科学研究职能对高校进行划分，如有的分类把高校分为研究型、研究教学型、教学研究型和教学型等。而众所周知，高校的三大职能除科学研究之外，还包括人才培养和社会服务，而人才培养又在三大职能中处于中心地位。高等学校人才培养和社会服务职能类型不清、定位不准，是导致高校毕业生所学专业与未来所从事工作吻合度不高，在校所学课程与未来工作实际关联不大等问题出现的重要原因，更是造成当前中国高校毕业生结构性就业难的症结所在。[②]

第四节 分类管理促进高校分化的理论依据

高校分类目标的多元性要求研究者从多个理论层面构建分类管理的假设。国外更多将高校视为独立的个体，基于非教育学视角考查政府管理行为，如制度主义、组织认同、资源依赖、种群生态学及战略选择等[③]；国内则聚焦于高等教育系统内部，从高校活动的特点出发提出分类管理的必要性，研究视角包括：教育的内外部关系规律理论、学校能级理论、高校

[①] 史秋衡：《国家高校分类体系及其设置标准实证研究》，科学出版社2016年版，第22页。
[②] 潘黎：《高校分类标准的构建及实证研究》，科学出版社2017年版，第24页。
[③] Tatiana Fumasoli & Jeroen Huisman, "Strategic Agency and System Diversity: Conceptualizing Institutional Positioning in Higher Education", *Minerva*, Vol. 51, No. 2, 2013.

社会职能理论、整体（结构）理论、高等教育发展阶段理论、劳动力市场分割理论、资源配置理论和知识分化理论等。这些理论尽管视角各异，但高等教育系统分化的解释性理论框架在很大程度上来自三种理论观点，即制度同构、资源依赖视角和环境决定论（种群生态学）。

一 社会学与制度同构论

（一）制度同构理论的基本主张

制度同构理论是社会学制度主义学派的核心理论之一。这种理论的基本观点是，组织的生存和成功取决于对环境中其他组织的考虑。围绕"是什么使各种各样的组织如此相似"这个组织难题，迪马吉奥和鲍威尔从制度主义的角度构建了其经典的制度同构理论。在他们看来，组织间普遍存在趋同现象，"同构"是一种"制约性过程"，存在一种制度性的力量驱使一个组织变得与其他组织更为相似。在同构的过程中，既有制度的作用，又包含着行动者的理性选择，既源于市场效率规则的组织结构，又源于国家和行业强加的制度约束。制度同构源于制度的"合法性"，即其他组织成员对组织间成员的认可程度，制度同构的过程也就是制度的构象过程。[1]

可见，制度同构反映组织在一个形成的组织场域中经历的同质化的过程，同构的结果是组织行为的相似性增加和系统多样性的减少。这里主要涉及三种制度同构，即强制性、模仿性和规范性的制度同构。所谓强制同构源于组织所依赖的其他组织（在环境中）施加的压力，如政府政策和法律等。模仿同构源于不了解的技术、模糊的目标和象征性的环境造成的不确定性，这种不确定性诱使组织模仿被认为是成功的组织行为。而规范同构源于专业化。专业性导致同质性，一方面是因为正式的专业培训在专业背景上产生某种相似性；另一方面是因为专业网络的成员资格进一步鼓励了这种相似性。从这三种形式的制度同构可以清楚地看出，根据迪马吉奥和鲍威尔的观点，政策和特定的组织特征（如环境感知的不确定性和组织

---

[1] Paul DiMaggio & Walter Powell, "The Iron Cage Revisited: Institutional Isomorphism and Collective Rationality", *American Sociological Review*, No. 48, 1983.

的专业化程度）可能会产生去分化过程。从这个意义上看，面对资源稀缺，组织可能被迫以去分化的方式做出反应，使整个系统表现出外部多样性的减少。①

（二）高校分化中的制度同构及其规避

制度同构理论在揭示组织趋同的原因的同时，也为组织的差异化提供了可行途径，相关研究也为研究高校组织变革中的同构现象开辟了新的视角。无论是在中国还是在国外，高校趋同化趋向比较普遍，一些组织研究者往往借鉴制度同构理论对其进行解析。

同构理论认为，大学变革是在相同的全球环境压力下，大学组织的同构过程。同构理论强调大学变革的趋同趋势。大学组织变革必须与环境变迁的方式相适应，这就是所谓的同构性变迁。② 根据制度同构，在同一系统和梯队中的不同高校被建构在一个特定的系统场域中，系统中存在一种使各个高校变得相似的强大力量，即同构力，它包括强制性同构力、模仿性同构力和规范性同构力。

强制性同构力包括政府对各类高校设定的办学层次和类型目标、高等教育法律法规和政策所规定的组织框架结构等，这由其他层次类型的高校所依赖的正式和非正式办学压力，如办学绩效评价、认证等，以及高校所处的区域和系统对其履行自身职能的愿景而产生作用。如中国各个时期重点建设大学和学科建设项目、本科教学审核评估、各类高校设置条例等，都对高校产生了直接的同构力。当然，并非所有的制度同构都来自强制权威。不确定性也是鼓励高校相互模仿的强大力量。当对高校外围环境变化缺失系统了解时，组织目标不明确或者环境变化不确定时，高校往往会以其他机构为模板，复制其成功路径，这表现为职能漂移现象，包括研究型大学向下的"教学漂移"，教学型大学向上的"研究漂移"甚至向下的"职业漂移"。高校不仅要争夺特定资源、生源、办学区位、服务对象，还要争夺高等教育权力

---

① Frans van Vught, "Diversity and Differentiation in Higher Education Systems", Paper Presented at the CHET 10th Anniversary Conference, Cape Town, November 2007.
② 周光礼、黄容霞、郝瑜：《大学组织变革研究及其新进展》，《高等工程教育研究》2012年第4期。

和机构的合法性，争夺社会和政府对机构的认同。因此，高校总是在模仿上层机构和成功院校的办学风格。而规范性同构力源自专业化。中世纪大学自形成行会机构以来，规范性同构力就成为大学力争实现职业化的组织进化脉络，这种同构表现为行会组织成员为巩固集体生存空间而开展持续斗争，定义了大学的组织形态、学位制度、学院构成，以持续大学组织的独特地位，并建立大学自治的制度基础，巩固机构的合法性。现代高等教育机构以认证、组织联盟的形式，院校制定学科专业标准，形成高校联盟，组织专业认证，通过各类办学标准促使机构趋同化。

高校趋同化与差异化均是组织分化的必然结果，组织同构并非高校分化的对立物。从系统层面来看，也不存在绝对的、单向度的趋同分化，高校总是朝向预定的目标进行分化，在这个过程中，院校结构得以调整。因此，一定范围和程度的制度同构是高校分化的自然状态，驱动院校分化的同构力应该来自多个维度，这样才能在趋同过程中实行多元分化。由于院校都是"理性人"，不加控制的制度同构必定造成组织的过度、单向趋同，而这恰恰是分类管理的正当意义所在。马丁·特罗也曾指出，多样性不仅出现在院校之间，而且也出现在每所院校内部。在同一所院校内我们越来越多地教育和培训不同类型的学生。这样就使学校的管理制度变得越来越复杂，此时我们越来越多地呼吁建立一个松散的治理模式，这种治理模式集合了强大的集中管理与内部决策，其内部决策的趋势是把决策权交到能够影响决策和作出决策的层次上。[1]

二 组织学与资源依赖论

（一）资源依赖理论的基本主张

在组织学领域，资源依赖理论是关注组织关系和变迁的重要理论。杰弗里·菲佛和杰勒尔德·R.萨兰基克在其著作《组织的外部控制：对组织资源依赖的分析》一书中对资源依赖理论进行了系统的阐述。该书讨论

---

[1] 马万华：《多样性与领导力——马丁·特罗论美国高等教育和研究型大学》，教育科学出版社2011年版，第151页。

的主题是组织怎样求得生存,重点主要涉及管理人员怎样想方设法确保组织的生存。由于组织与环境间的交互关系,没有组织能完全控制自身发展所需的各种资源,而组织生存的关键是获取和维持资源的能力。正是由于组织总是从其他组织获得自身发展所需的资源,组织间的资源依赖就是组织生存发展的一种常态。但是,资源具有稀缺性,这决定了组织必须改变自身以便适应资源和环境变化的趋势。"组织为了获取资源而与其他组织进行交易,资源控制权使得其他组织具有对组织的控制权。组织的生存在一定程度上取决于组织对环境偶然性进行管理的能力,因此,大多数组织行动的焦点在于通过交换的协商来确保所需资源的供给。"[1]

组织进化需要不断优化资源配置,任何组织的存在与发展都是与环境进行的资源交互的过程,组织间关系即为资源依赖关系,通过资源替代或相互合作降低这种依赖。随着资源依赖理论发展,派生出多种资源依赖的类型,如卡斯恰罗和皮斯科尔斯基将资源依赖具体划分为非平衡权力和非对称依赖两个维度,前者是指组织间拥有资源的关键程度差异,而后者是指组织间交易的相对数量,二者共同导致了成员之间资源依赖的程度差异。[2] 还有一些研究涉及以成本和利益为基础的分类、交易和关系双重角度的分类,等等。不管哪一种类型划分,都是强调权力的资源依赖核心地位,即一种权力重塑或约束吸收行为。[3] 从总体上看,资源依赖理论的研究并不关注这种关系的结果和影响,对依赖的产生机制并未做深入分析,而是聚焦于组织如何打破资源依赖实现自主分化。从现有研究来看,资源依赖结构并非固化,与资源拥有主体的互动行为共同变化。[4] 资源依赖一旦产生,便会形成组织与被资源依赖组织间的支配和权力关系,后者就会

---

[1] [美]杰弗里·菲佛、杰勒尔德·R.萨兰基克:《组织的外部控制:对组织资源依赖的分析》,闫蕊译,东方出版社2006年版,第285页。

[2] Tiziana Casciaro & Mikolaj Jan Piskorski, "Power Imbalance, Mutual Dependence and Constraint Absorption: A Closer Look at Resource Dependence Theory", *Administrative Science Quarterly*, Vol. 50, No. 2, 2005.

[3] 韩炜、杨俊、陈逢文等:《创业企业如何构建联结组合提升绩效?——基于"结构—资源"互动过程的案例研究》,《管理世界》2017年第10期。

[4] 王琳、陈志军:《价值共创如何影响创新型企业的即兴能力?——基于资源依赖理论的案例研究》,《管理世界》2020年第11期。

借助对前者的资源支配优势，影响组织的生存与发展。

(二) 高校分化中的资源依赖及其引导

以企业为参照，企业对环境的依赖使得它们获取资源的不确定性提高，威胁企业的生存和成长，因而它们会采取一些行动管理外部依赖。[①]

掌握着某类高校所需资源的其他主体，如教派、政府、行业组织、企业，甚至校友和高校，同时获得了对此类高校的支配权力，从而使高校产生相应的资源依赖。中世纪以来大学的生存与发展便贯穿着高校与教派、政府间的斗争。面对教派、政府和世俗对自身办学资源的不同影响，中世纪大学巧妙地在这些权力和资源间游走，通过扩展自身职能，深化与不同主体的联系，努力提升办学资源的多样性，借此与主要权力方展开博弈。同时，利用外部主体间的矛盾，并以维护自身固有办学使命和原则之名，通过有限的办学自由、自治方式，故意与这些主体保持一定的距离，试图摆脱过度、单一依赖的束缚，以应对环境变化的不确定性。在谈到美国大学随着经费需求的不断膨胀而日益步入社会时，德里克·博克也曾指出，公立和私立大学都在用越来越多的时间准备提案，以求联邦政府拨款支持大学开展研究、添置新设备以及设立学生助学金等。由此，社会越来越依赖大学，大学也越来越依靠社会的资助来支持其日益增多的活动的经费开支。[②] 对于美国大学的社会捐赠也是如此，这既因为捐赠者会利用捐赠去达到不正当的目的，也因为他们会借势取得管理的优先权，而使得大学接受他们的捐赠成为一件严重或不体面的事。尽管关于捐赠的争论已经持续了几十年，但大学却很少认真地思考这个问题。[③]

现代大学在应对外界环境变化下的依赖时，利益主体更为多元，应对资源依赖会有着不同的战略。如对于政府而言，由于来自政府的拨款始终处于高校发展的核心资源地位，高校会强化这种依赖关系，通过使命变革

[①] Amy J. Hillman, Michael C. Withers and Brian J. Collins, "Resource Dependence Theory: a Review", *Journal of Management*, Vol. 35, No. 6, 2009.

[②] [美] 德里克·博克：《走出象牙塔——现代大学的社会责任》，徐小洲等译，浙江教育出版社2001年版，第7页。

[③] [美] 德里克·博克：《走出象牙塔——现代大学的社会责任》，徐小洲等译，浙江教育出版社2001年版，第299页。

主动适应政府的要求，从而获得更多的经费支持。反之，当政府资源不足以支持院校发展，或者资源依赖过度并严重影响院校自身办学环境时，院校也会试图摆脱依赖，主动寻找替代资源，以使得自身在与政府的资源互动中取得主动性。以当前高校异地办学行为为例，如果合作校区生存和发展的重要资源由母体高校掌握，则母体高校拥有更大影响力；如果生存和发展的重要资源掌握在地方政府手中，则地方政府对于合作校区（机构）拥有更多主导权；如果合作校区（机构）能够掌握更多的替代性资源，则合作校区自身的独立性就会更强。[1]

资源依赖会驱动高校趋向不同的路径进行分化，多样化的资源依赖的导向必然会引发院校办学模式的多样化，单一主体和功能指向的资源则无疑会加剧院校对资源的趋同竞争。如果政府拨款导向高校的科研职能，那么，院校自然会以研究型大学为圭臬，而放弃对其他类型院校办学实践的探索，这是当前世界高等教育发展的共性问题。如英格兰各种类型的大学都在试图做同样的事情，每所大学都参与科研评估竞争，都通过扩大招生来获得更多资助，都接受"高等教育与商业合作"和"高等教育创新基金会"的拨款。这种未经规划的多元化可能导致全面的平庸。[2] 因此，高等教育多样化发展需要政府积极规划创设一种有利的环境，使高校资源、数目和规模都是可控的。[3] 从这个意义上看，政府需要为高校分化创设多元化的资源导向，引导高校与不同的主体建立多元的资源依赖关系，进而实现有价值的差异化发展。

三 生态学与环境决定论

（一）环境决定论的基本主张

从生态学的角度来看，生物与环境是相依相存的关系。生物生存的环

---

[1] 燕山、郭建如：《资源依赖视角下异地合作办学校区发展研究——基于P大学深圳研究生院的案例研究》，《教育学术月刊》2020年第11期。

[2] 朱春芳、高益民：《分化还是分层——英格兰高等教育分类管理中的新矛盾》，《比较教育研究》2015年第8期。

[3] John Taylor, "Institutional Diversity in UK Higher Education: Policy and Outcomes Since the End of the Binary Divide", *Higher Education Quarterly*, Vol. 57, No. 3, 2003.

境既包括非生物的无机自然环境，也包括其他生物，甚至个体自身也是环境的组成部分。生物的生存生长离不开特定环境，任何物种都需要一个良好的栖息场所和生存环境，地理、气候、其他生物活动等各种环境因素都会对生物产生共同影响，有什么样的自然环境，便会形成与之相适合的生态系统，生物总是在不断适应环境变迁的过程中不断进化。自然的法则往往表现为物竞天择，优胜劣汰，适者生存。同时，不仅是人类，其他任何生物的活动也影响着环境的变化，促进自然环境中的物质循环和能量转化，生物不但能适应环境，也能改变环境，进而影响环境中的其他生物。

同生物一样，组织也都生存于一定的社会环境之中，而且与环境共同演化形成一个开放复杂的适应性系统。组织可视为一种具备能够认识环境复杂性的意义的体验性认知能力且不断与环境互动的类生命体，它是一种活生生的整体，其生命是一个不断自组织或自我创生的持续演进过程。[①] 关于组织与环境的互动理论的基本假定是：在组织的内部与外部之间存在着清晰的、明确的边界，关于此方面研究更多关注组织边界，以及环境对组织内部的运行产生的诸种影响。[②] 根据环境对于组织的影响不同，组织环境可分为多种类型，比如外部环境和内部环境、组织环境和任务环境、一般环境和具体环境，等等。而经典的组织理论，如人际关系行为理论、权变理论、战略规划理论、种群生态理论等都侧重于从环境的角度分析组织改革。

组织和生物一样，总是不断与环境进行物质、能量和信息的交换，在与环境的交互中维系组织的生存与变革。组织的创生必须依赖于特定的组织环境，通过与环境的互动，在适应环境压力的过程中才能存续，否则势必走向消亡。在环境友好的情况下，组织中是不可能产生改革要求的，组织的所有改革要求都是在环境的压力下产生的。[③] 由于不同组织间同时存在竞争与合作关系，组织必须不断争夺各种资源方能在竞争中胜出。组织

[①] 夏妍艳：《组织生态学视角的产业演化成因分析》，博士学位论文，浙江大学，2012 年，第 64 页。
[②] 马正立：《行动者、组织与环境：管理理论演进图谱》，《重庆社会科学》2021 年第 4 期。
[③] 张康之：《在风险社会中看组织环境与任务环境》，《学海》2021 年第 4 期。

环境的变化催生了一些新组织，也使更多的传统的组织走向消亡。例如工业革命的每次升级，在创造新兴行业组织的同时，也迅速淘汰了大量传统职业和产业链，大量现代生产部门开始诞生。组织的职能、结构、运行方式、管理架构必须保持充分的弹性，才能适应复杂多变的环境。当然，组织对环境的这种反应并不是被动的、单向的。组织必须主动实施战略分析和转型战略，及时了解环境变迁，主动调整自身目标和职能，趋利避害，选择和营造适于自身发展的环境。同时，组织活动也会对环境产生负面作用，甚至破坏原有的环境秩序，而这反过来又会影响组织的正常运行。

（二）高校分化中的环境因素及其利用

按照环境决定论的观点，高等教育受环境和政策变化的影响因而不可避免地不断分化。教育史学家们从组织生命周期的视角将高校与其他组织进行对比，分析高校作为制度性组织的"长寿"之道和大学的理念。生物进化论则更形象地从物种进化的角度，透视原型大学不断分化、现代大学观念更新变革的历程。从生态学的角度来看，大学和其他高等教育机构一样都是受环境因素影响的遗传的产物，同时也是组织进化的结果。

教育生态学为解释高校分化现象提供了生动的话语体系。教育生态学把教育视为一个有机的、统一的生态系统，其中各个生态因子都有机地联系着，这种联系又动态地呈现为统一与矛盾、平衡与失衡的状态。[1] 高校作为一种组织，也是这种生态系统的一个有机组成部分，且与其他部分紧密相连、共生互动。[2] 高校的分化是以高校为行动主体，是在外界环境冲击情况下被动适应新的社会情景，从而衍生出新的学校形式的过程，也是高校为适应内外环境而寻找合适"生态位"以求得生存的过程。[3]

高等学校的分化是寻找这种"生态位"的关键途径，而外在环境的嬗变则是主要的选择性因素。中世纪大学在诞生之初，只是一种不带有任何功利色彩的原生态机构。随着世俗化在17世纪的欧洲政治生活中日渐显

---

[1] 洪世梅：《教育生态学与大学教育生态化的思考》，《高等教育研究》2007年第6期。
[2] 耿有权：《生态学视野中的世界一流大学体系建设》，《现代大学教育》2009年第2期。
[3] 孙伦轩、陈·巴特尔：《高等学校的分化、分类与分层：概念辨析与边界厘定》，《国家教育行政学院学报》2016年第10期。

露，高等教育的民族化趋势日渐明显。传统大学因墨守成规而危机四伏，大学由此分化为传统大学和非传统大学。后者以实用主义为导向，法国的"大学校"、德国的"专门学院"和日本的"实业学校"就是如此分化而来的。① 高校的分化指的是高等教育系统内新的组织产生的过程。新的高校组织之间彼此不同，有些继承了中世纪大学的最原始职能，而有些则完全是一种新的大学实体。这一过程是在生态学视角下的适应本能驱动下完成的。②

外界环境条件越相似，高校分化、多样化程度越降低；在一个高等教育组织内部，学术标准和价值的影响越大，高校分化、多样性程度越低。"存在于同一环境、有着同样的资源来源方式和服务对象的组织，整体上也将会变得更为同质化。简单地说，环境越同质，越会导致组织的同质化发展，而环境越多样化越能促进组织的多样化。"③ 根据这种观点，环境压力（特别是政府管制）以及学术规范和价值观的主导地位是影响高等教育系统分化和去分化过程的关键因素。当环境条件变化时，当高等教育机构中学术规范和价值观的影响有限时，系统多样性的水平可能会增加。此外，根据理论框架，一方面是统一的环境条件和学术规范和价值的有限影响；另一方面是不同的环境条件和学术规范和价值的巨大影响，这两者的结合可能与多样性水平的增加或减少有关。④ 高校分化多来自于外部环境变化相关主体对高等教育需求的变化，高校的加速分化则发生于大众化阶段，是系统规模不断扩大下结构和功能越来越复杂的结果。高等教育的分化有多种功能，比如，它有助于实现精英教育和大众高等教育更为紧密的结合，大众系统比精英系统更加多样化，因为它们吸收了不同的客户，并

---

① 高燕：《高等教育机构类型分化的历程、特征与趋势》，《中国高等教育评论》2012年第3卷。

② 孙伦轩、陈·巴特尔：《高等学校的分化、分类与分层：概念辨析与边界厘定》，《国家教育行政学院学报》2016年第10期。

③ Christopher C. Morphew, "Conceptualizing Change in the Institutional Diversity of U. S. Colleges and Universities", *The Journal of Higher Education*, Vol. 80, No. 3, 2009.

④ Peter A. M. Maassen and Henry P. Potman, "Strategic Decision Making in Higher Education: An Analysis of the New Planning System in Dutch Higher Education", *Higher Education*, Vol. 20, No. 4, 1990.

试图对劳动力市场的一系列需求作出反应。①

既然高校分化与环境密切相关，那么，有理由相信，通过创设多样化的系统环境，将有望为高校分化提供多元化的样板。而政府高等教育管理体制往往过于单一，解除这种政策束缚，引入多元化的院校分化促进手段将显著提升院校对环境的响应能力，这正是分类管理的正当性所在。

---

① Frans van Vught, "Diversity and Differentiation in Higher Education Systems", Paper Presented at the CHET 10th Anniversary Conference, Cape Town, November 2007.

第二章

高校分类管理政策及其演进

高校分化受多种因素影响，高校分类发展是一个系统工程，涉及政府、市场、高校等各个主体，中华人民共和国成立以来，政府高校分类管理政策直接决定了高校分化的走向，政府层面实施分类管理的制度和政策对高等教育系统诸多要素均产生了极大的影响。鉴于此，有必要对中华人民共和国成立70余年来高校分类管理政策与分类发展的历史轨迹进行系统梳理，以便总结高等教育体系建设的经验，为优化创新高校分化政策提供研究依据。

第一节 高校分类管理政策概述

中华人民共和国成立70多年来，中国高等教育取得的成就令世人瞩目，建成了世界上规模最大的高等教育系统，大众化水平显著提升，初步建成了中国特色社会主义高等教育体系，为国家经济社会发展提供了强有力的智力支撑与人才保障。这些成就的取得是国家在各个时间出台高校分类管理政策，不断优化高等教育结构，完善体系，促进高校特色发展、分工合作的结果，分类管理政策的推动，直接驱动了高校的分化。为便于分析分类管理政策与高校分类发展间的关系，本节将就高校分类管理相关政策的特点进行分析。

一 高校分类管理政策的基本情况

高校分类管理涉及诸多主题，且各个时期和不同部门的主题不尽相同，考虑到国家层面相关政策的引领性，本章仅以不同时期中央部门发布

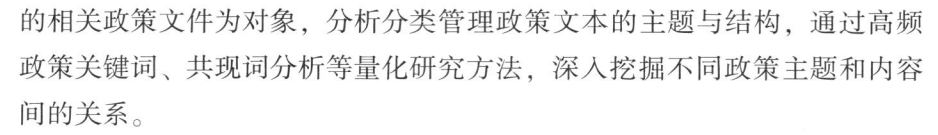

的相关政策文件为对象，分析分类管理政策文本的主题与结构，通过高频政策关键词、共现词分析等量化研究方法，深入挖掘不同政策主题和内容间的关系。

（一）政策来源

从最宽泛的意义层面上看，高校分类管理从属于高等教育体系和结构调整政策的范畴，而体系结构优化无疑是中华人民共和国成立以来，中国高等教育事业发展的重要内容。这种理解自然全面，但过于泛化，无法准确涵盖分类管理政策的具体内容。根据上一章所归纳的高校分类管理研究相关政策，相关制度应涉及高校层次类型、体制、隶属等外部层面特征的多样性。历史上，高校分类管理存在一些比较关键的时期，如在20世纪50年代的院系调整，1985年党的十二届二中全会通过了《中共中央关于教育体制改革的决定》，20世纪90年代末高等教育扩张和大众化迅速推进下高等教育结构的大调整、"211"工程和"985"工程的实施等。国家层面出台的这些政策对于高等教育体系建设产生了深远的影响，有些政策甚至一直延续到现在。同时，一些高等教育综合改革项目、各个时期教育发展的重大战略规划文件也都涉及院校层次类型的调整。进入21世纪，《国家中长期教育改革与发展规划纲要（2010—2020年）》的颁布实施对于高等教育发展提出了优化结构、办出特色的具体要求，高等教育步入以提高质量为主要任务的内涵式发展阶段，重点学科专业、一流高校建设的项目力度不断加大，各类院校都面临着转型变革的压力和契机。

基于以上内容，为了突出政策文本的代表性与针对性，本书对于高校分类管理的制度和政策文件的收集，主要遵循这样几个原则：一是典型性。高校分化受诸多因素影响，政府、市场和高校自身发展的各个要素均会作用于机构的分化；而政府部门的各类政策一般都具有多种政策目标，促进院校分类、分化往往只是其中的部分或某种阶段性的目标，从这个意义上看，涉及高等教育体系结构、具体层次类型院校发展的政策都属于高校分类管理政策的范畴。但是在研究中，这样的做法过于宽泛，显然并不可取。因此，本书所选取的文件必须聚焦于体系结构调整、具体高校发展等特定领域，这样方能体现政策的针对性。二是系统性。由于高校分化的复杂性，高校分类管理政策应由一系列政策、规定、法律等组成，而且应涉及不同类型层次的特定高校，对系统结构调整具有较强的影响力，必须在宏观层面对高校分化具有一定的法定效力和执行力，制度政策的内容规范、结构完整，政策执行具有连续性。基于此，本章所选取的相关文件限定于中央及相关部委层面出台的政策文本，以公开发布的法律法规、发展纲要、规划、意见、办法、通知等文件为主。三是可得性原则。中华人民共和国成立以来，高等教育事业发生了翻天覆地的变化，教育政策文件层出不穷，一些政策文件由于时间久远已无可获取，不少以通知、意见等形式出现的政策则未收录于教育年鉴和教育文件汇编等文献中。因此在制度文件的选择过程中必须综合考虑，通过收集相关文献、历史史料和论文寻找线索，尽量补充政策文件。

本书先是以"高等教育结构调整""高校分类"和"高校多样化"为直接的关键词，检索教育部、财政部、国务院网站上公布的规范性文件、法律法规，并就具体类型院校设置和发展的相关政策和规定、通知等为关键词进一步搜索文件，这样得到的主要是近20年以来的文件。对于之前相关文件的获取，本书主要通过检阅历年教育年鉴、延边人民出版社2001年出版的《教育政策法规文件汇编》、教育部（国家教育委员会）历年编著的《中华人民共和国现行教育法规汇编》等，通过细读高等教育相关文件，整理形成中央部门出台的高校分类管理政策文件。通过阅读整理，共收集得到包括部门法规、一般行政规范性文件等在内的61份政策文件。通过检索党中央、国务院、教育部、财政部等的正式政策文件发现，高校分类管理的制度文件事实上并不多见，比较集中的主要有如下一些（见表2-1）。这些文件主要包括报告、规划、意见、实施办法、法律、计划、标准、纲要、方案等，发文机构包括人力资源和社会保障部、工业和信息化部、中共中央、国务院、财政部、国家发展改革委、教育部等。总体上看，国家层面出台的专门性高校分类管理文件并不多，主要集中于各类高校，包括重点院校、研究型高校、应用型高校、职业院校、民办高校和独立学院的办学与设置标准等。从时间上看，主要集中于2010—2019年。

表 2-1　　　　　　　国家高校分类管理主要文件

序号	文件名称	发文单位	发文时间
1	《关于北大、清华、燕京三大学调整方案的报告》	中央教育部党组	1951
2	《关于全国工学院调整发展方案的报告》	中央教育部党组	1951
3	《一九五二年全国高等学校院系调整计划（草案）》	教育部	1952
4	《关于一九五三年全国高等学校院系调整的计划》	高等教育部	1953
5	《关于1955—1957年高等学校院系调整有关事项的通知》	高等教育部	1955
6	《教育部直属高等学校暂行工作条例（草案）》	教育部	1961
7	《关于恢复和办好全国重点高等学校的报告》	教育部	1978
8	《全国重点高等学校暂行工作条例（试行草案）》	教育部	1978
9	《一般高等学校校舍规划面积定额（试行）》	教育部	1979
10	《中华人民共和国学位条例》	全国人大	1980
11	《关于审定学位授予单位的原则和办法》	国务院学位委员会	1981
12	《中华人民共和国学位条例暂行实施办法》	国务院	1981
13	《关于调整和补充〈一般高等学校校舍规划面积定额〉的意见》	教育部	1984
14	《关于在部分全国重点高等院校试办研究生院的几点意见》	教育部	1984
15	《中共中央关于教育体制改革的决定》	教育部	1985
16	《普通高等学校设置暂行条例》	国务院	1986
17	《高等学校培养第二学士学位生的试行办法》	国家教委、国家计委、财政部	1987
18	《关于评选高等学校重点学科的暂行规定》	国家教委	1987
19	《高等学校社会科学科研管理暂行办法》	国家教委	1988
20	《关于教育事业"八五"计划和十年规划工作有关问题的通知》	国家教委	1990
21	《关于高等学校重点学科建设与管理的意见》	国家教委	1991
22	《关于重点建设一批高等学校和重点学科点的若干意见》	国家教委	1993
23	《中国教育改革和发展纲要》	国务院	1993
24	《关于〈中国教育改革和发展纲要〉的实施意见》	国务院	1994
25	《"211"工程总体建设规划》	国家计委、财政部、国家教委	1995
26	《关于深化高等教育体制改革若干意见的通知》	国家教委	1995

续表

序号	文件名称	发文单位	发文时间
27	《中华人民共和国教育法》	全国人大	1995
28	《面向21世纪教育振兴行动计划》	教育部	1998
29	《高等职业学校设置标准（暂行）》	教育部	2000
30	《关于调整国务院部门（单位）所属学校管理体制和布局结构实施意见的通知》	国务院	2000
31	《中华人民共和国民办教育促进法》	全国人大	2002
32	《2003—2007年教育振兴行动计划》	教育部	2004
33	《普通高等学校基本办学条件指标（试行）》	教育部	2004
34	《关于"十一五"期间普通高等学校设置工作的意见》	教育部	2006
35	《关于加快研究型大学建设 增强高等学校自主创新能力的若干意见》	教育部	2007
36	《国家教育事业发展"十一五"规划纲要》	教育部	2007
37	《民办高等学校办学管理若干规定》	教育部	2007
38	《独立学院设置与管理办法》	教育部	2008
39	《中央财政支持地方高校发展专项资金项目实施管理办法》	财政部	2010
40	《关于开展国家教育体制改革试点的通知》	国务院	2010
41	《关于实施"特色重点学科项目"的意见》	教育部、财政部	2010
42	《国家中长期教育改革与发展规划纲要（2010—2020年）》	国务院	2010
43	《关于"十二五"期间高等学校设置工作的意见》	教育部	2011
44	《"高等学校创新能力提升计划"实施方案》	教育部、财政部	2012
45	《关于全面提高高等教育质量的若干意见》	教育部	2012
46	《关于实施高等学校创新能力提升计划的意见》	教育部、财政部	2012
47	《国家教育事业发展第十二个五年计划》	教育部	2012
48	《关于完善本科学校设置工作的指导性意见》	教育部	2013
49	《中西部高等教育振兴计划（2012—2020年）》	教育部、财政部、国家发展改革委	2013
50	《关于改革完善中央高校预算拨款制度的通知》	教育部、财政部	2015
51	《关于引导部分地方普通本科高校向应用型转变的指导意见》	教育部、财政部、国家发展改革委	2015
52	《统筹推进世界一流大学和一流学科建设总体方案》	国务院	2015

续表

序号	文件名称	发文单位	发文时间
53	《制造业人才发展规划指南》	教育部、人力资源和社会保障部、工业和信息化部	2016
54	《关于"十三五"时期高等学校设置工作的意见》	教育部	2017
55	《关于加快建设高水平本科教育 全面提高人才培养能力的意见》	教育部	2018
56	《加快推进教育现代化实施方案（2018—2022年）》	中共中央、国务院	2019
57	《中国教育现代化2035》	中共中央、国务院	2019
58	《"双一流"建设成效评价办法（试行）》	教育部、财政部、国家发展改革委	2020
59	《深化新时代教育评价改革总体方案》	中共中央、国务院	2020
60	《关于"十四五"时期高等学校设置工作的意见》	教育部	2021
61	《普通高等学校本科教育教学审核评估实施方案（2021—2025）年》	教育部	2021

（二）政策特征

从发文机构来看，教育部（含中央教育部党组、高等教育部、国家教委等）作为中央教育主管部门，所发布的系列文件占文件总数的70.5%，其中由教育部独立发布的文件占到文件总数的59%，表明该部门理所当然地承担着高校分类管理的主体责任。除教育部外，国家层面也不同程度地参与到高校分类管理活动之中，充分体现出中央对高校分类管理工作的高度重视。如国务院作为国家最高权力机关的执行机关，负责领导和管理教育等工作，所发布的文件主要涉及学位授予、各类高校设置与管理办法、重大教育规划和建设项目实施意见等，如《中国教育改革和发展纲要》的实施意见、《关于开展国家教育体制改革试点的通知》《国家中长期教育改革与发展规划纲要（2010—2020年）》《统筹推进世界一流大学和一流学科建设总体方案》等重大政策的出台，都在国务院的主导下得以颁布实施。国家发展改革委及其前身国家计委对高校分化活动的关注更倾向于学科、院校的分层建设，突出对高等教育重大发展战略的规划，主要集中于重点学科、重点高校（"211"工程和"985"工程及"双一流"高校）建设，而由该部门协同参与的项目中多离不开财政部的支持，这体现出国家层面对于高校分层活动的高度重视，而相比之下，高校特色发展、类型体系分化等项目则热度明显减弱不少。当然，财政部对于地方高校的发展支持力度也比较大，如在2010年出台了《中央财政支持地方高校发展专项资金项目实施管理办法》、联合国家发展改革委和教育部出台了《中西部高等教育振兴计划（2012—2020年）》《关于引导部分地方普通本科高校向应用型转变的指导意见》等。具体见图2-1。

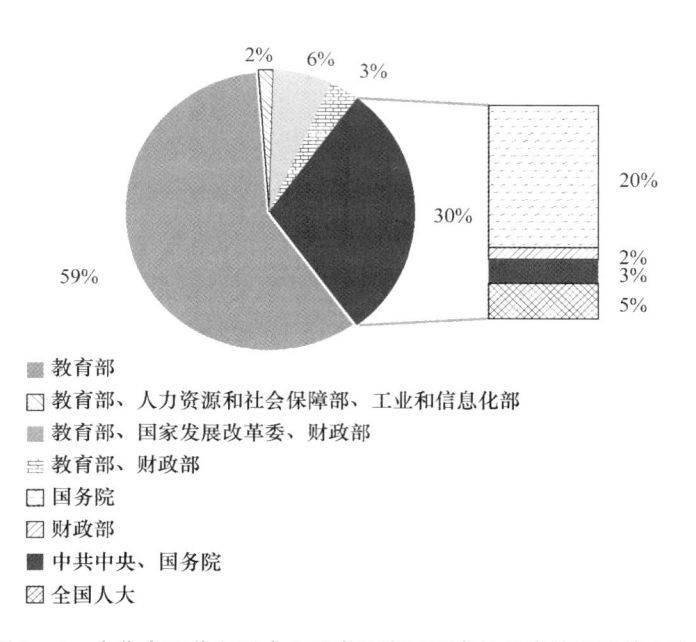

图2-1 中华人民共和国成立以来国家层面高校分类管理政策主体

从发文时间来看，20世纪50年代院系调整重构了中国高等教育体系，为高校分化勾画了系统性的制度框架，经过解放初期对私立和教会高校的接收、1953—1956年两次比较集中的大规模系统结构调整，高等教育体系由民国时期效仿日式、美式构建的高校体系改造成效仿苏联式的高校体系，绝大多数高校在管理体制、办学体制、办学层次、办学特色、学科专业结构、办学面向等方面实现变革。进入20世纪60年代，在"大跃进"和人民公社化运动的推动下，高等教育也掀起了一场"教育大革命"运动，高等教育事业得到了突飞猛进的发展。在高等教育要与生产劳动相结合、"教育革命"和"红专大学"建设热潮下，也新办了大量的新类型的高校，如农业大学、工业大学、综合大学，以及业余性质的、半农半计、半工半读的院校。1961年，为规范高校办学，国家依据"调整、巩固、充实、提高"的"八字方针"精神，对高校和专业设置进行了调整，发布《教育部直属高等学校暂行工作条例（草案）》（"高教六十条"）。总体上看，经过"文化大革命"的十年至改革开放前，高等教育体系结构面临动荡，一些高校办学甚至处于停滞状态。此后，高等教育进入了恢复调整阶段，中央所发布的系列文件基本以规范和恢复高校办学为目标。20世纪80年代直到21世纪初的十年，高等教育体系结构在某种程度上又在向过去过度专门化的方向进行适当调整，分类管理政策文件数量剧增，平均每年发布一项重大制度文件。而过去十余年来，在《国家中长期教育改革与发展规划纲要（2010—2020年）》的带动下，高校分类管理政策成为高等教育政策的中心议题之一，自2010年以来共发布相关政策文件23份，其中共有8份文件的发文单位涉及两个及以上部门。具体见图2-2。

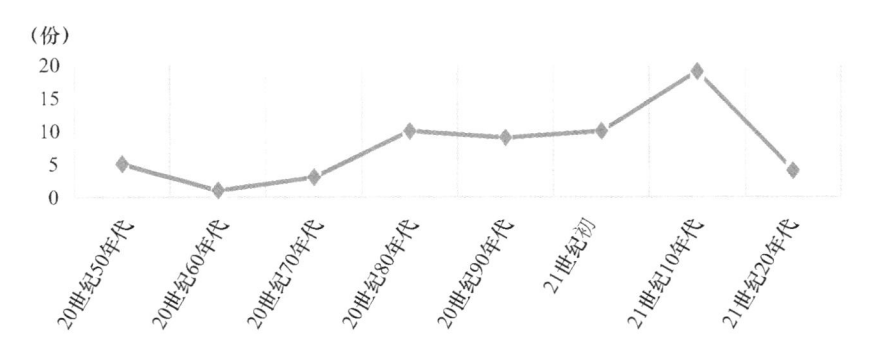

图2-2 中华人民共和国成立以来国家层面高校分类管理政策文件数量

从政策主题来看，高校分类管理政策覆盖的主题主要包括两种类型（见图2-3），一是体系或高校外部层面的政策共50件，这类政策包括分层建设类10件、教育规划类1件、设置标准类11件、体系建设类23件、院系调整类5件；二是高校及其具体运行层面的政策共11件，包括科研管理类1件、学位管理类3件、院校办学类7件等方面的政策。显然，分类管理政策主题相对集中于宏观层面高校外部多样性的调整，持续通过重点高校和学科专业建设促进高校纵向分化，也在不同时期出台系统化的高等教育体系建设方案、不同类别高校的设置标准等加强对高校横向多样性的管理。同时，国家也通过各类政策工具干预高校内部办学活动，促进高校办学特色。

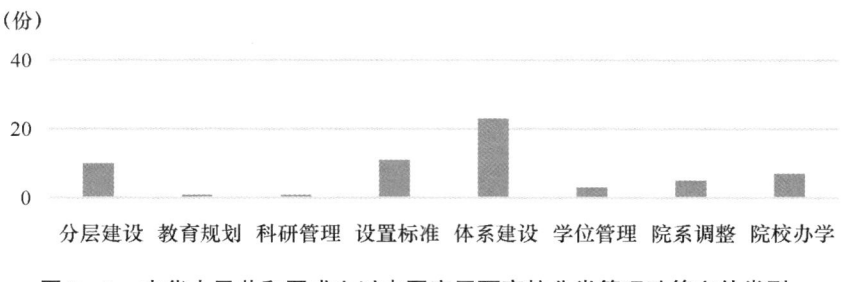

图 2-3　中华人民共和国成立以来国家层面高校分类管理政策文件类型

从政策效力和形式类型来看，相关政策根据其效用大小的差异可归为五大类别（见图 2-4）。一是强制性政策，如各类高校办学标准、法律、规定和办学条例等；二是操作性政策，如各类高校建设工程和计划的实施办法、建设方案和决定等，这类政策具有很强的实践效用，是广大高校和各类政府必须遵守的行动纲领；三是一般性管理政策，这里主要指政策的执行要借助政府等非教育主管部门的力量，协助完成实施的政策；四是指导性政策，这类政策包括各类教育规划纲要、规划、办学计划和指南等。这是政府对高校进行宏观调整的"软手段"，有时甚至并不具备实施价值；五是总结性政策，这类文件主要指高校分类管理政策的执行报告，借此对国务院、相关地区等进行政策总结和说明。由此可见，高校分类管理活动主要以一般性的政策为主，这类政策占相关政策总数的38%左右。而具有明确的分类管理的调控政策，包括操作性、强制性政策占相关政策总数的38%左右。总体上看，目前国家层面的分类管理政策侧重于从宏观或外部层面对高校分类体系的建设提出具体方案，其中关于高校分类管理相关内容及其实施方案、设置标准和调整方式等文件不少，相关政策框架脉络涉及的高校面广，且有一定的实际可操作性。

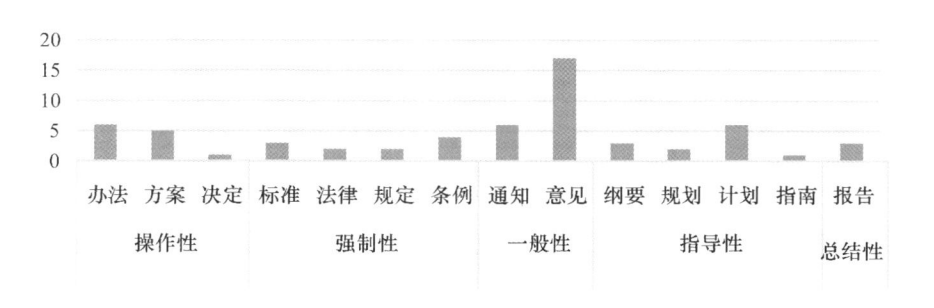

图 2-4　中华人民共和国成立以来国家层面高校分类管理政策文件形式

二　高校分类管理政策的内容分析

国家层面分类管理相关政策文件涉及的面比较广，很多具体政策与高校分化并非紧密对应，甚至在许多文件中，分类管理只是作为实现其他目的的附属政策工具，对于这些制度政策应深入政策文本的话语进行分析，挖掘分类管理政策内容框架和具体策略。为此，首先，借用 ROSTCM6 对政策文件进行分词处理，筛选高频关键词，进而利用 TF-IDF 算法进行分词和高频关键词提取；基于此，利用 Excel 2016、SPSS 22 等工具计算共词频数，构建关键词共词矩阵，并将共词结果作可视化处理，然后对政策文件进行内容分析、聚类分析和多维尺度分析，通过这些方法分析中华人民共和国成立以来相关政策文件的内容特征。

（一）词频分析

内容分析作为一种以文本内容为对象的研究方法，在人文社会科学领域具有广阔的应用领域。尽管当前学界对这种方法的运用有着不同的看法，但无论是定量的推论，还是简单的推论，内容分析都将文本当作一种科学的非简单的解释活动。[1] 内容分析法研究对象题材广泛，日记、备忘录、笔记、歌词、网站、图片、视频等资料都可经过处理变为研究材料。这种方法分析的重点在于通过有效词句推断得到准确意义，在具体运用时，一般要用客观、规范和量化的方式，提取有用的信息对

---

[1]　[美]米歇尔·刘易斯-伯克、[美]艾伦·布里曼、[美]廖福挺主编：《社会科学研究方法百科全书》（第1卷），沈崇麟等主译，重庆大学出版社2017年版，第228页。

文献内容进行归类处理。按照罗伯特·菲利普·韦伯的观点，内容分析的关键是选择一种信息精简策略，也就是说在缩减研究者分析和报告的信息量的同时，还能产生令人关注的和具有理论价值的一般性结论。①

由上可见，关键词是内容分析的切入口。我们先对相关政策文件进行分词和词频分析。目前，内容分析工具和方法比较多，ROSTCM、Nvivo、Atlas.ti、MAXQDA、wordsmith tools 等都可以实现文本分析的多数功能。这些工具中，ROSTCM6 作为一款以辅助人文社会科学研究的大型免费社会计算平台，可以实现微博分析、聊天分析、全网分析、网站分析、浏览分析、分词、词频统计、英文词频统计、流量分析、聚类分析等一系列文本分析，多年来在相关研究中得到广泛运用，操作比较直观，算法比较成熟。因此，本书利用此软件进行政策文件的分词处理和共词分析。

在内容分析中，关键词作为能有效反映分析内容文本的核心词，应准确概括政策文本的内容，关键词选取的质量直接决定了共词分析的效果。纵观已有相关制度政策文本，高校分类管理涉及三个层面，即：系统层面的体系结构、具体类型层次的高校和高校内部及微观办学要素等，这些内容涉及各类高校办学的内部和外部，如果将这些内容都纳入分类管理的体系之中，显然并不可取。同时，由于软件本身的词库比较有限，因此，对关键词的选择必须经由软件与人工相结合的方式，通过反复尝试，筛选甄别真正有意义的高频词才能最终确定。

首先，阅读制度政策文件，根据不同时期高校分类管理活动的具体内容，挑选补充用户自定义词汇，将分类管理政策的专有词汇补充至ROSTCM6 软件的分词自定义词表中，形成高校分类管理政策分词库。一些富于时代特色的词汇也被收录到分词库中，如 20 世纪 50—60 年代制度中出现的工业专门学院、工业高等学校，20 世纪 90 年代以来重点高校建设项目中的"211"工程、"985"工程、高水平大学、一流大学、一流学科等。

---

① ［美］罗伯特·菲利普·韦伯：《内容分析法导论》，李明译，格致出版社 2019 年版，第 56 页。

其次，使用 ROSTCM6 软件的分词功能将 61 份制度政策文本进行分词处理，综合"百度停用词表""哈工大停用词表""四川大学机器学习实验室停用词表"等若干停用词表，取交集并去除不需要的标点符号、无意义的动词，剔除如"一定""不但""争取""若干""努力""着力"等无意义词汇。同时，为获得高频词，基于 TF–IDF 算法进行批量词频分析，并按照 TF–IDF 值大小顺序排列。

再次，根据初步的分词和词频统计结果进行人工筛查，将表达意义相同的同类词汇归并至一行，设置归并词表并置于分析软件中再一次进行分词和词频统计。一是字面和实际意义都相同的同义词，如将"高校""高等学校""院校""普通高校""普通高等学校"归并为"高校"；二是专门针对本书所指分类管理的具体内容，由于制度文件中并未明确界定，这就需要根据文本内容进行人工识别、归并，如通过阅读文本，我们将"分类评价""分类标准""分类体系""分类施策""分类建设""分类型"等均并入"分类指导"中，以此突出关键词；三是将一些内容高度相关的具体活动进行上位归并，如"教学大纲""讲授""教材""教科书""课程""生产实习""专业课程"等高校办学微观活动内容，涉及面比较多、分布比较分散，为此我们将这些内容都统一为"教学环节"，这样在后续分析过程中将更为集中，意义也将更为明确。

最后，借助微词云网站（https://www.weiciyun.com/）高频词制作词云图（见图 2–5），由图中可见，"高校""教育""发展""客观管理"等是相关文件的核心词，但这些高频词中仍不乏一些与分类管理相关性不高的内容和主题，如"强化""完善""运用"等无意义的动词，进一步筛选后删除这些词，仅保留可用于分析的有实际意义的词汇，通过设置为保留词表，并导入 ROSTCM6 软件中进行高频词处理，最终得到 301 个有效高频词，将词频排名前 50 的高频词作为政策文本分析的关键词，形成如表 2–2 所示的高频词表。

图 2-5　中华人民共和国成立以来国家层面高校分类管理政策主题词

表 2-2　中华人民共和国成立以来国家高校分类管理政策高频词汇（部分）

序号	关键词	频次	序号	关键词	频次
1	高校	1132	26	体系	136
2	国家部门	788	27	评价	135
3	宏观管理	685	28	质量	127
4	教育	589	29	结构	124
5	人事	509	30	地区	118
6	地方政府	502	31	制度	117
7	教学环节	491	32	科技	106
8	科研	462	33	试点	99
9	民办教育	350	34	机构	98
10	分类设置	343	35	协同创新	95
11	双一流	299	36	产业	94
12	体制改革	287	37	大学	90

续表

序号	关键词	频次	序号	关键词	频次
13	高等教育	286	38	办学规模	88
14	教学	265	39	资金	84
15	专业	261	40	财务开支	83
16	学科	254	41	布局	83
17	设置	242	42	高职	80
18	生产劳动	220	43	办学层次	77
19	硬件条件	197	44	分类发展	72
20	社会	190	45	经济社会	70
21	评估	182	46	经费	67
22	研究生培养	169	47	行政部门	65
23	人才培养	158	48	办学条件	60
24	机制	156	49	现代化	56
25	特色	144	50	专业设置	54

综合50个关键词可以发现，高频词前十位为"高校""国家部门""宏观管理""教育""人事""地方政府""教学环节""科研""民办教育"和"分类设置"。从这些高频词的分布来看，中华人民共和国成立以来，国家层面高校分类管理政策比较关注宏观层面对高校分化活动的调控、引导。"国家部门""宏观管理""地方政府""体制改革""高等教育"等反映高等教育体系结构的关键词在不同时期的文件中都处于核心地位。同时，在高校微观办学活动中，"人事""科研""教学""专业""学科""生产劳动""人才培养"等核心议题也是分类管理政策所关注的重点领域，这表明高校分类发展更应突出高校自身分化的自觉性和能动性。"人事""科研""教学""专业""学科""生产劳动""人才培养"等微观活动的变革对于高校分化同样具有重要意义。

（二）共词分析

共词分析是内容分析法中的常用方法之一，该方法利用文献集中词汇对或名词短语共同出现的情况，来确定该文献集所代表学科中各主题之间的关系。一般认为，词汇对在同一篇文献中出现的次数越多，则代表这两个主题的关系越紧密。统计一组文献的主题词两两之间在同一篇文献出现的频率，便可形成一个由这些词对关联所组成的共词网络，网络内节点之间的远近便可以反映主题内容的亲疏关系。[①] 以下将基于上文所选定的高频词构建共词矩阵，通过 TF-IDF 与余弦相似性分析相结合的方法，进一步挖掘政策主题间的关系。

首先，构建共词矩阵。共词矩阵政策内容分析、知识图谱可视化的基础之一，共词矩阵的制作的关键是统计两两高频词在同一部政策文本中出现的次数，以便深入分析高校分类管理政策高频词间的联系。然后，利用 ROSTCM6 软件计算高频词 TF-IDF，基于 TF-IDF 值，计算各高频词的共现频率。TF-IDF 是一种统计方法，用来评估一字词对于一篇文章的重要程度，一个词语对一篇文章的重要性主要是依靠它在文件中出现的次数，如果这个词语在这篇文章中出现的次数越多，则表明这个词语对于这篇文章的重要性越高。一般来说，某个词对文章的重要性越高，它的 TF-IDF 值就越大。所以，排在最前面的几个词，就是这篇文章的关键词。共词矩阵的构建规则是，循环遍历特征词列表，构建全部两个词之间的组合，再遍历每一篇文章的切词结果，如果这两个词在同一部文件中出现，则这两个词的权重加 1，再将其存入共词矩阵的对应位置中。例如特征词第 9 个和特征词第 12 个，这两个词的权重为 5，则将其权重 5 存入共词矩阵的第 9 行第 12 列和第 12 行第 9 列中。在共词频率统计过程中，两特征词的组合在同一部政策中出现次数多于 1 次时其共词频次也为 1，例如"高校"和"国家部门"两个特征词的词频分别为 1132 次和 788 次，但这组特征词在以上收集的 61 部政策文本中同时出现的篇数为 43 次，那么这组特征词在共词矩阵中的取值为 114。此外，将共词矩阵对角线上元素赋值为它自身在所有政策文本出现的次数。依此，最终形成 50×50 对称的共词矩阵（具体见表 2-3）。

---

① 杨良斌编著：《信息分析方法与实践》，东北师范大学出版社 2017 年版，第 183 页。

表2-3 中华人民共和国成立以来高校分类管理政策高频词共词矩阵（部分）

	高校	国家部门	宏观管理	教育	人事	地方政府	教学环节	科研	民办教育	分类设置
高校	1132	43	43	44	41	38	34	39	16	33
国家部门	43	788	40	41	39	38	31	37	16	33
宏观管理	43	40	685	42	39	38	32	37	16	30
教育	44	41	42	589	40	38	32	37	16	31
人事	41	39	39	40	509	35	31	34	16	30
地方政府	38	38	38	38	35	502	27	33	16	28
教学环节	34	31	32	32	31	27	491	28	11	24
科研	39	37	37	37	34	33	28	462	13	28
民办教育	16	16	16	16	16	16	11	13	350	14
分类设置	33	33	30	31	30	28	24	28	14	343

其次，计算余弦相似性。TF-IDF算法构建共词矩阵优点比较突出，运算简单快捷，结果也较为符合实际情况。但是，这种算法单纯以词频评判特征词的重要性比较片面，更何况有些重要词出现次数并不多，这种算法也无法体现词的位置信息，如一部政策文本中，关键词的重要程度与其在文本中的出现密切相关，而在TF-IDF算法中，出现位置靠前的词与出现位置靠后的词却均被视为同等重要，这显然是不可取的。因此，为克服TF-IDF算法的弊端，技术层面的操作是将所得到的共词矩阵的绝对值转化为相对值，一种常见的做法是运用高维正空间相似度测量的余弦相似性方法。

余弦相似度用向量空间中两个向量夹角的余弦值衡量两个个体间差异的大小。这种方法的原理是，用向量空间中的两个向量夹角的余弦值作为衡量两个个体间差异大小的度量，值越接近1，就说明夹角角度越接近0°，也就是两个向量越相似，就叫作余弦相似。相比距离度量，余弦相似度更加注重两个向量在方向上的差异，而非距离或长度上的差异。对于文本对象的相似度测量，我们可将分析单元理解为两个向量，将两段文本变成两个小向量，然后通过计算这两个向量的夹角余弦$\cos(\theta)$，确定文本的相似度。具体来看，给定两个属性向量A和B，其余弦相似性θ由点积和向量长度给出，如式2-1所示：

$$\text{similarity} = \cos(\theta) = \frac{A \cdot B}{\|A\|\|B\|} = \frac{\sum_{i=1}^{n}(A_i \times B_i)}{\sqrt{\sum_{i=1}^{n}A_i^2} \times \sqrt{\sum_{i=1}^{n}B_i^2}} \qquad \text{式 2-1}$$

两个向量间的余弦值可以通过使用欧几里得点积公式求出，给定两个属性向量 A 和 B，其余弦相似性 θ 由点积和向量长度给出。这里的 A_i 和 B_i 分别代表向量 A 和 B 的各分量。对于文本的共词匹配来说，A 和 B 通常表示为文档中的词频向量，没有各分量。给出的相似性范围从 -1 到 1，-1 意味着两个向量指向的方向正好截然相反，1 表示它们的指向是完全相同的，0 通常表示它们之间是独立的，而在这之间的值则表示中间的相似性或相异性。在共词分析中，由于一个词的 TF-IDF 值不能为负数，所以这两个文档的余弦相似性范围是从 0 到 1。并且两个词的频率向量之间的角度不能大于 90°。

利用这种思路，将之前得到的共词矩阵导入 SPSS22 计算距离，使用"区间—余弦"进行相似性测量，生成相似矩阵。余弦相似性测量把以上共词矩阵中的绝对词频相对化处理，处理结果在 0 到 1 的区间中，越接近 1 证明两个向量之间的方向相似度越高，等于 1 则表示完全相同；趋向 0 则与之相反。经余弦相似性测量后的共词相似矩阵如表 2-4 所示。

表 2-4　中华人民共和国成立以来高校分类管理政策共词相似矩阵（部分）

	高校	国家部门	宏观管理	教育	人事	地方政府	教学环节	科研	民办教育	分类设置
高校	1	0.132	0.145	0.164	0.17	0.163	0.147	0.174	0.099	0.186
国家部门	0.132	1	0.17	0.191	0.199	0.196	0.167	0.203	0.119	0.222
宏观管理	0.145	0.17	1	0.211	0.217	0.214	0.186	0.222	0.13	0.23
教育	0.164	0.191	0.211	1	0.242	0.236	0.205	0.244	0.143	0.257
人事	0.17	0.199	0.217	0.242	1	0.241	0.214	0.249	0.151	0.268
地方政府	0.163	0.196	0.214	0.236	0.241	1	0.2	0.245	0.151	0.259
教学环节	0.147	0.167	0.186	0.205	0.214	0.2	1	0.213	0.119	0.226
科研	0.174	0.203	0.222	0.244	0.249	0.245	0.213	1	0.144	0.27

续表

	高校	国家部门	宏观管理	教育	人事	地方政府	教学环节	科研	民办教育	分类设置
民办教育	0.099	0.119	0.13	0.143	0.151	0.151	0.119	0.144	1	0.167
分类设置	0.186	0.222	0.23	0.257	0.268	0.259	0.226	0.27	0.167	1

(三) 网络共现分析

以上分析揭示出中华人民共和国成立以来国家层面高校分类管理政策的关注点，为进一步立体展示这些关注主题的特征，以下利用社会网络分析工具对共词分析数据进行可视化处理。社会网络分析是以社会网络理论为基础，综合数学、统计学、物理学、计算机科学等多学科的分析工具，以社会网络中关系连接为基本对象，关注社会成员的关系模式、社会网络结构、网络形成与动态深化等社会现象的分析方法体系。[①] 在文本分析中，社会网络分析的方法和角度比较多，典型的如中心度分析、凝聚子群分析、核心—边缘结构分析以及结构对等性分析等。以下主要借助点度中心度分析国家层面高校分类管理政策的关注点，并通过 Ucinet6 和 Netdraw 软件构建高频关键词的共词网络图。

首先，中心度分析。节点中心度是指网络中每个词在网络中处于什么地位，它反映整个词网中各个节点的差异性程度。由于计算方法不同，节点中心度分为点度中心度、中间中心度和接近中心度。在这些中心度指标中，点度中心度在共词分析中应用较多，该指标反映某个关键词与其他关键词是否共现在某部文档中，点度中心度越高，反映其在网络中的地位越高，越有可能成为主题研究中的热点。在本节中，选取的网络节点是国家层面高校分类管理政策文件中的高频词，旨在通过分析这些高频词在网络中的重要性、中心性以及这些词间的相互联系，把握词网节点的差异性，因此通过点度中心度进行测量。

点度中心度是在网络分析中刻画节点中心性的最直接度量指标。一个

---

① 许鑫：《基于文本特征计算的信息分析方法》，上海科学技术文献出版社 2015 年版，第 146 页。

节点的节点度越大，就意味着这个节点的度中心性越高，该节点在网络中就越重要。某一关键词的点度中心度指标越高，越证明它在网络中与较多关键词相联系，该节点在整个网络中的中心化程度越高，地位、主动性和影响力也越高。换句话说，在一个社会网络中，如果一个行动者与其他行动者之间存在直接联系，那么该行动者就居于中心地位，在该网络中拥有较大的"权力"。在这种思路的指导下，网络中一个点的点度中心度，就可以以网络中与该点之间有联系的点的数目来衡量，这就是点度中心度。有向图的点度中心度包括相对中心度和绝对中心度两个指标，而在绝对中心度中，在有向图中还有点出度、点入度之分；同时，对于规模不同的网络仅仅从绝对点度中心度的角度来分析是有局限的，因为规模不同所体现的点的核心地位是不同的，这就需要引入相对中心度，这是以点入度衡量的标准化行动者点度中心度，是相对于研究对象边界内最大值与中点差值的相对数值。基于此，我们利用Ucinet软件计算以上共词相似矩阵中各关键词的中心度（具体见表2-5）。

表2-5 中华人民共和国成立以来国家高校分类管理政策高频关键词中心度

编号	关键词	Degree	NrmDegree	编号	关键词	Degree	NrmDegree
46	经费	33.542	76.484	47	行政部门	26.083	59.476
41	布局	32.409	73.9	24	机制	25.869	58.988
49	现代化	32.215	73.458	14	教学	25.619	58.418
50	专业设置	31.857	72.642	16	学科	25.082	57.193
28	质量	31.82	72.557	15	专业	24.701	56.324
34	机构	31.607	72.072	21	评估	24.373	55.576
43	办学层次	31.283	71.333	13	高等教育	23.405	53.369
48	办学条件	31.118	70.957	12	体制改革	23.226	52.961
38	办学规模	31.084	70.879	22	研究生培养	23.022	52.496
37	大学	30.802	70.236	18	生产劳动	22.98	52.4
29	结构	30.534	69.625	33	试点	22.315	50.884
39	资金	30.176	68.809	19	硬件条件	21.908	49.956
45	经济社会	30.139	68.724	27	评价	19.045	43.427

续表

编号	关键词	Degree	NrmDegree	编号	关键词	Degree	NrmDegree
31	制度	29.819	67.995	10	分类设置	18.813	42.898
44	分类发展	29.699	67.721	11	双一流	18.433	42.032
32	科技	29.449	67.151	8	科研	18.001	41.047
20	社会	28.748	65.552	5	人事	17.634	40.21
36	产业	28.604	65.224	6	地方政府	17.493	39.888
25	特色	28.597	65.208	4	教育	17.38	39.631
30	地区	28.156	64.202	3	宏观管理	15.83	36.096
23	人才培养	28.09	64.052	7	教学环节	14.868	33.903
26	体系	28.015	63.881	35	协同创新	14.578	33.241
42	高职	26.47	60.358	2	国家部门	14.474	33.004
40	财务开支	26.355	60.096	1	高校	12.561	28.642
17	设置	26.349	60.082	9	民办教育	10.846	24.732

其次，绘制网络图。将表2-4中华人民共和国成立以来高校分类管理政策共词相似矩阵Excel文件导入Ucinet进行文件格式处理，将新文件导入Netdraw中生成网络图。将表2-5中华人民共和国成立以来国家高校分类管理政策高频关键词中心度再次导入Netdraw，按照绝对中心度设置所生成网络图节点大小，得到高校分类管理政策高频关键词共词网络图（具体见图2-6）。由图中可见，中华人民共和国成立以来国家层面高校分类管理政策文件中的50个高频关键词联系非常紧密，图中两个关键词用连线连接，表明这两个关键词共同出现于同一部制度政策文本之中。根据点中心度的意义，度数中心度是与某节点直接相连的其他节点的个数，如果一个点与许多点直接相连，那么该点具有较高的度数中心有共现关系，节点的度越大，说明此关键词与其他关键词共现的频次越高，度值的大小反映了节点在整个网络中的重要性，重要的节点就是拥有许多连接的节点。据此，我们不难发现中华人民共和国成立以来国家层面高校分类管理政策的侧重点。

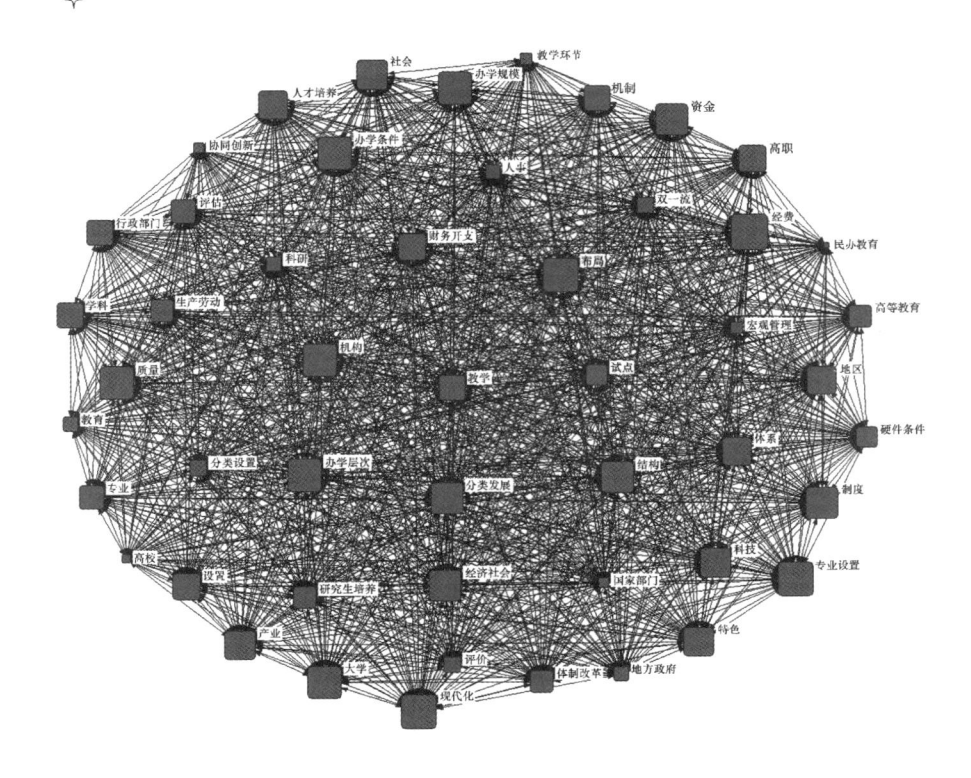

图 2-6　高校分类管理政策高频关键词共词

结合以上分析可见，国家层面高校分类管理政策主要体现出以下几个特点。其一，高校分类管理是系统工程。如果将高校分类管理理解为国家（宏观）、地方政府（中观）和高校（微观）三个层面，相关制度在这三个层面均有所涉及。如宏观层面的"结构""体系""机制""布局"，中观层面的"行政部门""机构""地区"，以及微观层面的"学科""教学""人才培养"等关键词处于网络的核心地位，与其他主题的联系比较紧密，这些主题所涉及内容非常广泛，揭示出高校分化活动的复杂性。其二，高校分类管理政策实践体现出高等教育治理的大手笔。在许多制度文件中，高校分类管理体现出较强的工具性价值，虽然通过分类管理促进高校特色办学是其核心的、直接的效用，但这种政策价值只是在进入 21 世纪以来才得到前所未有的重视。许多政策背景下，高校分类管理的政策目标在于实现"现代化"、提高"质量"、服务于"社会"或"经济社会"发展等目标。其三，高校分类管理政策实践的着眼点在于提高高校外部多样性。高校外部多样性是指高校外显出的办学特征，比如机构的"办学层次""办学规模""办学条件""经费"等，这些关键词在高校分类管理政策中受到了极大的关注，当然，这也符合国家层面宏观高等教育治理的政策立场。其四，分类管理与分层管理的同步推进。从个体机构来看，高校分类管理的直接目的在于促进高校多样性发展，而"特色"理所当然地成为网络的核心之一。高校的横向分化方面，"专业设置""学科"作为院校"分类发展"的主要向度，在相关制度政策中得到了强化；分层方面，高校"办学层次""大学""高职"等纵向分化的目标和政策指向也较为明确。

（四）聚类分析与多维尺度分析

以上分类主要从高频词的角度展示了中华人民共和国成立以来国家层面高校分类管理政策的关注点。但是，我们也注意到，高校分类管理尽管在实践层面是国家高等教育治理的重要手段，但在具体实施过程中却鲜有明确提及高校分类、分层政策，集中的、专门性的制度政策并不多见，相关制度政策的侧重点和目标更不相同。从已有关键词来看，所涉及的主题也比较多元，以至于我们无法清晰发现这些制度政策的着力点和制度的关联。因此，我们尝试对这些关键词所涉及的主题进行归类处理，以便进一步归纳相关制度政策的特点。这里先计算原共词矩阵的 Ochiai 系数得到相似矩阵，再用 1 减去相似矩阵中的系数得到相异矩阵，然后利用 SPSS22 进行聚类分析和多维尺度分析。

首先，聚类分析。聚类分析又称数值分类，是依据"物以类聚"的原理对个案或变量进行分类的统计分析方法，从而使得同类对象的相似性相比不同类对象更强，实现同类对象的相似性和异类对象异质性最大化。聚类分析有许多种技术，依据算法不同可以分为划分法、层次法、基于密度的方法、基于网格的方法、基于模型的方法。根据制度文本和研究需要，我们选用系统聚类法进行分析。系统聚类分析是在样品距离的基础上，定义类与类之间的距离，首先将 n 个样品自成一类，然后每次将具有最小距离的两类合并,合并后重新计算类与类之间的距离,这个过程一直继续到所有样品归为一类为止,并把这个过程做成一个聚类谱系图,这种方法即为系统聚类分析。系统聚类分析的基本思想是把 n 个样品看成 m 维(m 个指标)空间的点,而把每个变量看成 m 维空间的坐标轴,根据空间上点与点的距离来进行分类。[①] 具体通过高级统计对制度政策文本中的调频关键词组的相似性与相异性分析,从而发现这些关键词之间的远近关系,揭示制度政策背后的深层信息。具体操作时先计算各关键词之间的距离,同时将距离最近的两个关键词合并为一类,同样,再计算类与类之间的距离,如果类的个数大于 1,则继续归类,直到所有的关键词都归入一个大类。我们将之前表 2-4 分析所得的共词相似矩阵导入 SPSS22 进行系统聚类分析,并将矩阵进行 Z 分数标准化处理,选择 Ward 的方法作为聚类方法进行处理。分析结果如图 2-7 所示。

由谱系图可见,50 个高频词可归为两个一级子群,依据关键词涵盖的信息可对其命名。群 1 为高等教育体系结构调整类,包括两个子群,子群 1 为高等教育结构内涵建设,包括 16 个关键词;子群 2 为高等教育体系改革类,同样包括 16 个关键词。群 2 为高等教育体系及管理服务类,包括两个子群,子群 1 为高校办学体制与改革创新类,包括 4 个关键词;子群 2 为高校管理与办学支持群,包括 14 个关键词。具体见表 2-6。

表 2-6　　　　　　　　高频词聚类分析结果

群 1	子群 1	质量、经费、机构、社会、办学层次、办学条件、地区、办学规模、专业设置、设置、结构、布局、现代化、特色、科技、人才培养
	子群 2	分类发展、经济社会、制度、大学、体系、产业、资金、机制、高等教育、评估、教学、专业、学科、体制改革、生产劳动、高职
群 2	子群 1	评价、试点、协同创新、民办教育
	子群 2	财务开支、行政部门、分类设置、硬件条件、研究生培养、科研、双一流、教育、人事、地方政府、宏观管理、国家部门、教学环节、高校

[①] 刘方、翁庙成主编:《实验设计与数据处理》,重庆大学出版社 2021 年版,第 262 页。

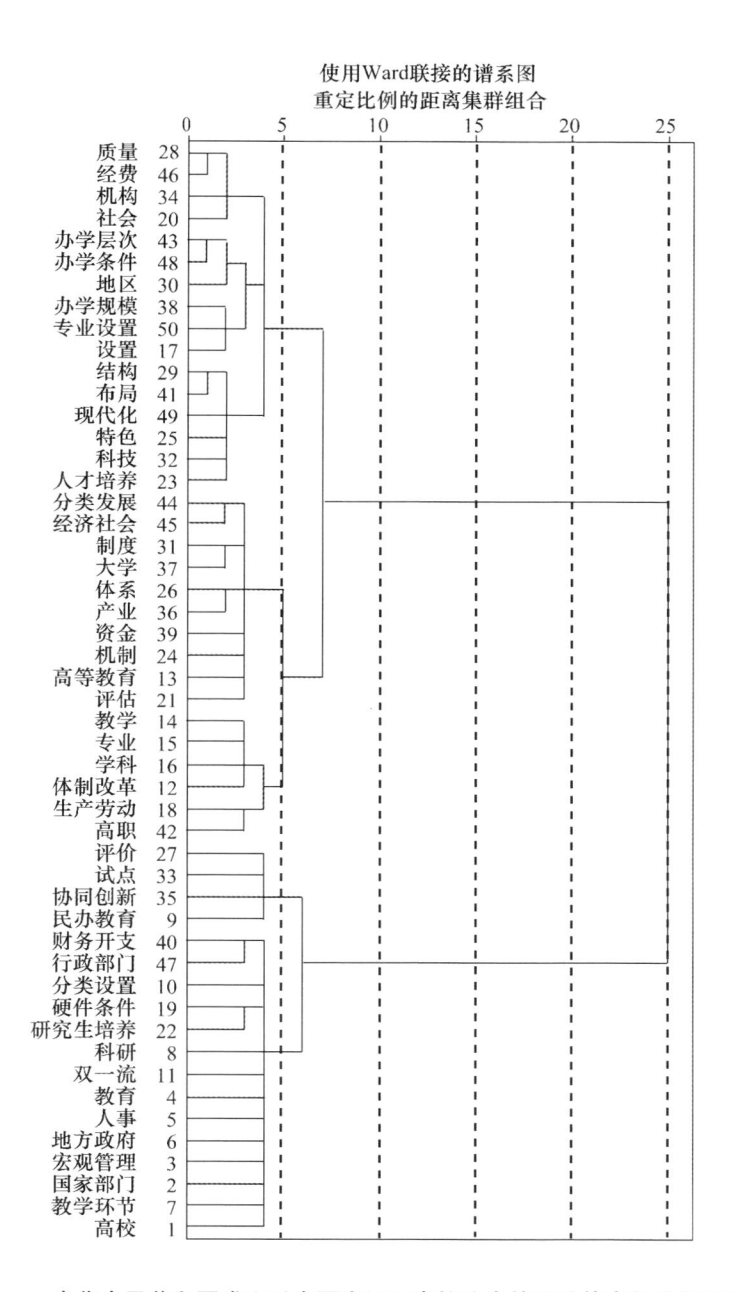

使用Ward联接的谱系图
重定比例的距离集群组合

关键词	编号
质量	28
经费	46
机构	34
社会	20
办学层次	43
办学条件	48
地区	30
办学规模	38
专业设置	50
设置	17
结构	29
布局	41
现代化	49
特色	25
科技	32
人才培养	23
分类发展	44
经济社会	45
制度	31
大学	37
体系	26
产业	36
资金	39
机制	24
高等教育	13
评估	21
教学	14
专业	15
学科	16
体制改革	12
生产劳动	18
高职	42
评价	27
试点	33
协同创新	35
民办教育	9
财务开支	40
行政部门	47
分类设置	10
硬件条件	19
研究生培养	22
科研	8
双一流	11
教育	4
人事	5
地方政府	6
宏观管理	3
国家部门	2
教学环节	7
高校	1

图2-7 中华人民共和国成立以来国家层面高校分类管理政策高频关键词聚类

其次，多维尺度分析。多维尺度分析是一种探索性的统计分析方法，这种方法将含有多个变量的数据通过降维处理，形成一个二维或多维空间图形，在空间中，以点表示变量的差异性和相似性及其联系，并尽可能保持原有多维空间中的有效信息。多维尺度分析最有用之处在于，它把节点之间的关系截面所表现出来的"异同性"模式表达为一张二维图，从中可以看到节点之间的"远近"，可以看出它们是否成为一个聚类，也可以看出每个维度有多大变化。如果输入的是"相异数据"或者"距离数据"，距离比较短的"点对"在图中就接近。如果输入了"相似性数据"，距离比较大的"点对"在图中才接近。[1] 我们将处理好的关键词相异矩阵输入SPSS22 软件进行二维尺度分析得到共词矩阵距离模型图。多维尺度分析要重点关注标准化原始压力和模型距离解释的百分比值，这两个值都在 0—1。压力是拟合度量值，表示分析结果与数据的拟合度，可用于判断统计分析的信度，一般来说，压力值越小说明模型的拟合度越高。模型距离解释的百分比表示变异数能被其相对应的距离解释的比例，也就是回归分析中回归分析变异量所占的比率，可用以评判模型的效度，RSQ 值越大，即越接近 1，代表所得到的构形上各点之距离与实际输入之距离越适合。

如图 2－8 所示，各关键词在图中的位置反映出该词与其他关键词间的共现关系，而具有高度共现性的关键词聚合为一个类群。在本次分析中，标准化原始压力值 0.27318 大于 0.2，但模型距离解释的百分比值 0.76479 大于 0.8，分析可信有效。结合之前聚类分析的结果，该图所反映的关键词间的关系与聚类分析的结果比较符合。影响力越大的关键词，其所表示的圆圈距离战略坐标的中心点越近。[2] 我们也注意到，这些位于中心点所涵盖的类群的确是宏观层面高校分类管理的核心领域。

---

[1] 宋歌：《知识结构与创新扩散》，科学技术文献出版社 2019 年版，第 155 页。
[2] 郭文斌、方俊明：《关键词共词分析法：高等教育研究的新方法》，《高教探索》2015 年第 9 期。

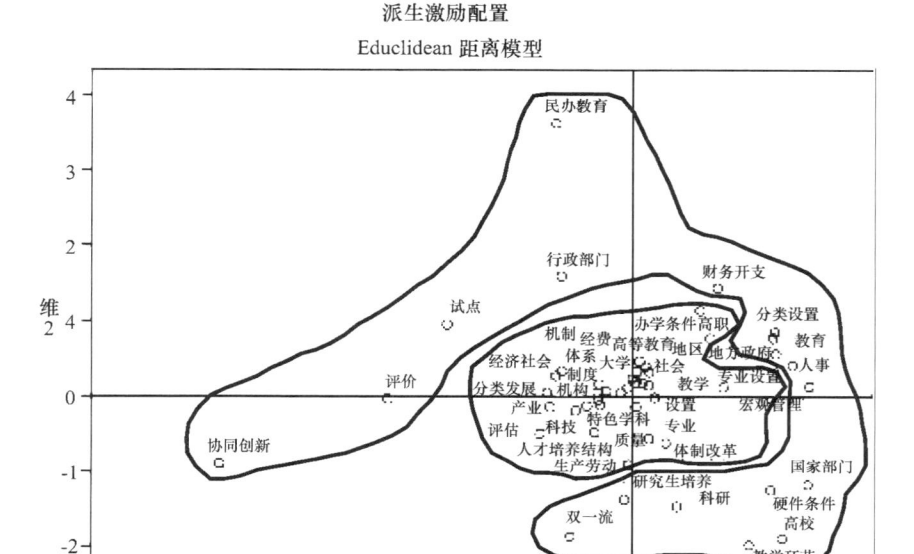

派生激励配置
Educlidean 距离模型

图 2-8 中华人民共和国成立以来国家层面高校分类管理政策共词矩阵距离模型

三 高校分类管理政策的主题分析

以上分析为我们剖析中华人民共和国成立以来国家层面高校分类管理政策提供了立体的视角。总体上，尽管以分类管理为代表的高校分化促进政策作为中国高等教育的治理重要工具，但系统性、体系化的高校分类管理文件并不多见，分类管理活动的主体、目标、方式及侧重点等在不同时期有着不同的特点，把握这些特征对于把握高校分化的结果有着重要的政策意义。

（一）高校分类管理的对象

高校分类发展属于个体层面的机构分化行为，相比其他组织而言，高等教育机构内部组织转型的动力并不充足，制度依赖的惯性更强。由于组织变迁的惰性，高校分化活动往往受外界环境变迁所驱使，但是，一旦组织转型成功，所形成的示范效应却会在系统内部全面膨胀，引发同类机构的群体模仿。高校分化行为复杂,所需要的条件、涉及对象和主题更为复杂。不同时期所涉及的高等教育治理文件也显示高校分类管理并不是孤立行为,这里涉及三类主题。

一是中央政府及相关部门。我们收集的 61 份相关国家制度政策文件中,尽管绝大多数文件由教育部(含中央教育部党组、高等教育部、国家教委等)发布,但国务院、人力资源和社会保障部、工业和信息化部、国家发改委(国家计委)、财政部、全国人大等也参与了一些重大制度政策的制定,其中约 10.5% 的文件由教育部联合多部门制定,不少政策直接由国务院出台或转发执行,"国家部门"也是相关制度政策的高频词。二是地方政府。在中国两级高等教育管理体系中,地方政府无疑处于制度政策的中坚位置,不仅中央部委直属高校的管理与协调、国家教育主管部门的政策文件的推行需要地方的大力支持,地方也直接承担着数量庞大、体系结构复杂的地方高校的分类管理职责,"地方政府"同样也成为相关制度文件的高频词,且与"教育""宏观管理""教学""科研""人事"等主题的联系非常紧密。三是高校。高校作为分类发展的主体,理应也是分类管理活动的当然对象。各类"高校"包括"大学"和"高职"在相关制度政策中出现的频率最高,与高校相关的主题,包括"经费""布局""专业设置"等也处于分类管理的中心,相关政策活动的确突出了高校在分化活动中的主体地位。总之,高校分类管理政策中,中央政府主导并全程参与了高校分化的组织与管理等各个环节;地方政府则要求积极响应并因地制宜出台具体政策;高校则处于从属地位,并要求以能力提升为重,实现有目的的机构分化。

(二)高校分类管理的目标

由于高校分化活动的不可控性,很难清晰界定哪些活动与高校分化直接发生联系,更何况在我们已收集的文件中并没有专门性的分类管理政策。在这种制度政策环境中,高校分类管理的具体政策反映出两类目标。其一,分类管理政策的外部目标。这类目标是分类管理所体现出来的工具性目标,即通过对高校分类管理实现高等教育、经济社会、科技活动等非高校部门应达到的政策目标。我们注意到,在几乎所有的政策文件中,高校分类管理政策都与一定时期的国家和高等教育整体发展需求紧密相连。如据《关于1955—1957年高等学校院系调整有关事项的通知》，院系调整的政策在于落实中央指示，即"高等教育建设必须符合社会主义建设及国防建设的要求，必须和国民经济的发展计划相配合；学校的设置分布应避免过分集中，学校的发展规模一般不宜过大；高等工业学校应逐步地和工业基地相结合"。这些外部性工具目标服务于国家经济社会发展目标、高等教育发展的阶段性目标。因此，"现代化""经济社会""科技""社会""产业"等高等教育活动的溢出领域成为分类管理政策的重要政策基点。

其二，高等教育体系建设的直接目标或内部目标。当然，不可否认的是，高校分类管理活动更多的是通过高校的转型实现以上外部目标，这些目标尽管相比外部目标的重要性有所降低，但同样在相关制度文件中得到了具体阐释。从高等教育系统来看，高校分类管理实践指向于高等教育系列结构的优化。不管是院系调整还是在20世纪末伴随扩招而引发的高等教育管理体制改革，在各个时期，体系建设涉及"学科专业""教学活动""办学层次""专业设置"等高频词，均与"布局""结构""体系""制度"等内容相关。进入新时代，分类管理更以提高高等教育质量为政策目标所指，分类发展同样被视为制度政策活动的内部工具，如高校办学活动的目的——内涵建设与质量建设。事实上，作为对高校同质发展的纠偏而存在的高校分类管理政策鲜有被提及，其中比较典型的是2010年出台的《国家中长期教育改革和发展规划纲要（2010—2020年）》，其内容中提到"促进高校办出特色""建立高校分类体系，实行分类管理"。

(三) 高校分类管理的方式

纵观中华人民共和国成立以来高等教育治理历程，政府与市场两只手的力量贯穿于高校分类管理活动之中。政府干预高校分化体现在各类具有一定行政约束力的强制性、操作性及一般性管理政策文件中，如法律、规定、办学条例、实施办法、意见等。在具体方式上主要突出各级政府、行政部门、教育主管部门等对高校办学行为的规制。通过"国家部门""地方政府""行政部门"等主体对于"高等教育"的"宏观管理""体制改革""机制""制度"等领域直接调控，进而影响高校办学的各个方面，

"人事""教学环节""科研"等活动也成为各个时期相关制度文件的高频词。这里比较典型的是 1961 年出台的《直属高等学校暂行工作条例》，以及 1978 年以此为基础出台的《全国重点高等学校暂行工作条例（试行草案）》，两份文件对教育部直属高校办学行为的管理可谓细致入微。

市场机制作用于高校分化的做法并不少见。已出台的高校分类管理政策文件中，指导性政策，包括各类教育规划纲要、规划、办学计划和指南等，有效地发挥着引导各级部门和政府、高校办学的作用，在具体执行的过程中，往往涉及诸多环节和主体的协同参与，对高校分化活动的直接干预作用相对有限。体现在具体制度文件中，政府往往以提高办学"质量""体制改革"之名，要求高校与外界"产业""社会"加强联系，通过"评价""协同创新""经费"等工具和手段，促进高校进行有目的的分化、转型，所涉及的对象既包括教育部直属高校和地方高校，也包括民办高校。尽管这些主题在高频词聚类分析和多维尺度分析中显示出比较边缘的地位，但也至少反映出市场力量在干预高校分化中的作用的存在。

总体上，以 1978 年改革开放为界，国家层面高校分类管理政策体现由行政规划方式主导向国家干预与市场调节手段相结合转变的趋势，进入 21 世纪，随着大量的仿市场手段的引入，高校分化活动中则更为强调由中央和国家部门的直接调控向区域和地方政府、高校自主分化方式转变，具体手段向"经费""财政开支""评估"等主题聚焦。

（四）高校分类管理的核心主题

高校分类管理的直接对象是高校，突出高校办学具体活动的管理。由于现有政策文件中对此涉及有限，在划词分析时，我们对相关内容进行了合并处理，根据所涉主题和已有研究，抽取出"分类指导""分类设置"两类比较集中的关键词。"分类指导"包括"分类体系""分类施策""分类建设""分类型"等，而"筹设""许可证""设立""审批""登记""分立""合并""终止""设置标准""升格"等均并入"分类设置"词条之中。经过这样的处理，划词和词频分析中，除此外，与分类管理紧密的关键词还包括"分类发展""分类管理"等。有意思的是，仅"分类设置""分类发展"位列前 50 位高频词之中，其他如"分类指导""分类管理"出现的频次较低，社会网络分析和聚类分析表明，相比"分类设置"，"分类发展"与其他主题的联系更为紧密，处于整个网络的中心位置。这表明，分类管理政策引导高校"分类发展"的目的指向比较明确。"分类设置"作为制度政策关注的另一个关注重点，在各个时期都得到了一定的政策支持，特别是1979年以来，有关高校设置的文件达到11个，"十一五"以来，国家每个五年规划都对本科学校设置工作提出了具体指导意见。

除了以上与高校分类明确相关的主题外，在高校分类管理活动的具体层面，高校能力建设、条件建设等主题的关注度较高。所谓能力建设，即以提高高校办学水平和质量、综合实力为指向的活动，包括"科研""双一流""质量""人才培养""专业""办学层次""研究生培养""特色"等主题的大量出现，也强化了以高校和学科专业两个层次的重点建设项目为代表的分层建设思维，突出高校办学的优势与特色。条件建设层面，主要与不同层次类型高校的办学标准相关。如1979年出台的《一般高等学校校舍规划面积定额（试行）》、2004年出台的《普通高等学校基本办学条件指标（试行）》等均明确限定了各类高校办学的基本要求，这些条件在后续院校及学科专业教学评估、设置实践中都得到了有效贯彻。与条件建设相关的内容，包括"资金""硬件条件""人事""财务开支"等主题在相关制度文件中频现，并与高校分类管理活动产生了较大的交集。这些表明国家对于高校分类管理不仅承担着管理、引导、规划、行政、调控等传统职能，而且既驱动高校分层分化，又以公共事务代理人的身份补足高校分类发展的短板，保证高等教育事业的公平。

第二节 高校分类管理政策的历史演进

以上分析展示了中国高校分类管理政策的基本特征，政策主题和关键词的分析也表明，由于各个时期国家经济社会和高等教育发展重点的不同，分类管理政策也体现出一些阶段性的特征，为把握高校分类管理与高校多样性的关系，我们有必要对各个时期高校分类管理政策进行回溯，以便系统总结其中的经验。结合高等教育体系发展的历程，高校分类管理政策的演进大致经历四个时期：中国以"院系调整"为体系建设的原点，初步建立起高校分类发展的制度框架，后续高等教育结构调整基本围绕这个框架而展开；此后一直到改革开放初期，高等教育体系经历了"大跃进""文化大革命"的洗礼后，逐步得到恢复；在"精英化"向"大众化"迈进的时期，随着教育管理体制改革的不断深入，高校分类管理策略不断得到强化；进入"大众化"阶段以来，高等教育发展的重点逐步转向以质量提升为重点的内涵发展，高校分类管理呈现体系化、精准化的特点。以下依次对不同阶段高校分类管理政策的演进进行分析。

一 高校分类管理政策的确立（1949—1957年）

中华人民共和国成立后百业待兴，重构与国民经济社会发展相适应的高等教育体系成为教育事业发展的重要任务。在"全面学苏"的背景下，中国开始对旧中国高等教育体系进行全面改造，通过"院系调整"确立了中华人民共和国高等教育体系框架。

（一）政策背景

其一，高等教育领域的"全面学苏"。中华人民共和国成立之初一直到1956年，是中国由新民主主义社会向社会主义社会过渡的历史时期，即社会主义改造时期，国家面临的主要任务是继续完成民主革命，巩固人民民主专政，恢复国民经济。当时，国际社会资本主义与社会主义两大阵营已经形成，矛盾斗争日趋激烈，中国跟随苏联进入社会主义国家阵营，希望借助苏联在国家建设各方面的成功经验开启现代化建设征程，加快实现工业化；在教育领域，"借助苏联教育建设的先进经验"成为当前各级各类学校办学的政治指向，教育事业确立了为人民服务的根本宗旨，要求从根本上改变旧的教育性质，作为培养高级专门人才主要部门的高等教育也开展了大规模的体系重构和改造运动。如1949年年底中央政务院颁布《关于成立中国人民大学的决定》，1950年年初国家教育部提出"哈尔滨工业大学改进计划"，按照苏联模式创办新式大学。

其二，旧高等教育体系的改造。旧中国的高等教育是为上层社会服务的政治工具，这种教育从形式上看是以英美通才教育为模板，是落后的，与中华人民共和国人民教育的服务宗旨相违背，特别是严重偏离了中华人民共和国建设对各类专门人才培养的需求。经过抗日战争和国内战争，旧式高校办学条件不足，高等教育体系严重失衡，地区、高校间办学规模、水平上差距过大。改造、重构旧式高校和高等教育体系成为中华人民共和国教育事业发展的重要任务。1949 年 9 月，中国人民政治协商会议第一届全体会议通过了《中国人民政治协商会议共同纲领》（以下简称《共同纲领》）。这部当时起到临时宪法作用的文件明确规定了中华人民共和国教育的任务，即"人民政府的文化教育工作，应以提高人民文化水平，培养国家建设人才，肃清封建的、买办的、法西斯主义的思想，发展为人民服务的思想为主要任务"。针对改造旧教育的步骤与重点，《共同纲领》进一步指出："人民政府应有计划、有步骤地改革旧的教育制度、教育内容和教学法。"这为随后的旧的公立高校、私立高校接管与改造，"院系调整"指明了方向。

（二）政策实践

1950 年 6 月，第一次全国高等教育工作会议召开，确定了新的高等教育方针和各项政策，为改革旧的高等教育体系、实施高校分类管理创造了有利的政策条件。会上确定了高等教育的方针、任务，通过了高等学校暂行规程、课程改革的原则及领导关系的决定等重要议题；提出高等学校应在系统的理论知识的基础上，实行适当的专门化的办学导向。分类管理政策在对各类高校进行社会主义改造的进程中得以颁布实施，并得以成为高等教育体系框架构建的固定模式。

其一，理顺分类管理的主体关系。如《关于高等学校领导关系的决定》中明确了分类管理的权限，"中央人民政府教育部（以下简称中央教育部）对全国高等学校（军事学校除外，以下同）均负有领导的责任，各大行政区人民政府或军政委员会教育部或文教部（以下简称大行政区教育部）均有根据中央统一的方针政策，领导本区高等学校的责任"；高等学校应执行设置变更或停办等方面的有关文件规定，对于不同地区高校实行分类管理，"华北区内高等学校，除已交由省政府领导者外，由中央教育部直接领导。其他各大行政区内高等学校，暂由中央教育部委托各大行政区教育部直接领导；中央教育部视条件，有计划有步骤地将各地区高等学校收归中央教育部直接领导。""综合性大学及与几个业务部门有关的专门学院，归中央或大行政区教育部直接领导。"在分类管理的具体任务方面，该文件对业务教育及参观实习、日常行政、教师调整配备、经费管理、设备及参观实习等方面事务的管理权责作了明确划分。

其二，明确各类高校办学的标准。1951年出台的《政务院关于改革学制的决定》提出，"实施高等教育的学校为各种高等学校，即大学、专门学院和专科学校"。《高等学校暂行规程》《专科学校暂行规程》对三类高校具体任务、学院系设置、入学、课程、考试、毕业、教学组织、行政组织、社团等内部办学事务作出了具体规定。关于这些高校的设置，草案中提到，大学及专门学院、专科学校的设立与停办，"由中央人民政府教育部报请中央人民政府政务院决定之"，要求各类高校办学应该定位于特定专门人才培养，如工程师（或工业技师、药剂师）、教师、医师、农业技师、财政经济干部、语文和艺术工作者等。此外，《私立高等学校管理暂行办法》也对私立院校的管理进行了规范。由于这类院校数量并不少，未来"为领导并积极扶植与改造私立高等学校，以适应国家建设需要"，草案对此类院校资产、管理与组织形式、运行等事务提出了相关要求。对于这类院校而言，其方针、任务、学制、课程、教学及行政组织，均须遵照《高等学校暂行规程》及《专科学校暂行规程》办理。这为其后私立高校的接收打下了政策基础。

其三，重构高等教育体系。中华人民共和国成立之初，教育部便开始了小范围的"院系调整"试验。如1949年北京大学、清华大学、华北大学三校农学院合并成立北京农业大学，北京大学及南开大学教育系并入北京师范大学。基于这些实践经验，1951年，教育部确立了工学院调整试点方案，并逐步向各类院校推广实施。如分类管理政策手段主要是院校合并、重组、私立院校的改制。1952年，教育部草拟《一九五二年全国高等学校院系调整计划（草案）》，系统地提出了调整原则。其中重点是发展专门学院，以工学院为先导，整顿并加强综合大学。如对于工学院，应以少办或不办多科性的工学院、多办专业性的工学院为原则。1953 年出台的《关于一九五三年全国高等学校院系调整的计划》则提出了具体高校的调整方案。同时，为改变高校过分集中在少数沿海大中城市的不合理状况，1955 年，根据"高等教育建设必须符合社会主义建设及国防建设的需要，必须和国民经济的发展计划相配合，学院的配置颁布应避免过分集中，学校的发展规模一般不宜过大；高等工业学院逐步地和工业基地相结合"的原则，教育部制定了《1955—1957 年高等工业学校院系、专业调整、新建学校及迁校方案（草案）》。这两次"院系调整"既涉及高校，同时涉及专业。① 通过"院系调整"，基本确定了中国社会主义高等教育体系的基本框架，分类管理政策导向日益清晰。

二 高校分类管理政策的试错与恢复（1958—1981 年）

经过"院系调整"为代表的社会主义现代化改造，中国开始积极探索高等教育的社会主义建设道路。分类管理政策经历了早期的平衡发展到激进变革，再到"文化大革命"时期的停滞阶段，直到 1978 年党的十一届三中全会召开，在改革开放的指引下，高等教育事业重新恢复，分类管理政策才逐步回到正常政策轨道上来。

（一）政策背景

其一，"院系调整"弊端的改进。"院系调整"为社会主义高等教育事业奠定了良好的框架基础，但这种体系本身也存在一些弊端。由于这种改革是激进的、突变式的，在制度重构的过程中，割裂了新旧体系之间的联系，所带来的改革阵痛是持久的。"院系调整"最直接的负面影响是造成了院系及学科专业结构的严重失衡。如综合性大学被拆分成为文理学院，综合性名不符实，甚至成为另一种以通识教育、基础教育为主的专门学院，这不利于学科的交叉与知识的创新，造成高等教育体系的分裂。同

---

① 董宝良主编：《中国近现代高等教育史》，华中科技大学出版社 2007 年版，第 227 页。

时，由于过于重视工科和其他应用性学科，文科普遍被弱化甚至边缘化。随着学科划分越来越细化，专业教育的成分过重，高校、专业与岗位和职位紧密联系，分工越来越细化，在一定程度上违背了人才成长和知识生产的规律。此外，"院系调整"采取"一刀切"的做法确立统一的高等教育体系结构，分类管理的权限被集中于中央及行业部门，在一定程度上削弱了院校自主发展、分类发展的主动性，造成院校重学轻术、重理论轻应用，办学与生产生活实际联系不够紧密等问题。因此，为弥合"院系调整"所造成的不良因素，国家从专业、高校和领导体制等方面出台了相关政策，以"打补丁"的方式优化高等教育体系结构。

其二，社会主义高等教育体系的积极探索。到1956年，中国基本完成社会主义改造，党和国家的工作重心转移到经济上来。由于对当时高等教育发展态势把握不准，体系结构与部门管理尚处于磨合期，苏联高等教育方针政策的经验吸收消化不足，高校分类管理的社会主义探索在多个层面展开，其中难免存在一些问题、也走了不少弯路。如在"大跃进"的浪潮下，高等教育提出"在十五年左右时间普及高等教育"的目标，高校办学自主权得到极大扩张，高校数量极度膨胀，甚至超出了国家所能支撑的范围。同样，在教育必须为无产阶级政治服务，必须同生产劳动相结合的教育方针指导下，强调培养劳动者，各类改革五花八门、层出不穷，高校办工厂，参与社会劳动的情况非常普遍，知识青年"上山下乡运动"一直持续到1978年。这些都造成高等教育事业大起大落，院校发展定位调整力度过大。而在"大跃进"后期，党中央提出"调整、巩固、充实、提高"的八字方针，对高等教育事业进行整顿和调整，使高校体系结构重新得以恢复。现在来看，这些探索虽然曲折，但也是社会主义高等教育体系建设所无法避免的试错过程，这也为1978年全国的拨乱反正和改革开放政策的实施积累了必要的政策素材。

其三，复杂多变的政治环境。20世纪50年代"院系调整"以来，高等教育事业发展的指导思想带着强烈的政治偏见。早期对苏联制度的模仿主要是由于维护社会主义阵营团结的立场。国内在全面学苏的背景下，旧式教育体系被全盘否定，代之以大一统的仿苏联体系构建分类管理的制度基础，在分类管理政策价值取向上，以政治和意识形态、社会制度作为政策标准。而20世纪50年代末，中苏关系急剧恶化，中国陷入孤立无援的地步，不得不另起炉灶、自力更生，在国家意识形态方面更为保守，进入"大跃进"和"文化大革命"阶段，国内政治斗争不断激化，以至于阶级性成为高等教育各项事业发展的首要标准。在以阶级斗争为纲的政治路线指引下，高等教育事业发展波动很大，高校分类管理价值取向和实践路径对政治事件非常敏感，相关政策缺乏连续性、系统性。这种状态一直持续到党的十一届三中全会召开，高等教育事业才在改革开放的东风下迅速恢复。

（二）政策实践

总体上看，这段时期高校分类管理政策由单一模仿苏联向自主探索转变，在政策试错的过程中虽然出现了一些问题，造成整个体系的不稳定甚至动荡、发展停滞，但通过政策试验也积累了一些成功的政策经验。

其一，重视生产劳动，试办新型高校。教育与生产劳动相结合是中国社会主义事业的重要特色之一，以生产劳动改造传统大学也是20世纪50年代末高校分类发展的新气象。为贯彻刘少奇同志所倡导的"两种教育制度和两种劳动制度"教育思想，针对社会主义事业建设的需要，高等教育在办学方针上，中华人民共和国实行"两条腿"走路，试办了一批半工（农）半读的高等学校。1964年，中共中央、国务院发出通知，组织高等学校文科师生参加社会主义教育运动，其中指出，今后的方向，就是使文科院校附设工厂或者迁到农场，办成半工半读或者半农半读的学校，使文科师生通过生产劳动和阶级斗争逐步锻炼成为无产阶级的革命战士。[①] 此后，全国各地的工厂、人民公社、机关、街道、县市、乡镇宣布办起了各种各样的高等学校，如红专大学、劳动大学、工业大学、市民学校等。

---

① 中央教育科学研究所编：《中华人民共和国教育大事记（1949—1982）》，教育科学出版社1984年版，第368页。

其二，加强对高校分类发展的调控。在高等教育规模体系建设方面，相关政策经历了少有的"大放大收"时期。如 1958 年中共中央、国务院发布《关于教育工作的指示》，其中提出，"我们将以 15 年左右的时间普及高等教育，然后再以 15 年左右的时间从事提高工作。"而 1961 年前后，国家又按照"调整、巩固、充实、提高"的总体方针对高等教育规模进行了压缩。同时，在微观办学方面，高校分类管理政策不断细化。1961 年，教育部出台《教育部直属高等学校暂行工作条例（草案）》，对重点大学办学的各个方面均提出了明确的要求，也为高校分类管理的政策实践提供了成功的样板。按照这个文件的要求，教育部陆续出台了高校基本建设工作、财务管理、实验室建设、自然科学研究、研究生培养等工作的管理条例。此外，高校分类设置和专业改造政策进一步强化。如 1978 年全国教育工作会议上，教育部草拟了《关于做好高等学校专业设置与改造工作的意见》，对新时期高校专业设置与改造提出了原则意见，其中提到，专业设置与改造要全面规划，统筹安排，要贯彻自力更生，勤俭办一切事业的方针，充分挖掘潜力，有领导、有计划、有步骤、有重点地进行，力求多快好省。1979 年教育部出台《一般高等学校校舍规划面积定额（试行）》，重建了高校设置基准。

其三，下放分类管理权限。为改变高度集权的苏联式高等教育管理模式下高校办学活动不足、办学模式僵化的弊端，推进高等教育管理体制改革势在必行。1958 年颁布实施的《关于高等学校和中等技术学校下放问题的意见》指出，除少数的综合大学、某些专业学院和其他中等技术学校仍旧归教育部或者中央有关部门直接领导外，其他的高等学校和中等技术学校都可以下放，归各省、市、自治区领导。同时改变统一招生的制度。[①]随后下发的《中国共产党中央委员会、国务院关于教育事业管理权力下放问题的规定》也提出，今后对教育事业的领导，必须改变过去条条为主的管理体制，根据中央集权和地方分权相结合的原则，加强地方对教育事业

---

① 本书编委会编：《中华人民共和国国史全鉴·第二卷（1954—1959）》，团结出版社 1996 年版，第 2252 页。

的领导管理。① 中共中央、国务院1963年颁发并由1978年恢复的《关于加强高等学校统一领导、分级管理的决定（试行草案）》明确提出，为了加强对高等学校的领导和管理，中共中央和国务院决定对高等学校实行中央统一领导，中央和各省、市、自治区两级管理的制度。这标志着中国高等教育两级管理体系正式确立。

其四，实施重点建设，促进院校分层。自中华人民共和国成立之初，中国就确定开始着手实施重点大学政策。1954年国务院高等教育部下发《关于重点高等学校和专家工作范围的决议》，正式确定中国人民大学、北京大学、清华大学、哈尔滨工业大学、北京农业大学、北京医学院6所院校为重点高校，以便积累建设经验，逐步向全国推广。20世纪50年代末60年代初，在消除"大跃进"弊端及以"调整、巩固、充实、提高"为主题的教育整顿过程中，重点高校建设在20世纪60年代初全面铺开。如1959年颁布的《关于在高等学校中指定一批重点学校的决定》指出，为了既能发展高等教育，又能防止平均使用力量，招致高等教育质量的普遍降低，和为了便于将来逐步提高高等教育的质量起见，从现有的比较有基础的高等学校中，指定少数学校，从现在起就采取措施，着重提高教育质量，是必要的。② 1961年，教育部在《关于审定全国重点高等学校发展规模和专业设置的报告》中提到，应当压缩战线，集中力量保证重点。重点高校建设政策在"文化大革命"期间中断后1978年迅速得到恢复，同年出台的《关于恢复和办好全国重点高等学校的报告》进一步提出，"考虑到有些省、自治区、直辖市和有关部委积极办好高等学校的迫切要求和一些高等学校的具体情况，我们建议，全国重点高等学校的数量，可以适当增加一些，第一批拟定为八十八所，约占现有高等学校总数四百零五所的百分之二十二。"③

---

① 中国共产党中央委员会、国务院：《中国共产党中央委员会、国务院关于教育事业管理权力下放问题的规定》，《中华人民共和国国务院公报》1958年第26期。
② 中共中央文献研究室编：《建国以来重要文献选编》（第十二册），中央文献出版社1996年版。
③ 孙琬钟、邹恩同主编：《中华人民共和国司法解释全集》（第五卷），中国法律年鉴社1997年版，第4166页。

三 高校分类管理政策的大发展（1982—2002年）

借着"改革开放"的东风，国家在经济、政治、科技、教育等各个领域都开展了大规模的改革，而1992年邓小平南方谈话、中共十四大召开后，改革开放和社会主义现代化步伐不断加快。与此同时，在国内外政治经济环境影响下，中国高等教育也进入规模扩张的新阶段，并迅速由精英阶段迈入大众教育阶段。这都对高等教育体系建设产生了极大的影响，高校分类管理政策也进一步得到强化。

（一）政策背景

其一，高等教育管理体制改革。部门办学是过去"院系调整"所确立的高等教育管理体制的鲜明特色，随着改革开放以后计划经济体制向市场经济体制转型，这种办学体制的弊端日益凸显出来。由于部门办学，高校管理存在严重的条块分割，不同高校、学科专业间因管理体制所限，办学封闭，缺乏必要的学科交叉。这种办学体制也不利于调动社会和高校办学的积极性，由于高校面向部门办学，从而造成学科专业设置、人才培养面向等与社会需求脱节，约束了高校自主办学的主动性。由于"部门办学校""学校办社会"，高校规模普遍偏小，内部机构臃肿、管理服务人员数量过多，学校办学成本很高，存在严重低水平重复建设问题，影响了高等教育系统效益和高校办学质量。同时，进入20世纪80年代，国务院各部委开始着力进行机构改革，一些机构相继被撤销，许多中央业务部门经费投入不足，使得部门所属院校面临严重的生存和身份危机。这种改革带来的政府职能的重大变化，要求政府注重间接管理、宏观调控，重点做好规划、服务、评价和监督等工作。因此，1985年，中共中央发布了《中共中央关于教育体制改革的决定》，这是教育体制改革的纲领性文件，拉开了这段时期高等教育结构调整的序幕。

其二，高等教育发展由精英阶段迈向大众阶段。管理体制改革的实施为高等教育体系的进一步发展创造了体制和制度保障，20世纪90年代初，中国便开始酝酿高校扩招。客观上看，高校扩招是多种压力和因素共同作用的结果。首先，大学生就业问题开始出现。当时，为适应社会主义市场经济建设，大规模国企改制得以推行，原有的统招统分的高校毕业生就业分配制度逐步被取消，取而代之的是双向选择、自由择业的就业制度。国企改制也开始精减人员，造成大量的职工下岗，社会就业形势欠佳。其次，中国高等教育长期实行精英教育，规模总体较小。20世纪80年代初，中国高等教育毛入学率仅在2%—3%，在"千军万马过独木桥"的高考制度下，与人民群众日益增长的受高等教育需求存在极大反差，远远落后于国际同等水平。再次，国际国内经济压力加剧。20世纪90年代前期，中国经济发展过热，通货膨胀比较严重，国家为此实行软着陆政策，但也使得经济增长速度放缓，社会需求十分疲软。最后，从国际上看，1997年开始的亚洲金融危机已席卷全球，成为一次国际性金融风波，中国承受了巨大的压力，不得不采取一系列防范金融风险的措施，保持金融和经济的稳定。基于以上因素，高等教育的大扩招被当成有效的政策工具，用以拉动内需，刺激经济增长，缓解就业压力。1999年教育部出台的《面向21世纪教育振兴行动计划》提出，到2010年，高等教育毛入学率将达到适龄青年的15%左右。而政策实践过程中，高校扩招的幅度与此相比大得多，使得中国高等教育毛入学率在2002年便达到15%，而高等教育规模的急剧扩张也对体系结构造成了一系列负面影响。

（二）政策实践

这段时期，高校分类管理政策主要涉及宏观体制的变革。在《中共中央关于教育体制改革的决定》和《中国教育改革和发展纲要》等文件的指引下，相关政策围绕高等教育体系建设、分类管理体制制度、学科和高校分层等领域展开。

其一，全方位推进高等教育结构调整。《中共中央关于教育体制改革的决定》在总结过去高等教育体系建设弊端基础上，针对高等教育内部的科系、层次比例失调的结构性问题，提出应"改变高等教育科类比例不合理的状况，加快财经、政法、管理等类薄弱系科和专业的发展，扶持新兴、边缘学科的成长。改变专科、本科比例不合理的状况，着重加快高等专科教育的发展。大学本科主要通过改革、扩建和各种形式的联合，充分发挥潜力，近期内一般不建新校"。而20世纪90年代末，根据

《中国教育改革和发展纲要》的精神要求，国家通过"共建、调整、合作、合并"的方针，《国务院关于调整撤并部门所属学校管理体制改革的决定》《国务院办公厅转发教育部等部门关于调整五个军工总公司所属学校管理体制实施意见的通知》等，1998—2000年分三批对原机械工业部等9个撤并部门、原核工业总公司等5大军工总公司以及铁道部等49个部门（单位）所属高校的管理体制进行了调整，使中央部门所属普通高校从1994年最多时的367所减少到111所。[①] 这次调整在很大程度上改变了"院系调整"所确立的院校结构，大规模调整了计划经济体制下形成的高校布局结构，所产生的教育影响不亚于第二次"院系调整"。

其二，优化高校分类管理主体的权责。由于高校管理体制不健全，过去高校分类管理常常陷入"一抓就死，一放就乱，一乱就收"的怪圈，针对这一问题，首要任务是优化政府高校分类管理的主体功能。《中共中央关于教育体制改革的决定》因此提出，"为了调动各级政府办学的积极性，实行中央、省（自治区、直辖市）、中心城市三级办学的体制。"其中，"国家及其教育管理部门要加强对高等教育的宏观指导和管理。"该文件并就扩大高校办学自主权提出具体指导意见。文件指出，"当前高等教育体制改革的关键，就是改变政府对高等学校统得过多的管理体制，在国家统一的教育方针和计划的指导下，扩大高等学校的办学自主权，加强高等学校同生产、科研和社会其他各方面的联系，使高等学校具有主动适应经济和社会发展需要的积极性和能力。"这些要求在1986年发布的《高等教育管理职责暂行规定》、1987年发布的《国家教委关于高等学校基本建设管理职责和暂行办法》、1987年发布的《国家教委关于扩大普通高等学校录取新生工作权限的规定及其实施细则》、1992年发布的《关于国家教委直属高校深化改革，扩大办学自主权的若干意见》等系列文件中都得到进一步强化，从而为高校分类管理政策的实施创造了制度条件。

其三，实施重点高校和学科建设项目。重点高校建设在此阶段进入一个

---

① 刘海峰、史静寰主编：《高等教育史》，高等教育出版社2010年版，第212页。

高潮，项目建设重点也由高校转向高校与学科并重。《中共中央关于教育体制改革的决定》中提出，为了增强科学研究的能力，培养高质量的专门人才，要改进和完善研究生培养制度，并且根据同行评议、择优扶植的原则，有计划地建设一批重点学科。随后，国家教委下发《关于改革高等学校科学技术工作的意见》《关于评选高等学校重点学科的暂行规定》《关于高等学校重点学科评选工作的几点意见》《国家重点实验室建设项目计划》《重点开放实验室运行费补助管理办法》《高等学校开放研究实验室暂行管理办法》等文件，对重点学科和实验室作出部署。国务院于1993年批准国家教委《关于加快改革和积极发展普通高等教育的意见》，并于1995年批准《"211"工程总体建设规划》，这标志着中华人民共和国成立以来最大的高校重点建设工程得以启动。1998年，国务院批准教育部下发《面向21世纪教育振兴行动计划》，其中指出建设世界一流大学的重大战略意义，提出："今后10—20年，争取若干所大学和一批重点学科进入世界一流水平。"至此，以世界一流大学建设为指向的"985"工程正式启动实施。

其四，促进分类管理政策的法制化、规范化。首先，加强高校设置管理。1986年，国务院发布《普通高等学校设置暂行条例》，标志着中国高校分类管理的制度化、规范化，此后陆续出台的《民办高等学校设置暂行规定》（1993年）、《高等职业学校设置标准（暂行）》（2000年）等政策对不同类型高校的设置作出规定。其次，颁布教育法规，落实高校分类管理。1995年颁布的《中华人民共和国教育法》，在中国教育法治建设中具有里程碑意义，该法所规定的高校办学的性质、任务、职能、形式等为高校分类管理提供了现实依据。此后颁布实施的《中华人民共和国职业教育法》（1996年）、《高等教育法》（1998年）、《中华人民共和国民办教育促进法》等则为各类高校分类办学指明了方向。这些政策法规理顺了高校与政府间的关系，随着政府对高校办学直接干预的减少，高校分类发展的空间得到极大扩展，更好地保证了分类管理政策的实施。此外，民办高校的分类管理也走向法制化、体系化，如根据1982年颁布的《中华人民共和国宪法》，"国家鼓励集体经济组织、国家企业事业组织和其他社会力量依照法律规定举办各种教育事业。"国家先后出台了《民办高等学校设置暂行规定》《关于社会力量办学的若干暂行规定》，都对社会力量办学在财务管理、教学管理、印章管理、民办高校设置和运行等具体事务方面作出了具体规定。

四 高校分类管理政策的进一步完善（2003年至今）

20世纪末，高等教育的急速外延式发展在实现规模扩张的同时，也产生了一系列问题，如高校的粗放式发展，片面追求学科综合、升格办学层次，导致学科专业结构失衡，大学生就业问题更为突出，社会和学界对于高等教育质量滑坡的担忧日盛，高等教育体系结构、质量、规模间的矛盾日益突出。因此，从政策层面上看，高校分类管理政策进入一个以质量建设和内涵发展为主题的新阶段。

（一）政策背景

其一，提高质量成为高等教育发展的重中之重。发达国家的经验表明，进入大众化阶段后，提高质量便成为高等教育体系建设的重要任务之一。高等教育由精英阶段向大众阶段转变，所带来的后果不仅是规模的扩张，更体现在质的变化。也就是说，随着大众化的实现，高等教育质量标准也提出了更高的要求，不能只顾数量的增长而忽视质的变化。21世纪初，围绕大众化教育阶段应该坚持什么样的质量观，学界有着不同的声音，但多元质量观的提出得到了多数研究者的认同。这里的前置问题是，大扩招后高等教育质量是否出现了滑坡。关于这一个问题，社会同样有着不同的看法，尽管答案不一，但由此引发的关于多元质量的讨论，至少反映出全社会对高等教育质量问题的重视。与"九五""十五"期间所提到的"适度扩大高等教育规模，优化结构，进一步提升教育质量和办学效益""采取各种措施积极扩大高等教育规模"的高等教育发展目标相比，从"十一五"开始，"提高高等教育质量"成为高等教育事业发展的核心任务。2012年4月教育部发布的《关于全面提高高等教育质量的若干意见》提出，未来中国高校本科生规模将不再扩大，由此结束了自1999年高校招生规模13年的扩招政策，这也意味着高校本科规模的趋同增长结束。高等教育以提高质量为根本目标的提出，必然要求强化高校分类管理，以便实现高等教育多样化。

其二，高校同质化问题日益突出。21世纪实现高等教育大众化后，中国高等教育扩张并未止步。按照马丁·特罗的观点来看，高等教育大众化意味着多样化，多样性会随着大众化程度的加深而不断增长。起初，他对高等教育大众化现象的解释，更多地出于一种担忧。高等教育毛入学率15%的阈值所开启的是一种系统的压力信号，大众化会对系统带来压力，要求系统既要满足多样化的需求，也要保持其应有的质量标准。这无疑是巨大的挑战。为在保证高等教育应有精英教育的身份和质量的同时实现多样化，途径是单独开辟一些更为多样的大众教育机构，从而实现精英和大众机构的共存。正如其所言，"大众高等教育虽然在允许学生和教师流动的高等教育系统的几个部门有一些，但将更加具有综合性，标准更加多样性。普及型高等教育机构的特点更加多样化，它们之间没有共同的标准"。而随着大众化的不断深入，院校多样化的表现也会进一步从机构外显特征向质量标准、入学机会、培养目标和模式等内部和深层办学要素扩散。然而，中国过去高等教育的扩张更多的是通过挖掘现有院校办学潜力而实现的，一些院校经合并、升格后更为趋同，不仅失去自身办学特色，而且造成整个体系的向上模仿。

（二）政策实践

随着体系与结构调整成为高等教育政策的重点，以《国家中长期教育改革与发展规划纲要（2010—2020年）》和"双一流"建设政策的出台为标志，高校分类管理问题已从社会和学界的讨论正式进入政策层面，分类设置、分类评估和分层建设等系列政策均得到广泛执行。

其一，注重分类评估，实施分类指导。20世纪90年代，中国根据当时高等教育发展需要，开始普通高校的教学评估工作，分三个批次对不同层次高校进行教学工作评估。2002年将这些评估进行合并，启动了五年一次的《普通高等学校本科教学工作水平评估方案（试行）》，但这些评估普遍存在指标和内容单一的问题，"如何针对性更强些，更能体现分类指导，还需要进一步深入研究。"[①] 这在国务院发布的《2003—2007年教育振兴

---

① 刘凤泰：《高度重视 不断完善 建立中国特色的高校教学评估制度》，《中国高等教育》2004年第19期。

行动计划》所提出的"高等学校教学质量与教学改革工程"中得到进一步强调。教育部于2004年印发的《普通高等学校基本办学条件指标（试行）》（教发〔2004〕2号），则具体区分了综合、师范、民族院校，工科、农、林院校，语文、财经政法院校，医学院校，体育院校，艺术院校6类院校12类基本办学条件指标合格标准。此后国家所出台的《〈普通高等学校本科教学工作水平评估方案（试行）〉对部分重点建设高等学校及体育类、艺术类高等学校评估指标调整的说明》（教高厅函〔2006〕35号）、《关于实施"高等学校本科教学质量与教学改革工程"的意见》（教高〔2007〕1号）、《关于普通高等学校本科教学评估工作的意见》（教高〔2011〕9号）、《深化新时代教育评价改革总体方案》（中发〔2020〕19号）、《普通高等学校本科教育教学审核评估实施方案（2021—2025年）》（教督〔2021〕1号）等一系列高等教育评估政策中，分类评估的政策导向都得到进一步强化。

其二，引导高校科学定位、实现分类发展。面对高校办学片面追求综合化而出现的趋同化发展问题，教育部要求各高校做好"三个规划"，即发展战略规划、学科和教师队伍建设规划及校园建设规划，并在《普通高等学校本科教学工作水平评估方案（试行）》中专设"特色项目"，而"特色是指在长期办学过程中积淀形成的，本校特有的，优于其他学校的独特优质风貌。特色应当对优化人才培养过程，提高教学质量作用大，效果显著。特色有一定的稳定性并应在社会上有一定影响、得到公认。"《国家中长期教育改革和发展规划纲要（2010—2020年）》专门就"优化结构 办出特色"提出指导性意见，如在宏观层面，"适应国家和区域经济社会发展需要，建立动态调整机制，不断优化高等教育结构。优化学科专业、类型、层次结构，促进多学科交叉和融合。重点扩大应用型、复合型、技能型人才培养规模。加快发展专业学位研究生教育。优化区域布局结构。"在微观方面，"促进高校办出特色。建立高校分类体系，实行分类管理。发挥政策指导和资源配置的作用，引导高校合理定位，克服同质化倾向，形成各自的办学理念和风格，在不同层次、不同领域办出特色，争创一流。"具体来看，随着《统筹推进世界一流大学和一流学科建设总体方案》、《关于引导部分地方普通本科高校向应用型转变的指导意见》、《中华人民共和国民办教育促进法实施条例》（2021年）、《现代职业教育体系建设规划（2014—2020年）》等文件的出台，高校分类管理政策已经覆盖了高水平研究型大学、应用技术大学、高职本科院校、民办高校等各类高校，为这些高校的分类发展、特色发展、分类管理提供了必要的制度条件。

其三，进一步完善高校设置政策。高校设置政策是分类管理的重要工具，《国家中长期教育改革和发展规划纲要（2010—2020年）》就未来一段时期高校设置工作提出了具体要求，"完善以省级政府为主管理高等教育的体制，合理设置和调整高等学校及学科、专业布局，提高管理水平和办学质量。"为加强高校设置的管理，教育部下发《普通高等学校基本办学条件指标（试行）》的通知（教发〔2004〕2号）、《普通本科学校设置暂行规定》（教发〔2006〕18号）、《关于"十二五"期间高等学校设置工作的意见》（教发〔2011〕9号）、《关于完善本科学校设置工作的指导性意见》（教发司〔2013〕17号）、《关于"十三五"时期高等学校设置工作的意见》（教发〔2017〕3号）、《关于"十四五"时期高等学校设置工作的意见》（教发〔2021〕10号）等系列文件，明确了各类院校的设置标准、学科与专业、师资队伍、教学与科研水平、基础设施、办学经费、领导班子、学校名称等具体要求，并就各个时期高等教育结构、院校层次类型及科类结构调整的方向作出明确的限定，有效保障了高校分类管理和分类发展有序实施。如《关于"十三五"时期高等学校设置工作的意见》（教发〔2017〕3号），提出"以人才培养定位为基础，中国高等教育总体上可分为研究型、应用型和职业技能型三大类型"，并进一步阐释各类院校的职能和角色，在一定程度上解决了分类管理无类可依的局面。

第三章

高校多样性的变迁与测度

高校多样性的理论和政策实践分析表明,宏观层面的分类管理政策之于高校多样性尤其重要,特别是在高等教育实行集权制管理的系统中尤为如此。中华人民共和国成立特别是改革开放以来,通过分类管理促进高校分化,实现高等教育系统体系结构的优化,成为当前国家政策实践和高校发展的共识。在我们分析高校分类管理政策的作用效果和改革方向之前,这里明确的一个前提是,高校分化或多样性的图景是什么,当前中国高校多样性的表现是否存在问题或偏差。

第一节 校名视角下高校多样性的变迁

上一章主要分析总结了中华人民共和国成立以来,国家层面高校分类管理政策实践的历程与主要特征。在这些制度政策的作用下,高校分类发展成为政府和高校的共识,并促使高校向不同的维度分化。本节将结合这些制度政策,分析高校分类发展的表现,以便进一步总结过去高校分类管理活动的经验,提出促进高校分类发展的制度政策改革方向。

一 高校分化的观测维度选择

亦如生物物种的进化过程,高校分类发展是高等教育史上的普遍现象。诚然,国内研究和实践层面的"分类",对应于国外研究所涉高校的"设置""形态""配置"或"结构",并且国家之间的实践有着较大的差异,不同语境下可用(院校内部的)高校分化或差异化、(系统层面)多样化和分类来表述。① 但综合来看，从系统的多样化理解中国高校分类发展可建立一种比较可靠的研究对应关系。

（一）校名变迁是高校多样化的重要表征

高校间的差异表现在诸多层面，譬如，所有制、学科专业、功能、层级、培养目标、学生构成、办学面向、所在区域、规模等。任何维度的分析尽管有助于揭示高校分类发展的面貌，但我们更注重从高等教育系统层面出发，依据高校外显特征、核心维度、客观因素的变化来捕捉高校分类发展的轨迹。在中国，高校办学的特色和功能一般围绕特定的领域而展开，按照学科结构的高校分类法在官方统计和传统上都是一种非常重要的院校类别识别工具，这种分类也往往可以通过高校校名得以显现出来。

适切的校名是院校文化的重要载体，也是准确反映办学定位的社会名片，它昭示院校办学理念，沉积组织历史文化，汇聚校内外利益相关者的向心力。高校分类发展的直接表征是新机构的产生，而这种变化的具体表现之一是高校校名变迁。无论是"院系调整"还是扩招时期，历次高等教育系统的改革都伴随着新机构诞生和老机构的合并、重组、升格，与之相伴的是院校不同形式的更名。如中国历史上出现的四次高校更名潮中，最近的两次发生在20世纪50年代初期的"院系调整"，20世纪90年代以来高校合并重组、升格期。② 以至于至2011年，1981年统计的高校中继续使用原校名的仅21%。③ 高等教育体制的这些重要改革无疑加快了高校校名的变迁。因此，从系统层面来看，校名变迁实质上是院校多样化的一种反映，特定时期高校校名的构成反映出高等教育系统的历时生态。

（二）研究对象与时段划分

综合中华人民共和国成立70多年来不同时段高等教育体系建设的重点，结合数据的可得性，本书以解放初期（1949年）为起点，将中国高校

---

① Ulrich Teichler, "Higher Education System Differentiation, Horizontal and Vertical", in J. Shin & P. Teixeira (ed.), *Encyclopedia of International Higher Education Systems and Institutions*, Dordrecht: Springer, 2017, pp. 1–7.
② 刘海峰：《院校合并、升格与发展中的更名问题》，《高等教育研究》2005年第11期。
③ 张学见：《1981—2010年我国高等院校校名变动探析》，《中国高教研究》2013年第8期。

分类发展分为四个关键时期:"院系调整"时期(1953年)、改革开放初期(1981年)、大众化初期(2002年)、普及化初期(2022年)四个典型时期。我们将研究对象限定于普通高校(不含各类民办独立学院、各时期高校分校、中外合作办学形式机构)。各时期院校信息依次来源于季啸风著《中国高等学校变迁》、高等教育部办公厅编《高等教育文献法令汇编》(第一辑)、《中国教育年鉴》编辑部编《中国教育年鉴:1949—1981年》、教育部网站2002年具有高等学历教育招生资格的普通高等学校名单和2022年全国高等学校名单。

"院系调整"可谓为中华人民共和国高等教育的"原点",我们借鉴苏联模式建立了自己的高等教育体系,为后续院校分类发展奠定了制度基础。改革开放初期,高等教育体系得以重建,并在一些领域得到了扩展和补充。大众化初期,中国高等教育规模在得到快速扩张的同时,完成了高等教育体制改革的许多重要任务,规模、结构、质量、效率进一步协调发展,通过"共建、调整、合作、合并",完成了自1992年以来的"第二轮院系大调整"。大众化后期以来的系统分化速度放缓,高等教育体系建设的重心逐渐转向于结构调整、体系优化的内涵式发展。各个时期的校名变迁反映了高等教育不同阶段的特征,演绎出高校分类发展的脉络。

(三)校名数据处理

纵观各个时期,校名一般包括两种成分,后置部分一般意指办学层次,可称之为"层次名"。不同时期院校基本可归为"大学""学院""专科院校"三层,其中"专科院校"包括各个时期不能被归入"大学"和"学院"层次的其他类院校,如高等学校、高等职业技术学院、高等职业专科学校、职业技术学院、专科学校、专门学校等。前置部分表明院校的学科专业、办学面向、地域等,可视为"净校名",主要涉及六种成分:一是地名,包括国际化名(如中法)、国家名(如中国、中华)、大片区名(如西北)、省市名、省区名(如湘南)、城市名、城市区划名(如苏州工业园区)、江河景点名、古地名或习惯地名(如长安);二是办学主体;三是办学性质(公私立);四是学科门类;五是专业行业;六是其他类,涉及人名、性别(女子)、建校时序(第二)或办学愿景等。

我们主要从校名结构模式、办学性质、词频、办学层次差异、地域等层面对院校校名变迁进行分析。一是基于"层次名",对不同时期"大学""学院"和"专科院校"等院校的层次结构进行分析。二是"净校名"的命名模式分析。"净校名"校名组合方式达 25 种之多,而地名、地名+门类、地名+专业行业是"净校名"的三种主要模式,最常见的是地名+专业行业。三是"净校名"的词频分析。我们将"净校名"中的地名信息剔除,并将意义相同或相近的校名信息进行归一化处理,然后统计各类校名关键词出现的频次,以便更好地发现不同时期的热点校名和发展趋势。

二 "院系调整"期:高校分工的"专门化"

中华人民共和国成立后百业待兴,为满足经济社会建设的需要,改革旧有高等教育体制成为当时国家面临的一项重要任务。在"以俄为师"背景下,适应当时国家建设的需要,为对旧社会高校进行社会主义改造,优化高等教育布局结构,"改变教育脱离实际的现象",教育部在完成教会大学、私立大学的接收任务后,于 1952 年确立了"以培养工业建设人才和师资为重点,发展专门学院,整顿和加强综合性大学"的方针,开展全国范围内的"院系调整"。

在这次"院系调整"中,大学(指综合大学)为培养科学研究人才及培养师资的高等学校,全国各大行政区最少有 1 所,最多不得超过 4 所;工学院是这次"院系调整"的重点,以少办或不办多科性的工学院,多办专业性的工学院为原则;每一个行政区必须办好 1 所至 3 所农学院、师范学院,各省可办专科。[①] 具体措施包括:将原来包含文、理、法、工、农、商、医、师范等多个学科领域的综合大学改组为文理综合大学,并大幅减少综合大学的数量;通过组合、新设、升格等方式,大量增设为社会经济建设所需的工、农、医、师范等单科性高校,并使之成为高等教育机构的主体;调整高校布局结构,将高等教育比较发达的华东、华北地区的部分高校搬迁到高等教育欠发达地区。

---

① 苏渭昌:《五十年代的院系调整》,《高等教育学报》1989 年第 4 期。

这次大调整至1956年方告完成，但至1952年年底全国高校便有四分之三进行了"院系调整"和设置专业的工作，是年，综合大学及普通大学21所，工业院校43所，高等师范院校33所，农业院校28所，医药卫生院校32所，财经院校13所，政法学院3所，连同艺术、语文、体育和少数民族高等学校共201所。① 通过"院系调整"，高校多样化趋向明显，初步建立起一个高校分工明确、"专门化"的高等教育体系。

(一) 高校部门办学特色鲜明

与中华人民共和国成立之初相比，院校校名的命名方式达到6种之多，净校名中包含的信息更为丰富。如过去非常常见的"净校名"中仅包含单一信息的单名校名大幅减少，"地名+层次名"的高校校名占比已由1949年的22%下降到8%。相比之下，校名中带有更多的政府和事业部门信息。比如新设了钢铁、地质、矿冶、水利等12个工业专门学院，三成以上的院校校名涉及具体学科门类，行业部门与学科门类对接紧密，基本满足了国家建设对工业特别是重工业部门建设的需要；涉及轻工业、手工业、商业、社会服务等行业的院校消失或被整合，按需增设了电影、对外贸易、俄文、民族等部门属院校，以及财经、畜牧兽医、工业会计统计、农业机械化、气象等与生产部门密切相关的院校。

(二) 行业性院校成为主体

除学科门类外，院校校名中包含着更多的专业和行业信息，以这种方式命名的院校达到五成以上。这类院校一般面向重工业和重点行业，具有明显行业性、应用性特征，比较典型的校名如铁道、地质、海运、航空、河运、化工、矿冶、石油、土木建筑等。这类单科性、多科性的行业性"大学"占到"大学"总数的28.6%；过去"学院"中存在的一些文理性质、专业性不强的院校已经全部被调整为名副其实的"专门学院"，或者以学科门类命名，或者校名中包含具体专业或行业信息，"专科院校"也是如此。行业院校的大量出现也使得院校层次结构发生了改变，解放初期

---

① 高等教育部办公厅编：《高等教育文献法令汇编》（第一辑），高等教育部办公厅1954年，第60—61页。

院校分层并不明显,但经过"院系调整"后,大学(15.64%)、学院(67.04%)和专科院校(17.32%)三类院校结构呈现"纺锤状"分布,三类院校之比达 1∶4.3∶1.1。

(三)基础性院校地位提升

"院系调整"使得高等教育作为专业教育的属性得到极大彰显,中共中央根据当时国家百业待兴、基础建设薄弱的现状,大力发展高等工业院校和各类专门学院,并优先发展涉及国家建设、社会发展的基础性院校。师范、医学、农业、工业等院校占比分别达到 18.34%、15.98%、13.02%、7.10%,成为当时数量最多的院校,这些院校的比重在中华人民共和国成立以来各个时期都是最高的;出现了更多以音乐(2.37%)、体育(2.37%)、财经(2.37%)、政法(2.37%)、美术(2.37%)、林业(1.78%)、艺术(1.18%)等命名的高校。基础性院校的大量增设和调整,较好地满足了中华人民共和国建设对工、农、师范等专业人才的迫切需要,为国家各项事业的起步、后续各个时期经济社会发展目标的实现打下了坚实的基础。

(四)院校的"分门别类"化

"院系调整"也确立了以学科门类数量和办学层次综合评定的院校分类法,依此可将高校划分为大学、专门学院和高等专科学校 3 类,其中大学包括文理科性质的综合大学、师范大学和多科性工业大学,专门学院包括工、农、医等类学院。1952 年时任教育部副部长曾昭抡则认为这种分类的依据是"培养人才的范围",分类结果是"大学、多科性工学院、工业方面单科性的学院(如地质学院、钢铁学院、化工学院等)、农学院、林学院、医学院、财经学院、政法学院、师范学院、艺术学院等",以"有步骤地确定每个高等学校所设的'专业',使各校皆有明确的任务,集中力量培养某几行国家建设需要的专才"。[①] 1953 年高校"净校名"构成具体见表 3-1。

[①] 曾昭抡:《高等学校的"专业"设置问题》,《人民教育》1952 年第 9 期。

表 3-1　　　　　　　1953 年高校"净校名"构成

校名结构	主要成分占比（%）					组合方式占比（%）			典型模式占比（%）			命名方式
	地名	门类	专业行业	举办者	其他	单名	双名	三名	单地名	地名+门类	地名+专业行业	
	97	32	56		6	11	88	2	8	30	56	6
高频校名	师范（18.34）、医学（15.98）、农业（13.02）、工业（7.10）、俄语（3.55）、音乐（2.37）、体育（2.37）、财经（2.37）、政法（2.37）、美术（2.37）、航空（1.78）、林业（1.78）、土木建筑（1.18）、铁道（1.18）、药学（1.18）、化工（1.18）、同济（1.18）、民族（1.18）、外语（1.18）、人民（1.18）、艺术（1.18）、畜牧兽医（1.18）、地质（1.18）											
消失的主要校名	边疆、蚕丝、法、法商、法政、纺织、工商、国医、海疆、会计、技艺、建设、教育、矿山工业、农工、女子、染织、商、商船、商业、兽医、铁道管理、文、文法、文教、文理、新闻、牙医、医院技士、语言、中医药											
新增的主要校名	财经、畜牧兽医、地质、电影、对外贸易、俄文、钢铁工业、工业会计统计、海运、航空、河运、化工、化学工业、矿冶、矿业、林、煤矿、民族、农业机械化、气象、人民、石油、土木建筑、政法											

三 改革开放期：高校办学的"专业化"

"院系调整"后一段时期，中国高校分类管理经历制度持续探索、"大跃进"和大动荡等特殊阶段。"文化大革命"结束后，1978 年 12 月党的十一届三中全会在北京召开，引领国家进入改革开放全新发展时期，邓小平明确提出建设有中国特色的社会主义市场经济，各行各业都面临着转型、转轨的问题。国家发展模式的这种重大转型对高等教育产生了深刻影响，也意味着高等教育秩序混乱状态的终结，过去在计划经济体制上建立起来的教育模式因此面临着打破、重建的现实问题。

此间，高校分类管理的重要任务是相关制度的重建，这里主要包括两方面的内容：一是颁布有关高校设置的法规，重建高校设置基准，规范民办高校的设置；二是恢复重点大学制度、高师独立设置制度、部门办学制度。[①] 在这些制度的推动下，高等教育系统逐渐恢复了原有高校，并适时

---

① 黄启兵：《我国高校设置变迁的制度分析》，博士学位论文，南京师范大学，2006 年，第 147 页。

增设了一些新高校。如高校数量从1977年的404所猛增到1978年的598所，一年之内新增近200所高校；1980—1982年三年，国务院批准增设高校56所，其中师范院校26所，工科院校12所，财经院校8所，农业院校2所，医科院校2所，公安院校2所，体育院校2所，综合大学1所，政法院校1所。① 而1983—1986年四年内，奇迹般地涌现出301所高校，平均每年增加100所高校。②

经过这些努力，高校分类发展的秩序得以恢复，系统结构呈现出更为专门化的发展态势。

（一）系统层次结构得到优化

相比"院系调整"时期，改革开放后系统层次结构最明显的变化在于"专科院校"占比有了一定提高。"大学"（11.93%）、"学院"（61.51%）和"专科院校"（26.56%）三类院校结构呈"钻石型"分布，中间层的"学院"远远多于"大学"和"专科院校"，三类院校数量之比为1∶5.2∶2.2。这种院校层次结构延续了过去高等教育重视分科办学、专业教育的办学传统。过去由于苏联高等教育体系中并未设置专科学校这一机构，中国便大批削减专科学校，将一些专科学校升格为专门学院，这种系统结构无法适应国家中高级技术人才严重短缺的现实。因此，专科层次院校数量的极大充实，系统层次结构的调适适应了改革开放后经济社会发展的现实需要。

（二）高校专业特色不断彰显

高校命名方式达到7种，呈现进一步多样化之势。以学科门类命名的院校数占比剧减至二成以下，以专业、具体行业命名的高校则大幅增加到75%左右；"净校名"中包含两种成分的案例占院校总数的93%左右，其中以"地名+专业行业"命名的方式最多，达到74%。这两方面多样化的表现相比中华人民共和国成立以来的各个时期都是最为突出的，也与当时高校专业设置不断细化的趋势相符。1953年全国共设置专业215种，而

---

① 中央教育科学研究所编：《中华人民共和国教育大事记（1949—1982）》，教育科学出版社1984年版，第493—678页。
② 张俊洪：《回顾与检讨——新中国四次教育改革论纲》，湖南教育出版社1999年版，第230—231页。

1980年，全国专业总数则达到1039种。① 校名中学科门类和专业行业信息的此消彼长说明院校办学领域正趋于专门化，组织定位更多地服务于地方行业企业、满足区域社会对各类专业人才的需求。

（三）高校职能分工更为精细

除俄文、工业会计统计、煤矿、土木建筑等类型院校外，这段时期高校的类型总体没有减少，一些院校类型得到极大的强化和充实。以师范院校为例，仅1978年，国务院批准恢复和新建高等师范学校102所，是中国历史上开设高等师范学校最多的一年，该年全国高等师范学校达157所。② 轻工业、服务行业、农业等院校得到一定补充，财经、法政和管理等新兴应用型院校得到长足发展，诞生了一大批新类型的院校。如八一农垦、蚕桑、测绘、船舶、电工、电力、电信工程、电子工程、飞行、工程、工农、工艺美术、公路、光学精密机械、广播等院校。这表明高校职能分工不断细化，并逐渐向国民经济和社会发展急需的短线、薄弱专业行业领域倾斜。

（四）条块分割管理格局不断强化

部门办学传统在改革开放初期得到恢复和发展。1978年6月，教育部在南京召开国务院各部委所属高校改变领导体制的交接工作会议，决定对一部分重点高校和非重点高校实行国务院有关部委和省、市、自治区双重领导，以部委为主的管理体制进行管理。许多高校校名因此被打上铁道、交通、煤炭、电力、石油、邮电、冶金、气象、民族、医药等部门的烙印。仅1981年，全国704所普通高校中，教育部、其他部委及地方政府所属院校各为38所、226所和440所。③ 由于"学校办社会"，行业部门成为独立的办学主体，所属院校形成"小而全"的独立封闭系统，如冶金部所属院校涉及该领域的工业、地质、机电、机械、建筑、经济、医学等各个业务部门。1981年高校"净校名"构成具体见表3-2。

---

① 董宝良主编：《中国近现代高等教育史》，华中科技大学出版社2007年版，第414页。
② 刘英杰主编：《中国教育大事典（1949—1990）（上）》，浙江教育出版社1993年版，第799页。
③ 赵庆年、张亚群：《部门办学与高等教育的改革和发展》，《煤炭高等教育》2003年第4期。

表 3-2　　　　　　　　1981 年高校"净校名"构成

校名结构	主要成分占比（%）					组合方式占比（%）			典型模式占比（%）			命名方式
	地名	门类	专业行业	举办者	其他	单名	双名	三名	单地名	地名+门类	地名+专业行业	
	98	19	75		2	6	93	1	5	18	74	7
高频校名	师范（25.88）、医学（11.76）、农业（5.44）、工业（5.00）、中医（3.24）、体育（1.76）、财经（1.76）、化工（1.62）、轻工业（1.62）、林业（1.62）、建筑工程（1.47）、民族（1.47）、矿业（1.47）、外语（1.18）、农业机械（1.18）、音乐（1.18）											
消失的主要校名	俄文、工业会计统计、煤矿、土木建筑											
新增的主要校名	财贸、财政（金融）、蚕桑、测绘、船舶（工程）、电（子）工（业）、电力、电讯工程、纺织机电、飞行、工程、工农、工艺美术、公路、光学精密机械、广播、国际政治关系、海关、海洋、航海、航空（工业）（管理）、航务工程、化工动力、化纤工（业）、化学矿业、黄金、机电、机械（工业）、技工师范、建筑（材料工业、工程）、经济、科学技术、粮食（工业）（经济）、旅行游览、煤矿医学、煤炭师范、蒙族师范、民族（师范、医学）、农垦、农牧、轻工业、热带作物、商业、兽医、水电工程、水利电力、水利水电、水运工程、丝绸工学、陶瓷、体育师范、铁道（师范、医学）、外交、舞蹈、戏曲、冶金（工业、地质、机电、机械、建筑、经济、医学）、医疗器械工业、医药、印刷、邮电、语言、中医、重型机械											

四　大众化初期：高校面向的"属地化"

20 世纪 90 年代初，国际国内政治经济环境发生重大变化，中国社会主义市场经济体制改革进入一个关键时期，高等教育规模扩张加速。1999 年高等教育开始大幅扩招，高校招生规模以年均超过 25% 的增长率高速发展，高等教育毛入学率在 2002 年便已达到 15.3%，比预定计划提前 3 年跨入高等教育大众化阶段。

大众化的迅猛推进得益于高校分类管理政策的规范化、法制化建设。国家教委要求各地区各部门对办学条件达不到国务院《普通高等学校设置暂行条例》（1986 年）规定标准的院校进行充实整顿，1992 年成立了全国高等学校设置评议委员会，进一步加强了院校设置和更名工作的管理；《中华人民共和国教育法》（1995 年）、《高等教育法》（1998 年）等教育法规相继出台，为高校分类发展提供了坚实的法律依据。

深入的高等教育管理体改革进一步促进了高校的分化。1993 年中共中央、国务院发布《中国教育改革和发展纲要》，提出："要解决政府与高校、中央与地方、国家教委与中央各业务部门之间的关系，逐步建立政府宏观管理、学校面向社会自主办学的体制。"此后各地区普遍开展"共建、合作、合并、协作、划转"等形式的高等教育管理体制改革。1998年，国务院进行机构改革，为这些改革提供了有利的机遇，部门所办的高校开始大规模转移到教育部或地方政府。据统计，1998—2002年分别有96所、23所、122所高校划转到教育部或地方政府。[①]

随着大量行业性院校的划转，过去条块分割的部门办学体制被彻底打破，各省区都建立起了数量更多、类型更复杂、布局更广泛、功能更多样的高等教育体系。高校分类随之呈现出属地化发展的倾向。

（一）系统层次结构大幅优化

与大扩招相伴，高校升格成为大众化阶段的普遍现象。许多高校都极力扩大招生规模，而变更校名也成为推动扩招的有效手段；众多的中专学校和成人高校纷纷升格更名，职业（技术）学院数量呈现出了爆发性增长。[②] 一大批高职高专等专科学校升格为本科院校，完成了纵向提升下数量的扩张。[③] 仅1999—2002年诞生新建本科92所。[④] 与改革开放初期相比，"大学"比重增加（21.02%）、"学院"比重大幅下降（30.48%），"专科院校"增幅明显（48.5%），高等教育结构呈现出鲜明的"金字塔"形态。扩招以来高等教育结构变化丝毫不亚于"院系调整"，这种院校层次结构在保证精英教育质量的同时，通过地方院校的扩充满足了大众教育的需求。

（二）院校管理属地化

随着高等教育管理体制改革的推进，地方政府已成为高等教育办学

[①] 参见匿名《1990年以来普通高等学校隶属关系变动情况》，《教育发展研究》2001年第12期。
[②] 吕健：《高校更名与招生扩张》，《教育与经济》2016年第3期。
[③] 贾彦峰、郭淑新：《地方高校两次转型中的文化断裂与有序演进》，《高教探索》2016年第6期。
[④] 顾永安、陆正林：《我国新建本科院校的设置情况分析及其启示》，《中国高教研究》2012年第2期。

主体。相比 1981 年，校名中包含地名信息的高校比重略有下降，其中"单地名""地名+门类""地名+专业行业"三种典型模式的案例比重由之前的 97% 减少到 90%，但绝对数量却增加了 510 余所。"净校名"中包括单一信息的院校占比达到 23%，而更有 21% 的院校只包括单一地名信息。相比之下，包括其他信息和组合方式的院校校名占比大幅下降。这里所传递的信息是，综合性地方院校在区域、省级高等教育系统的角色越来越重要。而整个系统却围绕地方变得更为个性化，科技、理工、商业、工程、政法等更富综合意义的校名成为高频词和新增校名中的热门词。

（三）大量行业院校"去行业化"

因应经济结构变化和新行业对人才类型的新需求，行业院校的更名在所难免。这段时间也是高校更名最为频繁的时期，特别是 1999—2004 年，伴随着高校规模扩张，更名高校数量最多。[①] 一些涉及地质、农业、钢铁、化工、水利水电、航运等艰苦行业部门的院校加快了校名的"去行业化"步伐，取而代之的是更为通用型、高端化、综合性的校名。如原冶金部主管的各类高校纷纷去掉"冶金"帽子，以"铁道"命名的高校大量减少，北京钢铁学院更名为北京科技大学，上海机械学院更名为华东工业大学，四川建材学院更名为西南工学院等。而蚕桑、测绘、黄金、建筑材料工业、粮食经济、蒙族师范、丝绸工（业）、体育师范、语言等院校则因与其他院校合并、升格而消失。

（四）院校服务地方的定位加强

进一步从院校属地来看，高校存在向省会、经济发达地区集中的趋势，而办学层次越高的院校，其地名倾向于更大的行政区、更为"大气"的地名；层次低的"专科院校"，更为强调办学的地区性，新类型机构占到同层院校类型 85.5% 以上，在校名选择中更倾向于将服务领域具体化、精细化，如"宁夏葡萄酒与防沙治沙职业技术学院""浙江舟山群岛新区

[①] 杨林玉、贾永堂、肖家杰：《大众化以来我国高校大面积更名现象研究——基于双轨制的视角》，《高等工程教育研究》2016 年第 3 期。

旅游与健康职业学院"，以便突出定位的地域标识和办学面向。同时，由于扩招以来政府职能向经济调节、市场监管、社会管理和公共服务等领域转向，院校与市场的联系日趋紧密，服务社会和国家战略需求成为高校的重要任务，突出地表现在理工、科技、商业、财经、工程、电力、幼儿师范、工商、城市等综合性、应用性院校的比重大幅提升。2002年高校"净校名"构成具体见表3－3。

表3－3　　　　　　　　2002年高校"净校名"构成

校名结构	主要成分占比（%）					组合方式占比（%）			典型模式占比（%）			命名方式
	地名	门类	专业行业	举办者	其他	单名	双名	三名	单地名	地名+门类	地名+专业行业	
	97	11	62	3	5	23	75	2	21	10	59	14
高频校名	师范（1.42）、医学（0.53）、工业（0.47）、农业（0.29）、科技（0.24）、交通（0.20）、理工（0.18）、商业（0.15）、财经（0.15）、中医（0.13）、民族（0.13）、体育（0.13）、工程（0.11）、政法（0.10）、电力（0.10）、教育（0.10）											
消失的主要校名	蚕桑、测绘、电讯工程、公路、航务工程、河运、化工动力、化纤工（业）、化学矿业、黄金、建筑材料工业、粮食经济、蒙族师范、农业机械化、水电工程、水运工程、丝绸工（业）、体育师范、铁道（师范、医学）、冶金（地质、机电、机械、建筑、经济、医学）、语言											
新增的主要校名	财会、财经政法、财（政）税（务）、财政金融、藏医、城市建设（管理）、出版印刷、传媒、电机技术、电子机械（科技、信息）、法商、翻译、防灾科技、纺织服装（机电）、工程技术（科技、技术师范）、工贸、工农、（农）工商（外国语）、工业经济、管理工程、光电信息、光学精密机械、广播（电影）电视、国防工业、国土资源、海事、航空技术（科技）、航天（工业）、航运、环境生物、会计、计量、计算机、建材、建设、建筑科技、教育、金融、经济技术（贸易）、警察（官）、科技经营管理、科技信息、矿冶、理工、煤矿（炭）医（学）、煤炭（经济）、民航、民政、能源、农垦师范、农林（科技）、农牧、农业工程（技术）（经济）、女子、烹饪、汽车工业、轻化工、热带农业（作物）、人口、森林工业、商贸（务）、商业服务、社会工作、涉外经济、审计、生物工程（应用）、生物与机电工程、体育运动、通信、外事、外语外贸（艺术）、文埋、物资、信息（工程）（技术）、演艺、药检、药科、影视艺术、应用技术、语言文化、政治、职工（医学）											

五　普及化初期：高校分化的"多维化"

随着大众化目标的圆满实现，进入"十一五"以来，中国高等教育发展步入以提高质量为核心的内涵式发展阶段。国家"十一五"规划的制定和2006年国务院决定将高等教育扩招的增幅控制为5%，成为高等教育走向结构调整、质量提高转折的最显著标志。教育部《关于"十一五"期间普通高等学校设置工作的意见》中提出，高校设置工作将"以优化布局结构、改善办学条件、提高教育质量为重点"，这在《国家中长期教育改革和发展规划纲要（2010—2020年）》、教育部《关于"十二五"时期高等学校设置工作的意见》、《关于"十三五"期间高等学校设置工作的意见》、《关于"十四五"期间高等学校设置工作的意见》等文件中都得到进一步强化。

中央在继续推进高校分层、非均衡性发展，打造一流大学、一流学科的同时，更加关注职业教育和地方高校，优化高等教育结构。一是出台《现代职业教育体系建设规划（2014—2020年）》（2014年），促进现代职业教育服务转方式、调结构、促改革、保就业、惠民生，并与工业化、信息化、城镇化、农业现代化同步发展；二是应对高等教育结构性矛盾更加突出、同质化倾向严重问题，出台《关于引导部分地方普通本科高校向应用型转变的指导意见》（2015年），以优化结构为支撑，促进地方高校转型发展，更好地营造"安于定位、办出特色、创造一流"的分层分类办学制度环境。

在这些制度和政策的推进下，高校分类因此呈现出新的景象，各类高校的多样性向多个维度的纵深延伸。

（一）分层与分类发展同步

由于高校合并所产生的后续作用力，以及《普通本科学校设置暂行规定》、"十一五"以来教育部关于高校设置工作指导性意见等文件的出台，高校校名、办学条件管理更为规范、严格，"大学""学院"的比重分别下降到17.83%、28.70%；"专科院校"数量大增（53.97%），因此承担起了更多大众化教育的天然职能；三个层面院校比重由2002年的1∶1.5∶2.3微调到2022年的1∶1.66∶3.12，高等教育"金字塔"结构的重心有所下降。"大学"层次消亡加快，典型的如医学"大学"消失，传媒、技术、林业科技、轻工业、应用技术等一些更具时代教育特色的类型加入其中，"大学"类型的保持率由此前的100%下降到88.64%；"学院""专科院校"类型分化加速，新增类型分别占同层院校类型总数的53.60%、65.93%，而相比大众化之初，两种院校的类型保持率分别为67.74%、78.03%。相比2011年，2016年11.9%的高校进行了升格更名或直接更名。[①]

（二）院校学术漂移与专业漂移互为强化

"大学""学院"和"专科院校"同时也标识着一种院校类型划分。无论是在民国时期的《大学令》《专门学校令》，国民政府颁布的《大学组织法》，还是中华人民共和国成立以来《普通高等学校设置暂行条例》等文件中，"大学"理应为综合性、学术型机构。而当前"大学"中，以学科专业命名的机构占"大学"总数的76.1%，这表明"大学"的职业性倾向越来越明显，而传统综合性机构比重偏低。相反，"学院"层面，学院过去应是以专业教育为主的机构，学科门类覆盖相对集中，学科专业、行业特征明显。中华人民共和国成立之初几乎所有的学院都以特定行业部门为办学面向，"院系调整"后无一所"学院"为综合性机构。但至2022年，校名中不含具体学科专业、行业指向的"学院"169所，占"学院"总数的29.16%。高等教育机构的学术职能与职业职能均实现了逆向漂移，"学院"与"大学"的学科结构差异减少。

（三）系统同构与老院校示范效应突出

高校趋同部分也可从校名的命名中体现，当前高校平均校名字长（7.99个字）、净校名字长（4.15个字）、层次名字长（3.84个字）均较之大众化初期要长，不同区域校名整体构成、组合方式越来越相似，一个省区有什么样的高校，其他省区也会有同类高校，这也使得中医药（0.76%）、艺术（0.70%）、城市（0.70%）等成为高频校名。从高校层面来看，机构间的多样化、差异化发展空间相应受到压缩。高水平理工大学和老牌大学的命名方式所产生的影响不断显现。新建本科院校于是纷纷模仿研究型大学的办学模式，争相提高办学层次，扩大办学规模，更改学校名称，增设"热门"专业，推崇"科研至上"，成为更名的主体。[②] 如

[①] 于洋：《我国高校规范更名研议》，《国家教育行政学院学报》2017年第7期。
[②] 聂永成、董泽芳：《新建本科院校的"学术漂移"趋向：现状、成因及其抑制——基于对91所新建本科院校转型现状的实证调查》，《现代大学教育》2017年第1期。

师范（3.49%）、科技（2.40%）、医学（1.93%）、工业（1.85%）、理工（1.72%）、工程（1.15%）、交通（0.99%）、农业（0.94%）、财经（0.91%）、体育（0.76%）等高频校名的比重较之大众化初期更大，在新设院校不断增加的背景下，同样对校名的同质化起到了一定的推动作用。

（四）院校服务职能得到极大拓展

从校名变化中可见，牧业工程、农垦师范、农业技术、热带农业、森林工业、水产、特产等第一产业院校基本消失，电机技术、光电信息、机械工业、煤炭经济（师范、医学）、煤炭、轻化工、通信、重型机械等部分传统第二产业院校逐渐被可识别性更高的科技、理工、工程、交通等院校所取代，涌现出一大批现代服务业特征的校名，涉及安防、安全（工程、技术）、创新科技、高新科技、工程应用技术等基础服务行业，以及财经工业、财政金融、服务外包、工程应用技术等专业服务的生产和市场服务行业，如保险、动画、动漫、房地产、服装工程、高尔夫旅游等个人消费服务行业，还有城市经济、城乡建设、护理、化工医药等公共服务行业。2022年高校"净校名"构成具体见表3－4。

表3－4　　　　　　　　2022年高校"净校名"构成

校名结构	主要成分占比（%）					组合方式占比（%）			典型模式占比（%）			命名方式
	地名	门类	专业行业	举办者	其他	单名	双名	三名	单地名	地名+门类	地名+专业行业	
	98	9	65	3	6	20	77	3	18	8	62	14
高频校名	师范（3.49）、科技（2.40）、医学（1.93）、工业（1.85）、理工（1.72）、工程（1.15）、交通（0.99）、农业（0.94）、财经（0.91）、幼儿师范（0.91）、工商（0.76）、体育（0.76）、中医药（0.76）、艺术（0.70）、城市（0.70）											
消失的主要校名	财政、电机技术、法商、光电信息、广播电视、航空技术、航天科技、会计、机械工业、计算机、教育、煤炭经济（师范、医学）、煤炭、牧业工程、农垦师范、农业技术、气象、轻化工、热带农业、人民警察、森林工业、商业服务、社会工作、生物应用、生物与机电工程、水产、特产、通信、外国语师范、信息技术、药检、药学、医疗器械、语言文化、职工医学、重型机械											

续表

校名结构	主要成分占比（%）					组合方式占比（%）			典型模式占比（%）			命名方式
	地名	门类	专业行业	举办者	其他	单名	双名	三名	单地名	地名+门类	地名+专业行业	
	98	9	65	3	6	20	77	3	18	8	62	14
新增的主要校名	安防、安全（工程、技术）、保险、冰雪体育、财经工业、财政金融、测绘、城市经济、城乡建设、畜牧工程、船员、船政交通、创新科技、电机、电气工程、电信、电讯工程、电子（工程、商务）、动画、动漫、俄文、房地产、服务外包、服装工程、港湾、高尔夫旅游、高速铁路、高新科技、工程应用技术、工业（安全、工程、信息化、科技、贸易、应用技术）、工艺、公共运输、广告、轨道（交通、运输）、国防科技、国际（海运、商务）、国土资源和房屋、行政、航空旅游、护理、化工医药、环境（保护、工程、资源）、黄河护理、黄金、黄梅戏艺术、会计金融、技术、家政、检察、健康（医学）、交通运输、经济管理、经贸（管理、外事、外语）、酒店管理、科技（工程、贸易、师范）、矿冶、劳动（保障、关系、人事）、林业科技、旅游（烹饪、商贸、健康）、铝业、煤炭、牧业经济、能源化工、农垦科技、农牧科技、农业（科技、商贸）、葡萄酒与防沙治沙、汽车（工程、科技）、轻纺、热带海洋、人文科技、软件（工程、技术）、森林警察、商贸旅游、少林武术、设计工程、社会管理、涉外（经贸）、生态（工程、环境）、生物（机电）、食品（工程、药品）、水利与环境、陶瓷工艺美术、特殊教育、铁路（科技、桥梁）、推拿、外贸、外事（翻译、外语）、网络工程、卫生（健康、康复）、文化产业、舞蹈戏剧、锡业、戏曲艺术、现代（服务、物流、信息工程）、新能源科技、新闻出版、信息（传播、科技、统计、应用）、学前（学前）师范、药品食品、冶金科技、医卫、医学科技、艺术（传媒、工程、设计）、影视传播、应用（工程、应用）、有色（金属、冶金）、制造、质量工程、装备制造、资源环境												

第二节 高校多样性变迁的生物学测度

高校多样化被普遍视为结构良好的高等教育系统的基本特质之一。然而，对于什么是多样性、如何测量多样性几乎没有定论。特别是在国内，大量的文献均表明中国高等教育存在比较普遍的同质化发展倾向，而事实上这些结论的得出却没有直接的依据。因此，以下将借鉴生物多样性的测量方法对中国典型时期和不同地区高校多样性进行纵横分析。

一 从生物多样性看高等教育多样性

高等教育具有丰富的职能和组织特性，是人化社会的有机构成部分，同样也具有生态系统的所有特征。

(一) 生物多样性

生物多样性是世界存在的基础，也是人类赖以生存繁衍的根本条件之一。地球上各类生物的出现与演化既演绎出生命的多样性，又构成彼此相依相存的自然条件。在当前世界，生物多样性保护已经与气候变化、人类可持续发展共同构成国际社会关注的三大热点问题，而且由于人类活动对自然环境的严重干预，生物多样性正面临重大挑战。许多物种正面临着濒临灭绝的危机，这种压力和风险在人类进入工业化时代以来显得日益紧迫。当今世界，在世界范围内生物物种正以前所未有的速度消失，其中一部分已经灭绝。1600—1800 年地球上的鸟类和兽类物种灭绝 25 种；1800—1950 年地球上的鸟类和兽类物种灭绝了 78 种；20 世纪地球上有 110 个哺乳动物以及 139 种鸟类灭绝。[1] 而据生物多样性和生态系统服务政府间科学政策平台调查显示，因受人类行动威胁而濒临全球灭绝的物种比以往任何时候都要多。在所评估的动植物组别中平均约有 25% 的物种受到威胁，这意味着有大约 100 万种物种已经濒临灭绝，如果不采取行动来降低生物多样性丧失驱动因素的强度，其中许多物种将在几十年内灭绝。如果不采取行动，全球物种灭绝的速度将进一步加快，而现在已经比过去一千万年的平均水平快几十甚至几百倍。[2]

理论层面，生物多样性的概念最初是由费希尔、科尔贝特以及威廉姆斯等人在研究昆虫物种多度关系时提出的，他们三人在合作发表的《随机抽样中物种数量与动物种群个体数量之间的关系》一文中，首次提出了物种数与种群丰富度关系的对数分布数学模型。根据他们的研究，物种多样性被趋于认为是群落物种数目或丰富度和均匀度综合起来的一个单一统计量，这个统计量被他们首次引入并建议以"多样性指数"表示，物种种类数量、各种群个体数量与多样性指数具有固定的函数关系，知道其中任意

---

[1] 刘亚珠：《全球物种灭绝速度加快数百倍，已进入第六次生物灭绝过程》（https://www.sohu.com/a/540143107_121055221）。

[2] IPBES, *Summary for Policymakers of the Global Assessment Report on Biodiversity and Ecosystem Services of the Intergovernmental Science-Policy Platform on Biodiversity and Ecosystem Services*, Bonn: IPBES secretariat, 2019, pp. 11–12.

两个都可以求出第三个。①

  费希尔等人提出的生物多样性理论在很长时间内并未引起国内外学界的足够重视，相关理论和探讨一直停留在有限的生物学领域，并未触及人类生活和世界发展层面。20世纪80年代以后，人类生产生活的实践，特别是工业化所造成的对自然环境的破坏，使人类重新反思自身行为对世界的不良影响，自然保护意识不断提升。加之发达国家纷纷进入后工业化时代，经济社会生活方式已经实现由资源驱动转向于技术、服务和创新驱动的转型，更为关注人类与周围环境的关系，更多地从自然界中物种间、生物与周围环境间所存在的普遍联系的角度，探索地球的可持续发展新路径。基于这种背景，20世纪90年代以后，多样性才逐渐走出单纯的生物学领地，开始成为不同学科和全球性的研究议题。

  1992年《生物多样性公约》将生物多样性定义为："生物多样性"是指所有来源的活的生物体中的变异性，这些来源除其他外包括陆地、海洋和其他水生生态系统及其所构成的生态综合体；这包括物种内、物种之间和生态系统的多样性。"生物资源"是指对人类具有实际或潜在用途或价值的遗传资源、生物体或其部分、生物种群，或生态系统中任何其他生物组成部分。② 由此可见，生物多样化包括种内（遗传）、种间（物种）和生态系统多样性三个层次。而当前国内外学者对生物多样性的解释一般强调生物多样性的生态过程，或者其总体性及其变异性。

  保护生物多样性不仅是一种理念，更需要实践层面的政策支持，其前提在于感知多样性。为此，学界引入了多样性指数及其算法。多样性指数是指用来衡量物种多样性丰富程度的指标、群落多样性指数、物种多样性测度或生态的多样性测度。如目前相对广泛使用的包括香农—威纳多样性

---

① Ronald A. Fisher, Alexander S. Corbet and Carrington B. Williams, "The Relation between the Number of Species and the Number of Individuals in a Random Sample of an Animal Population", *Journal of Animal Ecology*, No. 12, 1943.

② Secretariat of the Convention on Biological Diversity: "the Convention on Biological Diversity", https://www.cbd.int/convention/articles/? a = cbd – 02.

指数、皮卢均匀度指数和辛普森优势度指数等均是多样性指数,另外尚有Gleason指数、Margalef指数、种间相遇概率指数等。目前的指标绝大多数是在物种层面的多样性,很少涉及遗传或生态系统层面。[①] 在具体测量生物多样性指数时,通常是把物种和均匀度结合起来进行测度。其中的原因在于物种是生物分类的基本单位,物种多样性是生物多样性的基础,而从系统层面来看,生态平衡是动态的,系统层面的变异性受诸多因素影响,且难以测量。

(二) 高等教育多样性的生物学阐释

如同生物与环境所构成的生态一样,高等教育及其赖以生存的社会同样构成特有的生态系统。涂尔干在分析巴黎大学和牛津大学在学院构成上的异同时,就揭示了高等教育系统的生态特征。他认为,要找到这样一个既千篇一律又纷繁多样的机构是相当难得的,人们透过它所表现出的种种外表认识到它的内在,但没有一个地方的具体表现是与其他地方完全一致的。这种一致性与多样性确凿无疑地证明了大学在多大程度上属于中世纪生活的自发产物,因为只有活生生的事物才能够以这样一种方式在充分维持自己的同一性的同时,还能顺从于、适应于各种各样的具体情势和环境。[②]

中世纪以来,高等教育与社会联系的日趋紧密使得两者衍生出复杂的共生依赖关系。前者为后者提供不可或缺的智力支持,后者又为前者送去源源不断的资源支持。因此,从环境的角度分析高等教育与社会的联系便显得比较适切,提升高等教育系统的多样性被广泛地认为是结构功能完备的系统的基本属性。关于高等教育系统的多样性,现有研究一般有两种视角。其一,是将多样性理解为差异性或是系统分化的结果。一般而言,高等教育因系统、单元选择、历史、文化等差异存在而表现出相当的差异性,这种差异性的程度和内容可理解为多样性。如有研究认为,高等教育系统多样性是因机构、规模、学术形象和研究水平、学生主体、资金来源

[①] 张风春、李俊生、刘文慧编著:《生物多样性基础知识》,中国环境出版社2015年版,第17—18页。

[②] [法]涂尔干:《教育思想的演进》,李康译,商务印书馆2016年版,第241页。

和特殊地位而不同的高等教育表现形式。[①] 其二，是将其界定为未完成的过程，或者说就是分化过程本身。比如惠斯曼借鉴生态学多样性概念，将高等教育多样性界定为通过产生新的高等教育机构或者扩大大学之间的差异，以形成一个多样化的高等教育系统的过程。[②] 但总体来看，前一种看法更具代表性。

从生物学的观点来看，高校相当于系统中的基本单元，高等教育的多样性同样存在于院校内、院校间和整个系统之中。高等教育系统包括高校与所处的社会环境，是高等教育机构及其活动的全部，这一层面多样性涉及面极广，学界研究相对较少。如有研究认为，高等教育生态系统可分为外部层次和内部层次。从外部来看，高等教育生态系统是教育生态系统的子系统，教育生态系统是社会生态系统的子系统，而社会生态系统又从属于自然生态系统。高等教育生态系统的内部层次从高等教育生态学研究的对象和主体出发，则可以从宏观、中观、微观三个层面对其进行层次划分。[③] 而院校内部多样性涉及院校使命、课程设置、学科专业、教师、学生、组织机构等各个层面。就专业的构成而言，国外多将其称为项目多样性或方案多样性。院校间的多样性可理解为外部多样性，主要是指高校整体因层次类型、办学模式等不同而表现出的个体差异，典型的如院校层次、办学特色、类型、办学体制、管理所属等维度的个性特征。

生物多样性是生物及其环境在长期的资源交互影响下达到的平衡状态，高等教育系统不仅与其他社会子系统存在联系，系统内部各子系统也密切相关，系统多样性同样也是这些联系动态演化的表征，其形成过程是由系统与环境交互而产生的平衡—不平衡—新的平衡状态决定的。事实上，高等教育系统很难自发地与环境实现和谐共处，进而保持生态系统平衡状态。高等教育系统具有很强的开放性，系统多样性只有通过系统与外

[①] 孙传远：《高等教育多样性：特征、维度与价值》，《国家教育行政学院学报》2017年第10期。

[②] Jeroen Huisman & V. Lynn Meek, "Institutional Diversity in Higher Education: A Cross-National and Longitudinal Analysis", *Higher Education Quarterly*, No. 61, 2007.

[③] 陈中：《信息化环境下的大学课堂生态研究》，吉林大学出版社2020年版，第38—39页。

部环境在物质、信息和能量等方面的交换，才能达到动态平衡、有序发展。从这个意义上看，多样性总是相对的、暂时的，是未完成的状态。同时，高等教育功能具有多维性，教学、科学、社会服务和文化引领等各项职能又受外围政治、经济、社会、文化等多重环境的影响，这就要求高等教育必须实现结构和体系的多样化，一个体系完备、结构多样、各类机构分布合理的系统才能有效履行其多元职能，回应外部环境的不同需求。

二 高校多样性的测量方法

高校作为高等教育系统中的基本构成单元，其多样性的程度直接决定了系统多样性的样态。对高等教育系统多样性的研究，也多以高校作为研究单元。如前所述，高校多样性主要包括内部与外部多样性，高校内部办学活动差异很大，也缺乏有效的测量尺度，对内部多样性的衡量不仅很难，甚至没有太大的比较价值。因此，学界更为关注高校外部多样性，包括横向的类型多样性和纵向的层次多样性。此类研究的结果不仅可供高校进行标杆管理，而且对于宏观层面的高等教育结构调整政策都具有更强的现实意义。以下将结合学界常用方法，尝试借鉴生物学方法测量中国高校多样性。

（一）常用方法

认识多样性的一般思路是将高校进行分类。分类实质上是一种简化思维，通过将个体高校归为不同的各类，借以区分高校的类属，从而展现整个系统的多样性。将高校分为不同的类型并非相关研究的终极目标，而是通过分类得到认识高校多样性的工具。分类的最终目的是超越分类，实现高等学校的个性化以及整个高等教育系统的多样化发展。[①] 常用方法主要有聚类分类、集中度分析及其他方法，通过对院校特征数据的降维处理及聚类处理构建高校分类法，进一步测算不同类型层次院校的分布情况。

---

① 赵婷婷、汪乐乐：《高等学校为什么要分类以及怎样分类？——加州高等教育规划分类体系与卡内基高等教育机构分类的比较》，《北京大学教育评论》2008年第4期。

1. 聚类分类

认识事物的基础是对这类事物的个体进行分类，进而分析事物之间的相似性和差异特征。聚类分析就是研究这类"物以类聚"问题的方法。这种方法实质是建立一种分类方法，它能够将一批样本数据按照它们在性质上的亲密程度在没有先验知识的情况下自动进行分类。这里所说的类就是一个具有相似性的个体的集合，不同类之间具有明显的区别。[1] 作为一种探索性的方法，聚类分析可在分类标准未知的情况下，直接从样本数据出发自动进行分类。有时甚至类型的数量也不确定时，聚类分类也能给出一个相对合理的分类法。

聚类分析认为各事物具有不同程度的相似性，按照相似性归成若干类别，同一个种别内的事物之间存在高相似度，而不同种别之间有较大的差异性。因此，类可以看作数据集的"隐性"分类，聚类分析旨在使用聚类算法来发现数据集的未知分组或隐含的结构信息。[2] 基于以上考虑，许多研究都将聚类分析作为高校多样性分析的重要方法。如利用SPSS软件中的K均值聚类法将代表高校人才培养情况的相关数据进行聚类分析，数据来源于教育部发展规划司提供的普通高校学生和教师等情况，参照美国卡内基高校分类法及德国高等教育机构分类方法，根据以人才培养定位为基础的高校分类思想，主要考虑通过人才培养的规格、类型以及人才培养质量三个维度来对中国高校进行聚类分析。[3] 惠斯曼也曾使用聚类分析对荷兰高校进行分类研究，发现荷兰高校的课程多样性变得更加类似于大型多学科"经典"大学。[4]

聚类分析虽可直观展示院校类型及分布，但也存在忽视群类相似性的弊端，分析过程很难确定组内同质性和组间异质性。因此，一些研究对此方法

---

[1] 杨晓明编著：《SPSS在教育统计中的应用》（第2版），高等教育出版社2012年版，第276页。

[2] 王培刚主编：《多元统计分析与SAS实现》，武汉大学出版社2020年版，第113页。

[3] 李立国、薛新龙：《建立以人才培养定位为基础的高等教育分类体系》，《教育研究》2018年第3期。

[4] Jeroen Huisman, "Higher Education Institutions: As Different as Chalk and Cheese?" *Higher Education Policy*, No. 13, 2000.

进行了改良。如博纳科斯等建议使用沃德方法作为其聚类算法,并使用(平方)欧几里得距离作为其距离指数,可更为具体详细地测量高校多样性。[1]

2. 集中度分析及其他常用方法

在统计学中,集中度分析是对数据进行描述性分析的一种方法,主要是通过一个数值刻画数据的中心点分布,从而较为方便、准确地描述数据分布。这个参照数值可有多种标准,比如均值、中位数、众数等,具体可用绝对集中度、相对集中度两种。相对而言,绝对集中度指标计算简易,对数据要求较低。如在经济领域,绝对集中度可用若干最大企业的产出占该行业总产出的比例计划市场的集中度,用于表示市场竞争的激烈或垄断程度。相对集中度的测量方法则非常复杂,常用的包括熵与相对熵、最小集中度、剩余集中比率、边际集中比率、对数方差、相对集中比率、累积集中度的平均值、洛伦兹曲线和基尼系数、赫芬达尔—赫希曼指数等。集中度分析在高校分类中也得到了一定的应用。如有研究以学科集中度情况作为分类标准的主要维度之一,将中国高校从横向上分为"综合性""多科性""特色性"三种类型,纵向上分为"学术研究型""应用研究型""应用技术型"和"应用技能型"四种类型。[2]

此外,常用的高校分类法还包括判别分析、降维排序法等。前者主要针对类型数量已知的高校群体,通过建立判别函数确定未知高校的类型归属,在实际分类过程中一般与聚类分析结合起来使用。后者则通过数据的降维处理去除高维空间的冗余信息,保留有意义特征,方便对院校分类,具体包括主成分分析、对应分析、非度量多维尺度分析、主坐标分析和去趋势对应分析等方法。

(二) 多样性指数方法

对生物多样性的量化研究最早可追溯到达尔文,他于1855年在其住处唐庄南郊灰毛林的大帕克兰牧场系统研究了当地的植物物种数量和特征,

---

[1] Andrea Bonaccorsi, Cinzia Daraio, Benedetto Lepori and Stig Slipersæter, "Indicators on Individual Higher Education Institutions: Addressing Data Problems and Comparability Issues", *Research Evaluation*, Vol. 16, No. 2, 2007.

[2] 杜瑛:《高校分类体系构建的依据、框架与应用》,《中国高等教育》2016年第Z2期。

并提出物种的"比例数和物种数"的多样性测量思想,这甚至对当前生物多样性研究都具有直接借鉴意义。生物测量主要通过两种度量结果表示,即物种的数目或丰富度、物种的均匀度,而物种丰富度(特定地区或群落中的物种数量)是生物多样性的关键测度标准,常见的测量方法包括辛普森指数、香农—威纳指数和伯恩鲍姆指数等。相应地,这些方法也大量运用于高校多样性的测量之中。

1. 辛普森指数

在生物学中,辛普森指数描述从一个群落中连续两次抽样所得到的个体数属于同一种的概率。该指数是基于在一个无限大的群落中,随机抽取两个个体,它们属于同一物种的概率是多少这样的假设而推导出来的。同样地,运用辛普森指数测量高校多样性时,该指标给出了从高等教育机构总体中随机抽取的两个机构属于同一机构类型的概率。其计算公式为:$D = 1 - \sum_{i=1}^{s} \left(\frac{n_i}{N}\right)^2$。其中:$D$ 表示多样性指数;S 为高校类型数;N 表示所有类型高校的个体总数;n_i 表示第 i 种高校的个体数。辛普森指数取值范围在 0—1,指标越接近 1 表明分布的集中度越低,高校的多样性越高;反之,越接近 0 表明分布集中度越高,高校的多样性越低。

辛普森指数被广泛运用于高校分类和多样性研究之中。同伯恩鲍姆指数一样,辛普森指数也被认为是进行其他多样性指数分析的前提,并且有争议地限制了其他指数的识别或使用。当一个新的机构被引入时,辛普森指数似乎比伯恩鲍姆指数更敏感,在统计过程中更为明确。基于此,王传毅等选择机构规模、项目概况、教学质量、研究概况、社会相关性等指标,综合运用 3 种方法进行聚类分析和辛普森指数分析,对 1998 年至 2011 年间中国高校多样性变化进行测算。研究表明,虽然中国高校在课程设置和学术领域覆盖方面越来越相似,但高校现在在系统层面上比十多年前更加多样化。[①]

惠斯曼曾运用辛普森指数对美国、德国、法国、芬兰、荷兰等欧美 10

---

① Chuanyi Wang & Qiang Zha, "Measuring Systemic Diversity of Chinese Universities: A Clustering-method Approach", *Qual Quant*, Vol. 52, No. 3, 2018.

个国家高等教育系统多样性进行跨国比较研究，发现美国、荷兰的高校多样性指数最高，而澳大利亚最低。[1] 而王占军使用同样的方法测量了1949—2006年中国高校多样性，得到的结论认为，相比2002年，2011年中国高等教育机构和普通本科高校多样性指数均有所降低，而且又远低于大众化时期的发达国家。[2] 要指出的是，经济学研究中使用的赫芬达尔指数本质上相当于辛普森指数，用以分析市场的竞争激烈程度。

2. 香农—威纳指数

香农—威纳指数是用于调查植物群落局域生境内多样性的指数，常与辛普森多样性指数共同使用。这种指数借用了信息论方法，信息熵在信息论里用于描述系统中信息的不确定性，主要测量对象是系统的序或无序的含量，信息熵越大表示组成一个系统的元素的不确定性越大，系统复杂程度越高，信息熵也会越大。信息熵被推广并应用于生态学领域，该指数考虑到了物种数量以及物种分布的相对丰度或均匀性，形成香农—威纳指数。其计算公式为：$H = -\sum_{i=1}^{S}\left(\frac{n_i}{N}\right)ln\left(\frac{n_i}{N}\right)$。其中：$H$表示多样性指数；$S$为高校类型数；$N$表示所有类型高校的个体总数；$n_i$表示第$i$种高校的个体数。香农—威纳指数越高，表明分布的不确定性越高，多样性也就越高。该方法在之前提到的惠斯曼的研究中也得到了应用。

3. 伯恩鲍姆指数

高校多样性的研究来源于多个领域，但早期许多研究都集中于理论探讨层面，量化研究并不多见，其中罗伯特·伯恩鲍姆的研究颇具代表性。他在1983年出版的专著《保持高等教育的多样性》中，系统测量了1960年至1980年间美国高等教育外部多样性的影响。他借鉴生物学家用来确定生物系统多样性的方法，构建其高校多样性测量系统（简称伯恩鲍姆指数）。通过使用与组织形式和活动相关的6个变量，包括：控制类型、规

---

[1] Jeroen Huisman & V. Lynn Meek, "Institutional Diversity in Higher Education: A Cross-National and Longitudinal Analysis", *Higher Education Quarterly*, No. 61, 2007.

[2] 王占军：《高等院校多样性的机制——基于种群生态学的分析框架》，《中国人民大学教育学刊》2013年第4期。

模、学生性别、项目、学位水平和少数族裔入学情况，伯恩鲍姆创建了一个4×3×2×4×4×2的高校多样性矩阵，通过该矩阵可以唯一地识别所有机构。然后，他根据面积、地理位置和州的协调系统选择了8个州，衡量这20年间高校多样性水平的变化。[①]

在伯恩鲍姆指数中，特定变量取值相同的高校被视为同类的高校，或在矩阵中共享相同的单元，并通过类型数除以总机构数反映类型的相对丰富度。包括A-D四个计算单元，各单元侧重不同。指数A用机构总数除以机构类型数计算，用于测量高校类型丰富度；指数B用矩阵中最密集单元的机构数量除以该系统的机构总数，用于测量机构集聚程度；指数C取多样性矩阵中数量占比10%单元的机构比例，用于测量不同类型机构的集中度；指数D为只有一个机构的一类机构数量占机构总数的比例，用于测量该系统中单一机构的分布。A、B、C指数越高，机构多样性越低；D指数越高，机构多样性越高。[②]

综上可见，生物学的视角为高等教育研究打开了一扇窗户，运用生物多样性的测量方法有望更好地揭示高校的多样性。考虑到数据的可得性及高等教育发展阶段特征，本章将从规模、院校类型、所属部门、办学层次、办学性质5个方面收集2002年、2011年和2022年中国高校的数据，运用辛普森指数、香农—威纳指数、伯恩鲍姆指数测量不同时期和地区的高校多样性。

其中：高校规模依其在校生人数分为小于5000人、5001—10000人、10001—15000人、15001—20000人以及20000人以上5类；高校类型分为财经类、军事类、理工类、民族类、农林类、师范类、体育类、医药类、艺术类、语言类、政法类、综合类12类；高校所属部门包括教育部、其他部委、地方3类；高校办学层次分为一流大学、一般本科和专科3类，一流大学2022年、2002年与2011年分别取国家"双一流"建设高校、

[①] Robert Birnbaum, *Maintaining Diversity in Higher Education*, San Francisco, CA: Jossey-Bass, 1983.

[②] Pierre G. Piché, "Measuring Systemic and Climate Diversity in Ontario's University Sector", *Canadian Journal of Higher Education*, No.4, 2015.

"985"工程及"211"工程高校；高校办学性质分为公办、其他2类。2022年（截至2022年7月）31个省市高校规模数据主要从各院校官方网站上收集而来，院校类型、所属部门、学校层次、办学性质取自教育部阳光高考网；办学性质以教育部门户网站公布的《2022年全国高等学校名单》为补充；2002年、2011年数据使用《中国高等学校大全》（2003年版、2012年版）进行收集整理。

三 高校多样性的测度

本节分别对2002年、2011年和2022年三个年份中国区域高校多样性进行分析，以重点对高校三个时期变化特征进行比较分析。

（一）系统层面高校多样性

20世纪末以来，中国高等教育经过近20年的快速发展，办学规模得到极大扩张，高校数量大幅增加、类型不断丰富。2002年，中国普通高等学校1396所，比上年增加171所；普通高等教育在校生903.36万人，比上年增加184.29万人，增长25.63%；[1] 高等教育毛入学率首次超过15%，进入所谓的大众化阶段。到2022年，中国高等教育毛入学率59.6%；普通本科学校1239所（含独立学院164所）；本科层次职业学校32所；高职（专科）学校1489所；全国普通、职业本专科共招生1014.54万人，比上年增长6.11%。[2] 而早在2019年，中国高等教育毛入学率便达到51.6%，进入普及化阶段。

从整体上看，随着规模的不断扩大，近20年来中国高校体系不断健全，高校类型层次不断丰富，布局不断优化。2022年高校多样性水平比2002年有了一定的提升，辛普森指数、香农—威纳指数分别增加了0.006、0.5。2010年以来高等教育扩张的幅度虽明显减小，但高校多样性同样得到了提升。到2022年，辛普森指数、香农—威纳指数较2011年分别增加

---

[1] 教育部：《2002年全国教育事业发展统计公报》（https://www.eol.cn/shuju/tongji/jysy/202007/t20200721_1739492.shtml）。

[2] 教育部：《教育部召开新闻发布会介绍2022年全国教育事业发展基本情况》（http://www.moe.gov.cn/fbh/live/2023/55167/）。

了 0.0011 和 0.21。一般而言，辛普森多样性指数更侧重于不同物种之间的相对丰度，而香农—威纳指数更加侧重于物种丰富度。以上表明，中国高校多样性在持续增进。具体变化见图 3-1。

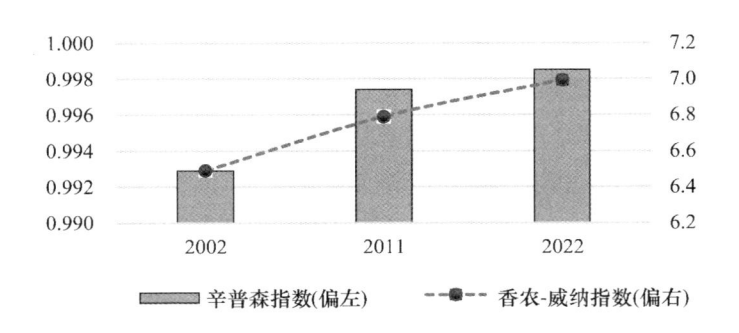

图 3-1 2002—2022 年高校多样性变化

以上两种方法从整体上分析了中国高校多样性的变迁，但并不全面，而伯恩鲍姆指数的分析则更为精细。

在伯恩鲍姆指数中，指数 A 代表机构的总数分布在更大数量的机构类型的情况，值越大高校越不多样。由此项来看，由于 2022 年较 2002 年机构数量增加的幅度远快于机构类型的分化速度，造成指数 A 偏大，说明此间高校丰富度有所下降，机构类型在数量上的分散程度较低。同时，随着高校数量不断扩充而类型分化乏力，单一机构的占比显著下降。指数 D 作为测量单一机构在机构总数中占比情况的指数，其值越高，反映高校多样性随着单一机构所代表的机构类型的增加而增加，由此可见该项指数反映出的机构独特性有所减弱。

伯恩鲍姆指数中的指数 B 和指数 C 则揭示了高校的聚集程度。指数 B 表示最密集类型的机构数量与高校总数的比值，该值越大意味着高校分布越集中、分布越不均衡。同样地，指数 C 测量数量占前 10% 的机构类型的机构集中度，越多的机构集中在最密集的 10% 的机构类型中，高校分布越不均衡。2002 年以来，这两项指数的结果都在持续下降，表明最密集高校的聚集程度有所下降，高校分布更为均衡。事实上，不同机构的占比可进一步解释这个结论。指数 C 和指数 D 分别表示前 10%、1% 的机构类型分布情况，前 10% 的机构类型覆盖的高校占比由 2002 年的 41% 下降到 2022 年的 37%，而数量上只占 1% 的单一机构类型覆盖的高校占比则由 2022 年的 3% 扩大到 2022 年的 6%。数量上的头部机构与尾部机构分布的此消彼长也表明高校分布更为均衡。

综上所述，近 20 多年来中国高校多样性整体水平有所提高，特别是高校分布的均衡度有所提升，但丰富度尚显不足。具体见表 3-5。

表 3-5　　　　　　2002—2022 年高校伯恩鲍姆指数变化

年度	指数 A	指数 B	指数 C	指数 D
2002	1.8518	0.1065	0.4095	0.0647
2011	1.9210	0.0837	0.3949	0.0423
2022	1.9443	0.0710	0.3661	0.0344

（二）不同区域高校多样性

中国高等教育系统存在很大的不均衡性，不同区域高等教育发展水平差异巨大，高校数量、结构及发展速度也不尽相同。最近 20 多年也是中国高等教育体系变革幅度最大的时期，这也使得不同区域高等教育体系间的差异不断加大。因此，以下将进一步对中国不同区域高校分化的实际情况进行比较分析。要说明的是，在分区域测算高校多样性指数时，海南、西藏、青海、宁夏等部分地区由于高校数量较少、类型过于单一，多样性指数的计算意义不大，也不利于进行历时比较，故将这些地区的数据删除，共得到 27 个地区的数据。

从辛普森指数来看，2002 年，高校多样性表现最好的以北京、吉林、辽宁、河北、陕西、湖南、山东、广东等为代表，而内蒙古、黑龙江、贵州、山西、福建、安徽、新疆、重庆等地高校相对同质化；2011 年，高校多样化发展较好的地区则包括北京、江西、广东、浙江、辽宁、山西、福建、陕西等地，而同期内蒙古、河北、新疆、贵州、重庆、天津、江苏、安徽等地高校则相对趋同；到了 2022 年，北京、河北、四川、广西、上海、江西、广东、浙江等地高校表现出较大的多样性，而新疆、天津、内蒙古、贵州、甘肃、江苏、安徽、山东等地高校则相反。整体上看，北京、河北、四川、上海、江西、广东、浙江、山西等地高校多样化发展势头强劲，而内蒙古、新疆、天津、贵州、江苏、安徽、重庆等地高校同质化问题比较突出。具体变化见图3-2。

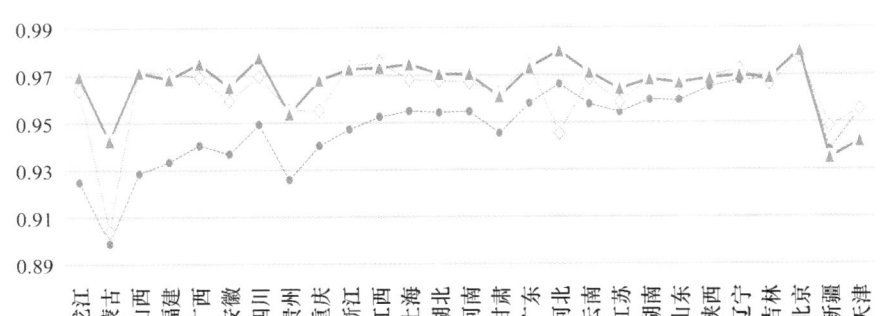

图3-2 2002—2022年各地高校辛普森指数变化

从香农—威纳指数来看，2002年，高校多样性表现最好的以北京、辽宁、陕西、江苏、湖北、山东、上海、湖南等地为代表，而天津、福建、山西、甘肃、重庆、新疆、贵州、内蒙古等地高校相对同质化；2011年，高校多样化发展较好的地区则包括北京、广东、河北、江西、四川、浙江、湖南、山东等地，而同期重庆、贵州、辽宁、内蒙古、天津、新疆、黑龙江、甘肃等地高校则相对趋同；到了2022年，北京、四川、广东、河北、浙江、江西、广西、河南等地高校表现出较大的多样性，而黑龙江、重庆、吉林、甘肃、贵州、天津、内蒙古、新疆等地高校则相反。整体上看，北京、广东、河北、湖南、江西、山东、四川、浙江等地高校多样化发展势头强劲，而重庆、贵州、内蒙古、天津、新疆、黑龙江、甘肃等地高校同质化问题比较突出。具体变化见图3-3。

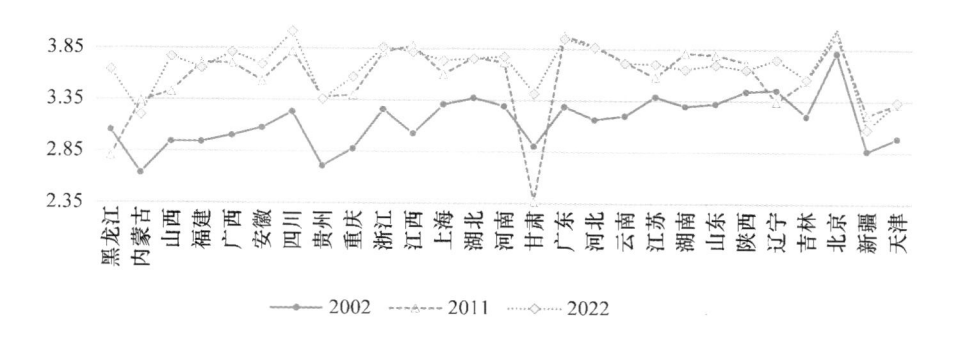

图 3-3 2002—2022 年各地高校香农—威纳指数变化

参照 2002 年，分析 2022 年从多样性指数的发展趋势（见表 3-6），辛普森指数方面，黑龙江、内蒙古、山西、福建、广西、安徽、四川、贵州等地高校多样性状况有了比较大的改观，而北京、新疆、天津等地高校多样性则有所减弱；香农—威纳指数方面，北京、辽宁、陕西、江苏、湖北、山东、上海、河南等高校多样性增加幅度比较大。从指数 A 来看，山东、江苏、河南、湖南、湖北、安徽、广东、河北等地高校丰富度不够，而云南、山西、吉林、广西、天津、北京、甘肃、上海等地高校则表现出较大的多样性。河南、湖南、陕西、云南、新疆、山东、湖北、贵州等地高校多样性则有弱化的趋势，安徽、浙江、吉林、福建、广西、江西、天津、山西、黑龙江、上海、河北、辽宁等地则相反。综合指数 B、指数 C 来看，天津、江苏、安徽、新疆、内蒙古、贵州等地高校分布呈现较为明显的聚集化特征，而云南、山西、上海、重庆、广西等地高校分布则相对均衡；高校在指数 B 方面的表现都有所下降，即最密集高校的分布相对分散，所有地区无一例外；而除天津、新疆、云南、浙江、辽宁外，各地高校指数 C 表现基本有所下降，也即数量占前 10% 的机构类型的机构集中度有所改善。而全国各地高校均在指数 D 方面表现进一步变差，其中山西、四川、黑龙江、上海、广东、内蒙古、湖北、安徽等地更为明显，表明这些地区特色高校缺失现象严重。

表 3-6　　　　　　　　2002—2022 年各地高校多样性变化

省市	辛普森指数	香农—威纳指数	伯恩鲍姆指数 A	B	C	D	省市	辛普森指数	香农—威纳指数	伯恩鲍姆指数 A	B	C	D
黑龙江	0.045	2.091	-0.287	-1.559	-0.156	0.297	甘肃	0.015	1.941	0.000	-1.295	-0.033	0.133
内蒙古	0.043	1.734	0.118	-1.497	-0.057	0.257	广东	0.015	2.315	0.035	-1.977	-0.068	0.272
山西	0.043	1.971	-0.281	-1.451	-0.096	0.351	河北	0.014	2.221	-0.557	-2.003	-0.033	0.248
福建	0.035	1.972	-0.063	-1.702	-0.085	0.193	云南	0.013	2.234	0.384	-1.592	0.001	0.120
广西	0.034	2.035	-0.140	-1.447	-0.072	0.194	江苏	0.010	2.429	0.238	-2.557	-0.024	0.224
安徽	0.028	2.117	-0.044	-2.022	-0.051	0.254	湖南	0.009	2.327	0.510	-2.399	-0.049	0.229
四川	0.028	2.263	0.086	-1.741	-0.092	0.302	山东	0.007	2.354	0.319	-2.603	-0.021	0.144
贵州	0.028	1.755	0.249	-1.870	-0.052	0.177	陕西	0.004	2.469	0.396	-1.891	-0.014	0.189
重庆	0.028	1.923	0.159	-1.536	-0.089	0.207	辽宁	0.002	2.481	-0.600	-1.936	0.010	0.157
浙江	0.025	2.286	-0.054	-1.802	0.089	0.248	吉林	0.0003	2.236	-0.060	-1.487	-0.021	0.139
江西	0.021	2.051	-0.174	-1.764	-0.072	0.250	北京	-0.001	2.836	0.016	-1.337	-0.040	0.200
上海	0.020	2.339	-0.294	-1.256	-0.089	0.292	新疆	-0.003	1.917	0.383	-1.585	0.025	0.086
湖北	0.016	2.404	0.287	-2.253	-0.034	0.256	天津	-0.013	2.034	-0.179	-1.424	0.024	0.139
河南	0.016	2.328	0.609	-2.436	-0.042	0.245							

第三节　高校多样性变迁的特征与政策展望

高校分化是高等教育发展的常态，而高校分化必然会引发高校多样性的变迁。以上仅通过不同时期校名和生物学指数的测算对此进行了分析，而现实中这种变化是持续的、渐进的、复杂的且不易被察觉，这要求我们应将高校多样性变迁置于特定的历史时期进行综合考量，探求其变迁和特点规律。本章对解放初期以来院校名称的变迁分析揭示了一幅院校顺应高等教育自身规律、主动回应外界需求的图景，高校多样性的测量对于把握高校分化的实际水平提供了诊断工具，这些都将为我们增进高校多样性提供政策思路。

一 高校多样性变迁的特征

高校多样性变迁是高等教育发展历程中的一种常态，对此我们应该理性对待。以上两节的分析不仅揭示了其中的发展轨迹，也有助于我们发现其中所存在的问题。

（一）高等教育管理模式是高校多样性变迁的直接作用力

政府、市场和学术是主导高校发展的三股原动力，尽管中国拥有典型的后发外生型高等教育系统，高等教育管理模式一直由政府主导，但各个时期在此三角模型的偏向上存在一定的差异。中国自院系调整时期确立了"以俄为师"的高等教育管理体制，注意专业化、专门化是各类机构的鲜明特征，各类机构任务分工明确，高校分类管理以中央及各部门为主，条块交织下高度集权的管理制度使得高校特征被涂上行业的色彩。而20世纪80年代以来管理体制改革持续而深远，高等教育管理重心下移到省，在中央和地方两级已经形成中央及各部委、省、中心城市、地级市四级办学的模式，从模仿美国打造一流大学、研究型大学到吸收欧洲大陆经验转型一般本科，复制德国体制完善职业院校体系，高等教育管理模式的转化促使新建院校按照现时体制重建院校生态，这无形中也主导了老院校的发展方向。高校于是更为深入地走向市场，面向目标群体办学，由于对外界特定资源依赖的加强，院校分化日趋多元化，同时也加剧了高校层次类型间的竞争。

（二）经济社会发展的需要是高校多样性变迁的根本动力

经济基础决定上层建筑，高校办学无法超脱社会而独立存在，有什么样的需求就会有什么类型的高校。当现有高校无法满足新的社会需求时，与之相适应的高校类型便会出现，其他高校也会尝试变革以便让自身办学面向哪怕只是更为接近这些热门领域。于是，便会出现某些新类型的院校。当然，这里的触发器在大众化以前主要是政府干预，此后更多地源于高校和市场本身。院系调整时期根据当时国家百业待兴、基础建设薄弱的现状，大力发展高等工业院校和各类专门学院，缓解了中华人民共和国成立后中国对工、农、师范等专业人才的需求；1981年后，高校多样性向国民经济和社会发展急需的短线、薄弱专业行业领域倾向，财经、法政和管理等新兴应用型院校得到长足发展；扩招以来，政府转向经济调节、市场监管、社会管理和公共服务等职能，随着高等教育大众化的深入推进，院校与市场的联系日趋紧密，服务社会和国家战略需求成为高校的重要任务，理工、科技、商业、财经、工程、电力、幼儿师范、工商、城市等院校的比重大幅提升。同时，最近20多年来中国经济社会进入高速发展期，高等教育在规模不断扩大的同时，积极回应外部环境的多样化需求，高校类型层次更为多元，布局更为分散、均衡，在整体上保持了高校多样性的持续增进。

(三) 高校多样性变迁是高等教育发展阶段更迭的具象

1973年，马丁·特罗在《从精英向大众高等教育转变中的问题》一文中，指出数量和规模的增长对高等教育系统产生的影响，以及以"多样性"为中心的高等教育发展"阶段论"。按照特罗的说法，精英教育阶段，中国高等教育同样具有"高度统一性"，大学、学院的差异更多的是学生数、学科覆盖面、各类学院数等组织规模因素方面，但组织结构并没有本质不同；而大众化的渐进过程中，各类机构及其使命均体现出"综合性"的特点，高校办学在学科专业设置方面呈现集群化、分散化的特点，学科门类越来越全，办学规模越来越大，内部组织结构更为复杂。同时，在特罗所提到的大众化的两个主要表现在中国均得到验证，首先是"精英大学的扩张"，表现为传统单科性学院升格为大学的案例增多，传统大学特别是精英大学的国家使命不断得到强调；再有就是"精英大学系统转变为大众高等教育系统"，专科院校的使命更为多元，甚至学院、大学层次机构发挥巨大的、多样化的新功能，让更多的人接受高等教育。要指出的是，多元化也是特罗所归纳的大众化阶段高等教育的突出特点之一。20世纪末以来，尽管高等教育管理体制改革对系统体系结构的影响堪称第二次"院系调整"，高等教育大众化、普及化加速到来，但不少研究者所担心的高校大规模趋同化现象并未发生，高校多样性的提升较好地满足了社会不断多元的高等教育需求。

(四) 高校多样性仍存在不合理的成分

首先，高校丰富度还有待提高。尽管高校多样性持续增加，但相比高校数量的持续增加，高校类型的分化比较缓慢，造成高校多样性增长的空间不足。一些类型高校的分化正趋向去特色化、定位模糊化的方向偏移，过去单科性、特色型院校的专门性、独特性地位正在降低。从校名多样性来看，突出地表现为校名变迁中的"越轨行为"比较普遍。如院校校名中的地名名不符实的现象并不少见，且层次越高的院校越严重；校名中的学科专业名偏全、求大，院校或者不以学科专业为名，或者倾向于以工业、科技、理工、工程等综合性学科专业为校名，而事实上那些以农业、林业、师范、商业等为名的院校办学面向已较从前发生了相当大的扩张甚至偏移。

其次，高校趋同发展的惯性较大。从过去校名变迁趋势来看，校名中净校名向地名集中，地名+层次名、地名+学科专业+层次名成为院校校名的主要构成模式。由于校名中地名、学科专业名"越轨"现象的大量存在，同一省市的多所院校校名相近，甚至只有一字之差的情况非常普遍。校名是院校类型、办学特色的重要标识，少数院校由于更名比较频繁，已造成校名文化的断层现象。通过笔者计算，相比院系调整时期，1981年、2000年、2002年、2022年院校数分别增长了2.9倍、4.8倍、6.4倍、14.3倍；截至2022年，1953年院系调整确定下来的院校校名保持率仅16.1%。各时期均会出现不少新校名，而往往越年轻的院校越倾向于更名。由于办学策略和面向的转化，更名案例中纯粹升格即只改变层次名的比较少。一些院校由于各种原因，甚至在近5年内出现2—3次更名。

最后，高校多样性发展并不均衡。从多样性指数的分析来看，近20多年来，少数地区的高校多样性的辛普森指数下降，44.4%的地区高校多样性在伯恩鲍姆指数中的指数A表现有所改观。在辛普森指数和香农—威纳指数方面表现均较好的地区并不多，仅包括四川、广东、河北、浙江、北京等地，这两方面整体表现均不佳的则以内蒙古、天津、新疆等地为代表。从伯恩鲍姆指数来看，在其四项指数中，没有哪一个地区均表现较好；三项指数表现较好的仅包括广西、山西、云南等地，两项指数表现较好的地区仅有北京、吉林、辽宁、上海、重庆；而三项指数表现不好的包括安徽、江苏、内蒙古、天津、新疆等地；两项指数表现不好的则有甘肃、广东、贵州、山东等地；接近一半的地区高校多样性失衡，即在四项指数中既在某些指数上表现好同时又在其他指数方面表现不佳。

二 高校多样性的发展展望

高校分类发展是中国高等教育事业最为突出的特征之一，这牵涉高等教育办学体制、管理体制、领导体制、投资体制等多个层面，贯穿高等教育从精英化向大众化进阶的始终，主导了系统规模、质量、结构和效益关系转化的各个环节。为此，应在分析过去高校多样性变迁的现实和存在的问题的基础上，吸收过去高校分类管理的成功经验，应对未来普及化阶段的新要求，在规模进一步扩张的同时，优化高等教育结构、促进高校分类发展和特色化，不断提升高校多样性水平。

（一）系统吸收高校分类发展的经验

第一，适应经济社会发展需要，不断优化高等教育层次结构。中华人民共和国成立70多年来，校名变迁演绎着高等教育发展阶段更迭的具象，高等教育因此显现出与经济社会同步发展的趋向。院校校名因此日趋综合化、特色化，不同类型院校的分布更为分散。譬如"俄语"院校转型于"外语"院校，"土木建筑"院校演化为"建筑工程"院校，"轻工业""农业机械"等院校更名为"理工""科技"等院校，2000年大扩招后，综合性、新兴校名的大量出现，反映出院校办学与地区深入对接的普遍趋势。宏观层面上，高等教育层次结构由"院系调整"时期的"纺锤形"逐步调适到大众化时期的"金字塔形"，实现了精英教育向大众教育的过渡，促成了高等教育人才培养目标由专门型人才到复合型人才的大转移，适应了经济建设重心由重工业到现代服务业转型的需要。

第二，巩固基础性主干院校的优势地位。从教育经济学来看，高等教育是准公共产品。在满足个人需求的同时，那些具有更大价值外溢性的职能则应由特定公办院校承担。从各时期校名情况来看，特别是中华人民共和国成立以来，师范（教育）、医学（中医）、工业、农业等院校均占据较大比重。即使进入大众化时期，随着高等教育多样化程度不断提高，这些院校所占比重虽然呈现不断大幅下降的态势，但从院校的绝对数量来看，这些院校仍然在高等教育系统中占有绝对的优势地位。这与党和政府在各个时期的院校调整、设置、重点建设工程中对这类院校的倾斜政策密不可分。如"十二五"以来，国家对于农、林、师范院的更名限制更为严格，要求这些院校即使遇到合并、升格，也应确保相应学科专业和教育特色不受削弱。这些基础性院校的大量设立为国民素质的提高和社会发展起到无可替代的支撑作用。

第三，充分运用市场机制调动高校分化的动能。高校办学无法超脱社会而独立存在，有什么样的需求就会有什么类型的高校。当然，这里的触发器在大众化以前主要是政府干预，此后更多地源于高校和市场本身，特别是在经济社会发展的转型时期，社会发展需求牵引着高校转型。从分类管理到院校分类发展、特色发展，中国经历了高等教育体制的改革，条块分割、部门办学的格局逐渐打破，省级政府成为高等教育管理主体，高校获得更大的办学自主权；建立健全了政府主导、社会参与、办学主体多元、办学形式多样、充满生机活力的办学体制。这些改革大幅提升了市场力量在高校分化中的作用力，特别是在大众化后期，当现有高校无法满足新的社会需求时，市场机制下便会催生出与之相适应的高校类型，其他高校也会尝试变革以便让自身办学面向哪怕只是更为接近这些热门领域。

第四，加强分类制度建设，保证院校分类发展的实效。中华人民共和国成立70多年来政府行政指令、调控式院校分类建设手段逐渐被规范的分类指导政策和制度所取代，这些制度在《中华人民共和国教育法》《高等教育法》《普通高等学校设置暂行条例》，以及"十一五"以来教育部出台的高等学校设置工作的意见等法律和政策中均得到较好的体现。党和政府逐步理顺了中央和地方政府、教育部及中央各部门在促进分类发展中的各种关系，成立高等学校设置委员会，落实各部门和各级政府在分类管理中的权责，校名变更、不同类型和层次院校设置标准逐渐明晰。《国家中长期教育改革和发展规划纲要（2010—2020年）》明确指出，"促进高校办出特色"，要求"建立高校分类体系，实行分类管理"。这些对院校分类发展起到了很好的规制作用。

(二) 加大高校多样性发展支持力度

其一,建立院校类型动态调整机制。综上所述,高校多样性变迁是高等教育与外界主体互动的结果。从校名来看,"诚然,一个好的学校名称可以给学校带来更高的声誉与更好的生源,但是一味地冲动改名必然是本末倒置的做法。对名称的追求应该永远忠于对内涵建设的追求。"[1] 我们应理性看待更名,支持高校谋划发展。[2] 容许高校在凝练和坚持自身特色的前提下,适时调整办学定位,实现院校类型自主分化。因此,与当前国家"双一流"建设所实行的滚动式管理模式类似,高校类型分化、分类发展也应该坚持动态调整,打破院校类型固化,鼓励和支持高校凝练和优化办学特色,科学选择院校类型,实现特色化、差异化发展。

对此,中央政府应基于实地调研,尽快出台研究型、应用型和技术型院校的设置标准,明确各类院校在校名、师资、办学条件、规模、学科专业结构、办学层次、办学面向、人才培养规格等各个方面的具体要求,建立新的院校三级分类体系。应尽快推进国家层面院校数据库建设,加强院校办学状态和运行管理,加强对新办院校命名、更名活动的规范和管理,避免应急性的设名行为,跟风式、非理性的定位行为。各级政府应积极发挥院校和专业评估、认证制度等政策工具对院校分类的实际影响,积极探索建立院校定位和类型化动态管理机制,合理预测和设定不同层次院校的数量和比例,引导高校确立独特的学科特色、办学文化、组织框架。

其二,进一步发挥高校自主分类发展的主动性。"院系调整"重塑了中华人民共和国成立后的高校层次类型结构,但当时的诸多院校类型是按计划经济时代社会发展需求而设立的,本身就具阶段性、应需性,而产业、行业和社会的发展远远要比计划快得多、复杂得多,即便对这些变革反映滞后的高等教育机构也会有所感知,进而调整其办学方向和学科专业

---

[1] 潘昆峰、何章立:《高校名称与学生认知判断:实验的证据》,《教育与经济》2017 年第 4 期。

[2] 张萌、张欣:《美国高校更名的内生逻辑探析——以密苏里州立大学为例》,《比较教育研究》2016 年第 11 期。

布局。高校作为分类管理的对象，分类发展的意愿和定位永远由高校来决定。政府高等教育管理的重心应是引导院校更为合理地、必要地确定与社会需求和自身办学现实相适应的办学类型，优化高等教育系统结构并使之保持稳定，关键在于如何将政府和市场对高等教育的需求转化为高校定位发展的自觉。

首先，应加快推进现代大学制度建设，加强党对高等教育事业的领导，进一步完善党委领导下的校长负责制，加强院校内部治理结构调整；其次，坚持人才培养为主要特色，积极推进多元的一流院校建设战略，为不同办学体制、办学面向、学科专业、办学规模、职能和区域的院校建设一流大学创设均等的机会和条件；最后，进一步落实高校自主发展各项权力，特别是在学科招生、学科专业设置与调整、教学、内部机构设置、评聘教师和其他专业技术人员、调整津贴和工资分配、财产管理和使用等方面的自主权。

其三，完善高校分类发展的配套政策。分类发展是高校竞争的结果，也是一个系统工程，"普通本科学校更名其实是对校名这种独特符号资源的竞争和再分配，反映了个体间的竞争关系"。[1] 高校分类管理涉及多项制度设计和政策安排[2]，这些制度不仅影响着高校分化、竞争秩序，而且也关涉高等教育发展的各个方面。

首先，完善分类设置制度。基于院校类型描述，对接国际教育标准分类体系，参照发达国家和地区院校分类实践，明确并落实中央、省级政府在各类高校分类设置中的权限和职能。其次，尝试建立人才培养"衔接"制度。以省级政府为主导，面向区域经济社会发展需要，科学设定各类院校在人才培养层次、类型和规格的分工，持续推进高考改革，扩大各类学生转学的自主度，保证各类院校差异化发展的空间。再次，引入市场力量和外部主体，建立由各级政府和业务部门、行业企业、用人单位、学生和家长、校友等多元主体参与的、立体化的分类评估体系，对院校类型化发

---

[1] 杨新春、谭明：《1999 年以来我国普通本科学校更名现象思考》，《黑龙江高教研究》2018 年第 1 期。

[2] 史秋衡、康敏：《探索我国高等学校分类体系设计》，《中国高等教育》2017 年第 2 期。

展的效果进行动态评估。最后，建立健全高校分类拨款制度。有条件的系统可采取由政府与高校以协议的方式，确立组织类型化发展目标，采取项目制、任务式的方式，对照高校分类发展实际，根据高校不同工作发展需要，综合采取不同拨款方式，引导高校类型化。尝试实行院校类型准入和退出制度，理顺院校类型选择的各种关系和利益，有效规避院校转型失当的不良后果。

第四章

高校分类管理政策的冲突与调适

"十一五"末以来,中国高校分化的步伐明显加快。《国家中长期教育改革和发展规划纲要(2010—2020年)》就高等教育结构调整提出"建立高校分类体系,实行分类管理"的发展任务,随着"双一流"建设、地方高校转型发展战略、职业教育基础能力建设战略的推进,各类高校的多样化发展态势日益强化,而高校分化政策的冲突不断,这突出地表现在高校分类与分层管理政策的矛盾。一方面,在分类管理层面,由于"双一流"建设的强大示范作用,政策重心已倾向于高校分层建设;另一方面,在分层管理层面,以"一流学科"为建设重点的"双一流"建设项目并未完全摆脱过去重点大学和学科建设的政策怪圈,造成建设目标异化。由于省级政府是中国高等教育管理的主体,本章将以省级系统为对象,分析中国高校分化政策特征,剖析分层与分类政策的矛盾所在,并提出理顺两者关系的政策路径。

第一节 高校分化策略概述

为剖析各地高校分层与分类策略,笔者将研究对象限定于各地"双一流"指导意见和实施意见、教育"十三五"规划、近10年来高等教育结构调整和分类管理专项政策等文件。通过整理发现,院校分层政策方面,目前有29个省市出台了"双一流"文件,其中除北京、河南、青海三地外,26个地区提出高校分层发展目标;院校分类政策方面,20个省市在"双一流"建设和相关文件中,拟定本地区分类管理方案,更有16个省市出台专门的分类管理和高等教育结构调整的具体文件，各地高校分化政策文件如表4-1所示。综合来看，地方政府通过实施分层、分类、层类结合的结构调整策略促进高校分化，伴随"双一流"建设的持续推进，各地分类管理、分层建设的政策交集不断扩大。

一 "双一流"政策中的分层策略

"双一流"政策继承"985""211"工程的政策导向，着重提高中国高水平大学办学实力，促进高校进一步纵向分层分化。从分层依据来看，国家"双一流"政策对各省市院校分层策略均产生了直接影响，其中以湖北等7地为甚；各地院校分层依据包括办学面向（世界、国内、省内、区域）、办学层次（本科或高职）、排名、办学水平（一流或高水平）、管理体制（国家或地方）、建设层级等。同时，绝大多数省区结合本地实际制定了"双一流"遴选方案，具体确定建设层次，层次数1—7个不等。如广东和广西分别确立了"重点建设省属高校""国内同类一流大学（特色鲜明本科高校）"的建设目标，多达9个省市在2个层次建设一流高校。

少数地区所确立的院校分层体系比较复杂。如湖南仅面向省属高校就确立了国内一流大学建设高校（A类、B类）、国内一流学科建设高校、高水平应用特色学院等4个层级；陕西推动"一流大学、一流学科，一流学院、一流专业"建设，着力建设一流大学建设高校、一流学科建设高校、一流学科培育高校、一流应用型本科院校、一流高职院校以及一流民办高校，每个层面又分为建设与培育两个层次进行管理；天津从两个层面推进"双一流"建设，国家层面包括世界一流大学、世界一流学科大学、世界一流应用技术大学，市级层面覆盖高水平特色大学、国际或国内一流学科、特色学科（群）、高职院校、优质专业（群）等层次。

二 分类管理政策中的分类策略

各地在全力推出"双一流"建设、加速高校纵向分化的同时，不断强化分类管理，促进高校横向分化和特色发展，优化调整系统结构。出台高校分类管理专项政策的16个地区，除天津外均确立了具体分类体系。多数地区确立了3—5个类别的一维高校分类法，而高校四分法最为普遍，如安徽将地方大学分为地方特色高水平大学、地方应用型高水平大学、地方技能型高水平大学三类进行建设；广西高校则被分为国内一流大学、博士学位授予权的高校、硕士学位授予权的高校、新建本科高校或独立学院、高职院校等；山东、陕西、四川三地在不同时期的文件中提出了不同的院校分类法；另有4个省市提出两维多元分类法，如上海高校的"十二宫格"（4×3）和浙江本科高校的"六宫格"（3×2）、河北（3×3）和辽宁（4×3）高校的两维分类法。

《教育部关于"十三五"时期高等学校设置工作的意见》（教发〔2017〕3号）中提出，"以人才培养定位为基础，中国高等教育总体上可分为研究型、应用型和职业技能型三大类型"，这对各省域高校分类法产生了非常直接的影响。从分类依据来看，人才培养成为各地高校分类的主维度，其他分类标准包括科学研究类型、学科专业设置、授予学位层次、师资队伍、学科门类、专业数量、对接产业类别、办学层次、办学体制等。分类结果方面，以上高校三分法成为各地高校分类的基本框架，由此也得到一些衍生类型，如学术研究型、研究应用型、特色骨干型、应用研究型、应用基础型、应用技术类、技能技艺型等高校。

三　整合分层与分类的结构调整策略

更多省域统合分层与分类两种分化策略，优化系统结构，相关政策呈现出如下特点。

一是高校分层与分类如影相随，构成地方高等教育管理的并发任务。全国16个省市同时出台"双一流"与分类管理的具体文件，更有18个省市在相关文件中提出高校分层和分类的体系框架。这类地区中，除安徽、福建、贵州等地两类体系呈现出高度同一性外，各地典型做法是分别设计独立的分层、分类体系；北京、上海等少数发达地区则统筹分类与分层的关系，整合规划高等教育结构调整方案，构建层类交错的高校多路纵队体系。

二是层类结合设计高等教育结构框架，分层与分类体系互相渗透。除广东、河北、黑龙江、湖北、江苏、内蒙古、山东等地外,各地高校分层和分类结构均通过层次+类型(或特色)的形式进行表述,如高水平研究型大学、同类型一流高校等。而海南、辽宁、陕西等地则打造错位发展的"塔式"系统框架,如海南致力于打造"1+2+X"高等教育系统,推动旗舰大学跻身一流、区域性高校办出特色高水平。

三是以分类推进分层和高校办学质量提升的意图明确。尽管各地力图统筹高校结构调整,但均强调分类之于区域"双一流"建设的基础作用,高校类型和特色被视为组织身份的标识、同型比较和标杆管理的工具,多数省域政策往往视分类为手段、分层为目的,即"发挥政策指导和资源配置的作用,引导高校合理定位,克服同质化倾向,形成各自的办学理念和风格,在不同层次、不同领域办出特色,争创一流"[①]。

表4—1　　省域"双一流"建设中的高校分化政策

省市	"双一流"文件	分类管理文件
安徽	《一流学科专业与高水平大学建设五年行动计划的通知》(皖政〔2016〕115号)(2016—12—28)	《安徽省技能型高水平大学建设标准(试行)》(皖教高〔2019〕1号)(2019—01—25)、《关于地方高水平大学立项建设分类发展的意见》(皖教高〔2014〕17号)(2014—12—25)
北京	《北京高校一流大学和一流学科建设管理办法》(京教研〔2018〕13号)(2018—12—05)	《关于统筹推进北京高等教育改革发展的若干意见》(京发〔2018〕12号)(2018—06—08)、《关于做好〈统筹推进北京高等教育改革发展的若干意见〉落实工作的通知》(京教高〔2018〕6号)(2018—07—13)
福建	《关于建设一流大学和一流学科的实施意见》(闽政〔2017〕11号)(2017—03—06)	
甘肃	《统筹推进高水平大学和一流学科建设实施方案的通知》(甘政发〔2016〕69号)(2016—07—28)	

---

① 《国家中长期教育改革和发展规划纲要》工作小组办公室:《国家中长期教育改革和发展规划纲要(2010—2020年)》(http://www.moe.gov.cn/srcsite/A01/s7048/201007/t20100729_171904.html)。

续表

省市	"双一流"文件	分类管理文件
广东	《关于建设高水平大学的意见》（粤发〔2015〕3号）（2015—04—10）	
广西	《广西教育提升三年行动计划（2018—2020年）》（桂政发〔2018〕5号）（2018—01—11）、《统筹推进一流大学和一流学科建设实施方案》（桂政发〔2017〕27号）（2017—06—26）	《广西高等教育强基创优计划实施方案》（桂教高教〔2016〕47号）（2016—06—22）
贵州	《大力推进区域内一流大学和一流学科建设的实施意见》（黔教高发〔2016〕116号）（2016—04—29）、《关于统筹推进一流大学和一流学科建设的意见》（黔府发〔2017〕20号）（2017—08—09）	
海南	《海南省统筹推进高水平大学和一流学科建设实施方案》（琼府发〔2017〕10号）（2017—01—23）	《关于建设海南省特色高水平本科教育的实施意见》（琼教高〔2019〕107号）（2019—06—20）
河北	《关于统筹推进一流大学和一流学科建设的意见》（冀政发〔2016〕22号）（2016—05—24）	《关于核定高等学校办学规模和探索构建高等教育分类体系的通知》（冀教发〔2017〕11号）（2007—03—08）
河南	《河南省优势特色学科建设工程实施方案》（教高〔2015〕1085号）（2015—12—08）	《关于促进普通高等学校分类发展的指导意见》（豫政办〔2015〕148号）（2015—11—05）
黑龙江	《黑龙江省统筹推进高水平大学和优势特色学科建设实施方案》（黑政规〔2017〕29号）（2017—10—25）	《关于加强全省高等学校分类管理和分类指导的意见》（2011—06—17）、《黑龙江省高等教育强省建设规划（二期）》（黑政规〔2017〕3号）（2017—02—21）、《黑龙江省高等学校综合改革指导意见》（2019—03—14）
湖北	《关于推进一流大学和一流学科建设的实施意见》（鄂政发〔2016〕75号）（2016—12—28）、《湖北省推进一流大学和一流学科建设实施办法》（鄂政办发〔2018〕2号）（2018—01—18）	
湖南	《湖南省全面推进一流大学与一流学科建设实施方案》（湘政发〔2017〕3号）（2017—02—10）	
吉林	《吉林省统筹推进高水平大学和高水平学科专业建设实施方案》（吉政发〔2017〕25号）、《吉林省特色高水平大学、特色高水平学科专业建设项目实施方案》（吉政发〔2018〕17号）	《关于加强普通高等学校分类管理和分类指导的意见》（吉政办发〔2017〕69号）（2017—09—19）、《关于开展省属高校发展类型选定和特色高水平大学建设项目遴选工作的通知》（吉教高〔2019〕7号）（2019—09—23）

续表

省市	"双一流"文件	分类管理文件
江苏	《江苏高水平大学建设方案》（苏政发〔2016〕79号）（2016—06—15）、《江苏高水平大学建设实施办法（暂行）》（苏政办发〔2017〕54号）（2017—04—05）	
江西	《有特色高水平大学和一流学科专业建设实施方案》（赣府字〔2017〕29号）（2017—05—19）、《江西省有特色高水平大学和一流学科专业建设实施办法（暂行）》（赣教研字〔2017〕8号）（2017—08—11）	
辽宁	《辽宁省统筹推进世界一流大学和一流学科建设实施方案》（辽政发〔2016〕93号）（2017—01—03）	《辽宁省高等学校学科专业结构优化调整方案》（辽教发〔2019〕60号）（2019—04—30）
内蒙古	《内蒙古自治区统筹推进国内和世界一流大学一流学科建设的总体方案》（内政办发〔2016〕57号）（2016—05—16）	
宁夏	《宁夏回族自治区西部一流大学和一流学科建设方案》（宁政办发〔2016〕221号）（2016—12—27）	
青海	《关于加快推进一流学科建设的指导意见》（青政办发〔2017〕8号）（2017—01—10）	
山东	《推进一流大学和一流学科建设方案》（鲁政发〔2016〕34号）（2016—12—26）、《关于推进新时代山东高等教育高质量发展的若干意见》（鲁政办发〔2019〕76号）（2019—04—25）	《关于加强高等学校分类管理和分类指导的意见》（征求意见稿）（2013年）、《山东省本科高校分类考核实施方案（试行）》（鲁政办发〔2019〕176号）（2019—11—04）
山西	《实施"1331工程"统筹推进"双一流"建设的意见》（晋政发〔2017〕4号）（2017—02—26）	
陕西	《关于建设"一流大学、一流学科，一流学院、一流专业"的实施意见》（陕办发〔2016〕33号）（2016—08—15）、《关于建设"一流大学、一流学科，一流学院、一流专业"的实施方案》（陕教发〔2017〕171号）（2017—05—05）	《陕西省普通高等学校统筹管理与分类指导实施办法》（陕教高发〔2012〕46号）（2012—12—14）、《关于深化改革推进高等教育内涵式发展的意见（2014—2020年）》（2014—02—16）

续表

省市	"双一流"文件	分类管理文件
上海	《关于本市统筹推进一流大学和一流学科建设实施意见》（沪府发〔2018〕7号）（2018—02—22）	《上海市高等教育促进条例》（2018—03—13）、《关于深入推进上海高校分类管理评价 促进高等教育内涵式发展的指导意见》（沪教委发〔2018〕21号）、《关于做好2018年上海高校分类评价有关工作的通知》（2018—04—19）《上海高校分类评价指标》（试行）、《上海高等教育布局结构与发展规划（2015—2030年）》（沪教委发〔2015〕186号）（2015—12—28）
四川	《关于统筹推进一流大学和一流学科建设的实施意见》（川府发〔2017〕58号）（2017—11—07）	
天津	《天津市推进一流大学和一流学科建设实施方案》（津政发〔2017〕30号）（2017—09—28）	《市教委关于加强高等学校分类管理、分类指导、分类评价的指导意见》（津教委发〔2014〕82号）（2014—12—31）
新疆	《新疆维吾尔自治区"十三五"重点学科建设方案》（新教研发〔2016〕6号）（2017—12—28）	
云南	《云南省一流学科建设实施方案》（云学位〔2016〕10号）（2016年）、《云南省统筹推进一流大学和一流学科建设行动计划》（滇云政办发〔2018〕8号）（2018—01—29）	《关于加强全省高等学校分类发展和分类管理的指导意见》（云政办发〔2016〕97号）（2016—9—14）
浙江	《关于推动我省高等教育新一轮提升发展的若干意见》（浙政发〔2015〕12号）（2015—05—20）	《浙江省普通本科高校分类评价管理改革办法（试行）》（浙教高发〔2016〕107号）（2016—08—08）
重庆	《关于加快高校特色发展 推进一流大学和一流学科建设的实施意见》（渝府发〔2017〕17号）（2017—05—24）	《关于促进普通高等学校分类发展的意见》（渝教高发〔2017〕19号）（2018—02—11）、《重庆市高等教育发展行动计划（2018—2022年）》（渝府办发〔2019〕14号）（2019—01—18）

注：西藏自治区于2017年前后出台《西藏自治区统筹推进"一流大学、一流学科"建设实施方案》《关于深化改革大力推进高等教育发展的实施意见》，但文件缺失。

第二节 高校分类管理中的政策悖论

国外实践和过去中国重点大学建设经验表明，尽管院校纵向分层与横向分类策略同属高等教育结构政策的重要内容，但两者的政策导向存在明显的冲突。基于院校类型的分化政策往往强化组织的差异化发展战略，却难以激发院校竞争的动力。相反，分层政策推动院校竞争上位，而过度分层却往往引发院校单一的类型模仿。这在省域"双一流"建设与分类管理政策的目标、体系设计、实现机制等方面表现尤为突出。

一 价值取向：一流大学与一流体系的角力

一流大学是一流高等教育体系的组成部分，但对前者的高度追求往往会压制后者的建设效果，从而造成两者的紧张关系。

（一）身份竞争与生态维持

在国家和省域高等教育系统规划中，高校分类与分层管理的核心任务均统一于提高高等教育质量这一目标。围绕优化结构、促进内涵发展，各地均在相关文件中谋划出宏伟的高等教育发展愿景，如甘肃提出，"十三五"期间6所大学进入国际国内同类院校高水平行列，3所高职院校进入国内一流高职行列；到2030年，若干学科达到世界一流水平，一批学科达到国内一流水平，若干所大学居于全国同类院校一流水平，全省高校差别化发展、部委属与省属高校协调发展的格局基本形成等目标。

显然，"双一流"和分类管理政策激励着院校从层次和类型两个维度上展开身份竞争。但是，这些目标频繁地表述为对整个系统实力和特色的重申，各地国家和地方"双一流"建设目标基本上在为区域内原"985"和"211"工程大学或当前国家层面"双一流"建设入选高校、省属龙头高校现实地位和层次定位"背书"。同样，分类管理的假设是各院校的趋同发展、特色淡化，但当政策重申分类管理时，院校的现有特色却又成为被强调的院校办学特征。与极少数地区如山西所提出的推进"空白科类本科院校建设"的结构调整目标相比，绝大多数省区各类院校的发展目标的设定多限于描述现状，特色发展更多地表述为坚持现有办学特色的定位固化、系统整体结构布局的再强调。

院校分化目标的竞争与维持固然矛盾，但有一定的合理性。这表明院校分层分化已进入白热化程度，身处激烈的高等教育竞争环境中，不仅部属高校进入国际一流的难度加大，非"双一流"高校要花费过去数倍的努力才可能跻身国内一流高校行列。在这种形势下，能保持办学地位的相对稳定就已经算很大的办学成就了。由于竞争加剧和更为复杂的环境不确定性，院校类型选择的路径依赖无疑也会进一步强化。

（二）分属而治与各自为战

在中央和省级两级政府管理、以省级政府管理为主的高等教育管理体制下，高等教育"条块分割"问题得到部分缓解，地方高等教育管理自主权不断提高，中国由此建立了各类院校的分级治理的框架。由于过去高校重点建设政策所存在的身份固化、竞争缺失、重复交叉等问题并未得到解决，为加强资源整合、创新实施方式，"双一流"建设应运而生。在大力建设一流研究型大学的同时，省属本科院校向应用技术型大学转型的步伐加快，现代职业教育体系不断完善。

但是，因管理权限差异而生的两个系统，自然分化为"双一流"与非"双一流"高校、研究型大学与应用技术型和高职类院校的两个封闭体系。中央和地方"双一流"建设普遍采取分而治之的策略，分级设定各自层面"双一流"建设目标，并构建相对独立的资助体系。如《统筹推进世界一流大学和一流学科建设总体方案》（以下简称"'双一流'总体方案"）对"双一流"建设按照"总体规划，分级支持"进行管理，按照管理所属形成中央和地方高校分级拨款和管理格局，"越轨"管理权限十分有限。

如果说国家和省域"双一流"政策分别从世界级、国家级两个层面限定建设目标的话，那么，有可能认为世界"双一流"是中央政府的事，地方"双一流"才是地方政府的责任，如此便减少地方政府对世界"双一流"建设的政策和经费投入，仅支持地方高水平大学向全国水平的突围，或者是对世界"双一流"的投入仅限于合同。[1] 事实上，管理体制的分化的确促动两级政府秉持不同的院校资助理念。中央对入选国家"双一流"的地方高校的支持侧重基础建设，突出"公平"；由于财力所限，地方层面对于本地部属"双一流"高校的支持力度普遍不高，多依据后者之于本区域的服务职能和贡献、出于"效率"提升的需要，出台有别于地方高校的差异化、竞争性建设和资助方案。如湖北对部属高校以支撑和服务湖北经济社会发展的项目为

---

[1] 沈红、王鹏：《"双一流"建设与研究的维度》，《中国高教研究》2018年第4期。

主给予专项资金支持。可见，分属而治原则在属地化管理下已加剧了中央与地方政府、部委属高校与地方高校的"块块分割"。

(三) 差异化一流与趋同建设

国家和省级"双一流"普遍实施差异化建设战略，"'双一流'总体方案"中明确指出，"鼓励和支持不同类型的高水平大学和学科差别化发展，加快进入世界一流行列或前列"，省域政府在推进"双一流"建设中也鼓励域内高校错位发展、特色发展，争创不同类型和领域中的一流。如贵州提出要实现高校突出特色、协同发展，引导高校合理定位，克服同质化倾向，形成各自的办学理念和风格，在不同层次、不同领域办出特色，争创一流。

两级政府文件勾画出院校通过错位竞争提升实力的图景，但相关政策却走向了反面。各地"双一流"政策几乎一致地将一流大学对标于研究型大学，并限定了"研究型""应用型""职业技术型"各类院校在整个体系中的位次。许多地方依照优势学科的多寡设定各类"双一流"，形成世界（国内）一流大学行列或前列、世界（国内）同类高校前列、学科领域世界（国内）一流行列或前列等层次体系。在这些系统中，综合性、研究型大学成为唯一的一流大学模式，如江西"特色"高校区别于"一流"高校在于较窄的优势学科领域和覆盖面。由此可见，省域系统越是强调差异化的一流建设策略，越是推崇研究职能至上的办学策略，基于办学任务和职能差异的院校分化策略在一流建设任务下无疑被窄化、同质化了。

这种"双一流"建设的趋同化也可见于各地一流学科规划之中。各高校为入选国家一流或省一流，纷纷参照国家标准制定一流学科建设和发展规划的依据，"这种发展模式可能导致学科发展的趋同化，破坏高等教育生态体系的健全发展，同时也易引起地方高校资源条件限制下建设一流学科的焦虑。"[1] 在我们收集整理的地方版 387 个一流学科名单中（陕西数据缺失），数量最多的 20% 学科（77 个）占所有地方一流学科数的 81.6%。

---

[1] 吴海江、楼世洲：《"入围或突围"："双一流"建设背景下地方高校学科发展的挑战与应对》，《教育发展研究》2018 年第 Z1 期。

地方与国家重复建设一流学科问题严重，两者数量最多的前20个学科中重复的有12个，这些学科是材料科学与工程、化学、化学工程与技术、机械工程、计算机科学与技术、控制科学与工程、临床医学、生物学、数学、土木工程、物理学、药学。

（四）明确的"双一流"与不明的特色体系

分层与分类的角力在各地院校结构目标中展现无遗。一方面，各地均视"双一流"建设、提升院校实力为高等教育发展的重要目标。这些目标有着明确的时间点，如短期2017—2018年、中期2020—2024年、中长期2035年、远期2050年的规划；其实现路线图清晰，一般按照5年一个办学周期，涉及学科专业、人才培养、师资与教学科研团队、科学研究、文化和国际合作、办学平台和资源等多个层面；其目标网格层次分明，从课程、专业、学科、学院到高职、地方普通本科、高水平应用技术大学和研究型大学等一流目标体系，几乎覆盖地方高等教育系统各个组成单元，福建等地一流和高水平大学建设还存在多个版本，这些建设目标不断被强调、精准修改以便顺应高等教育的现实变化和建设需要；其标杆工具的指向性强，项目运行绩效考评按照"年度报告、中期评价、终期考核"实施，包括ESI学科排名、教育部学科评估、国家重大人才和平台建设项目、国外同行与社会评价等观测指标。

另一方面，各地分类管理体系则比较模糊甚至缺失。如江苏自2010年纳入国家高等教育改革试点区，便由该省教育科学研究院牵头，启动高校分类管理研究和实践，慎重推进分类评估，拟于2018年出台分类方案、制定科研院所与高校资源整合试点方案，但该任务的完成尚需时日，与此类似的还有湖北、湖南、辽宁、黑龙江等地。为数不多的出台高校分类管理专项文件的地区，其分类管理的内容则过于宽泛，覆盖院校办学的方方面面。如山东、重庆、天津、云南等地分类管理方案涉及高校办学定位、人才培养、学科专业、科研、教师、拨款、质量评价、分类发展计划、招生考试、实践教学等内容，高校运行各个环节和业务都被分类管理了，但作为分类管理的基础和核心内容的分类体系表述缺失。

二 体系设计：分层与分类的误用

省域高校分类与分层体系存在同一性、排序导向，分类框架以名义性的基础平台出现，借此提升分层体系的科学性、合理性，两者均以服务于"双一流"建设需要为目标。

（一）一流目标的数字化

各地区在遴选"双一流"建设项目时，普遍以国际国内大学和学科排行榜等第三方评价数据、教育部第四次学科评估结果等为主要依据。除北京、广西、河南、山西、西藏、新疆等少数地区外，各地均设定了2020年、2030年和2050年各阶段可量化或可定性描述的"双一流"建设目标，一流大学的目标所指明确，典型的包括：世界一流大学、世界知名大学、国内一流大学、国内高水平大学等；测量和判断一流学科的指标所指更为具体，主要依据为ESI学科排名、教育部学科评估等（具体见表4-2）。"双一流"建设路径具有很强的"可操作性"、验证依据极具"可比性"，构成了一个结构严密的战略网格。如天津2020年的"双一流"建设覆盖了世界知名大学、高水平特色大学、应用技术大学、高职院校、国家层面一流学科（群）、国内一流水平学科、特色学科（群）、高职院校优质专业（群）等各个层级的建设目标。

在这些一流目标指引下，各地无不迈入高水平大学的数字排序竞争，而"双一流"建设任务紧迫似乎也近在咫尺了。首先，部分地区一流学科建设任务早已提前完成。如果学科进入"ESI前1%或全国学科评估排名前10%，达到国内一流学科水平"[1]，或者进入ESI前1%或全国学科评估排名前20%，达到国内一流水平，而进入ESI前1‰或全国学科评估排名前10%的学科可谓"达到世界一流水平"[2]，根据2020年7月ESI数据，中国大陆国内一流学科大学达304所（含1322个学科）、世界一流学科大学达61所（含147个学科）。其次，世界一流大学的诞生呼之欲出。部分地区（不含北

---

[1] 海南省人民政府：《海南省统筹推进高水平大学和一流学科建设实施方案》（http://www.hainan.gov.cn/hn/zwgk/zfwj/szfwj/201701/t20170126_2222664.html）。

[2] 甘肃省人民政府：《统筹推进高水平大学和一流学科建设实施方案的通知》（http://www.gansu.gov.cn/art/2016/8/1/art_4785_281819.html）。

京）所提出的建成世界一流大学仅 2020 年就达 4—5 所，而至 2030 年也将新增 15 所。更为普遍的是，一些地区设定了大学和学科在全国各类排名和重点建设队列中的预期位次值，进而"双一流"机构圈被规划得越来越大，然则一流学科或大学到底是什么仍让人不可而知，正如阿特巴赫指出的那样，"每个国家都想拥有世界一流大学，似乎没有它便难以前行。但问题是没人知道世界一流大学究竟是什么，也没人了解如何建成世界一流大学。然而，每个人都在引用此概念。"[①] 且不说世界一流大学所蕴含的文化、办学氛围、精神特质，甚至连"一流大学"都有的为世界同行"被认可""被一流"的合法化程序都被高校和省域政府所省略了。

表 4-2　　　　　　　各地"双一流"建设目标汇总

类别	类别	2020 年	2030 年	2050 年
大学	世界领先地位	10		
	世界一流大学	4—5	15	8
	世界知名大学	2	2	1—2
	世界 500 强		2—3	
	国内一流大学	18—19	34—37	26—27
	全国百强	40		
	国内高水平大学	64—49	4—5	3
	高水平特色大学	9		
学科-ESI	ESI 1‰学科	12—13	16	20
	ESI 1%学科数	329—330	100—103	75
学科评估	学科评估前 10%	90	65—68	80
	学科评估前 15%	3		
	学科评估前 20%	90	20	30
	学科评估前 30%	240		
	学科评估前 50%	5—8	10—15	

[①] [美] 阿特巴赫：《世界一流大学的代价与好处》，载刘念才、Jan Sadlak 主编《世界一流大学：特征·排名·建设》，上海交通大学出版社 2007 年版，第 49 页。

续表

类别	类别	2020年	2030年	2050年
学科排名	世界一流学科	43—44	55—57	8—9
	世界先进学科	10	2—3	
	国内一流学科	80—82	80	10—15

（二）分类指标的模糊化

国家对于研究型、应用型和职业技能型的"高校三分法"已获得地方的共识，但相关政策文件中却对于各类院校内涵界定模糊不清，缺乏基本的分类维度、指标、观测点。与明确的"双一流"建设标准和目标相反，除上海、浙江、河北等典型地区外，各地分类管理政策普遍缺乏具体实施方案。如在吉林，高校分类管理按照自主申报、编制方案、提交申请、项目遴选、结果审核等程序实施，目前已经完成院校申报公示。该省要求省属高校应在"应用研究型""应用型"和"职业技能型"中进行选择，但这三类院校如何划分，缺乏必要的解释和描述。类似的还有河南、黑龙江、辽宁、四川、重庆等地区。同时，省域内"高校三分法"潜在的认定标准和政策指向差异很大，一些地区尽管在高等教育发展的不同时期提出过多种院校分类方案，但分类体系的表述模糊不清、前后不一。

模糊、可操作性差的分类体系阻碍了高校分类管理的实践，一些地区分类管理方案迟迟未有推进与此不无关系，而明确的分类框架无疑将为高校分类管理提供必要的政策依据。相比湖北、江苏、黑龙江等国家高等教育分类管理试点地区，河北的实践起步较晚但推进迅速，得益于分类标准明晰的两维高校分类框架，该省在2017年开始组织专家评审论证和必要的实地核查基础上，逐校核定"十三五"末办学规模，积极探索建立该省高等教育分类体系。

（三）院校划分结果的等级化

绝大多数省区分类结果中带有"重点""高水平""示范""一流"等院校建设层级标识，且院校分类的类数一般多于分层的层数，这些分类结果所划定的院校层次次序更为直接。其中，安徽、陕西、山西等地分层体系与分类体系高度趋同，地方高校层次带有明显的等级倾向；云南提出按照"层次+功能"对高校分类，分类建设高水平大学、骨干特色高校、应用型本科高校、技术技能型高职院校；山东决定将过去高校"等级办学、等级管理"的模式转变为"分类办学、分类管理"的模式，但实践层面的转向似乎并不明显，2019年仍按最高学位授予情况实施高校评价；河南于2015年启动高校分类发展计划，重点建设2—3所高水平综合性大学、5所特色骨干大学、10所左右示范性应用技术类型本科院校、30所左右品牌示范高等职业学校，分类结果的分层化意图清晰。

此外，部分省市以学术/研究、应用、技术/职业/技能等区分省域院校的类型。但从具体名单来看，这些分类结果又与其"双一流"建设的院校位次表单高度重合，研究型、应用型和职业技能型三类院校被齐整地封装进了一个官方限定的、按照管理体制和办学实力划定的分级框架之中。如果说省域"双一流"政策只是界定了院校争创一流的位次坐标的话，分类体系则负责将这些精准的排序表进行层次的归类，分层体系经过名义上的分类包装后加强了合法性，使得整个系统呈现出层类互通、结构融洽的体系特征。各地高校分层分类框架具体见表4-3。

表4-3 **各地高校分层分类框架**

省市	分层结果	层数	分类结果	类数
安徽	世界一流、特色高水平、应用型高水平、技能型高水平	4	地方特色高水平大学、地方应用型高水平大学、地方技能型高水平大学	3
北京			高水平技能型大学、高水平应用型大学、高水平特色大学、高水平研究型大学	4
福建	世界一流（部属高校）、国内一流（省属高水平）	2	重点建设本科高校、一般本科院校（高水平应用型高校）、示范性高职、高水平民办高校	4
广西	国内同类一流大学（特色鲜明本科高校）	1	国内一流大学、博士学位授予权的高校（国内高水平大学）、硕士学位授予权的高校（地方特色高水平大学）、新建本科高校或独立学院立项建设地方应用型高水平大学、高职院校（地方技术技能型高水平大学）	5

续表

省市	分层结果	层数	分类结果	类数
贵州	①综合研究型、学科特色型、地方应用型、技术技能型 ②国内一流、区域内一流、应用型、优质示范高职	4	①特色应用型、高水平、综合型；②区域内一流和国内一流、幼儿师范专科学校、民办学校	2、4
海南	国内一流、特色高水平	2	①1+2+X：海南大学；海南师范大学、海南医学院、海南热带海洋学院等高校；②高水平师范教育、区域性医学教育高地、应用型海洋大学、应用型民办本科高校、本科层次职业教育	3、5
河北	第一层次、第二层次	2	两维分类：①按人才培养主体功能和承担科学研究类型等差异性分为应用研究型、应用型和职业技能型；②按主干学科门类或主干专业大类建设情况分为综合性、多科性、特色性	3*3
河南			高水平综合性、特色骨干、应用技术类型、高职高专	4
黑龙江	国际一流、国内一流	2	学术研究型、应用研究型、应用技术型、应用技能型	4
吉林	"双一流"建设（世界一流大学）、高水平大学建设（高水平应用研究型大学、高水平应用型大学、高水平职业技能型大学）	4	研究型（"985""211"）、应用研究型、应用（技术）型（一般本科）、职业技能型（或技术技能型、高职高专）	4
辽宁	世界一流大学重点建设高校（综合类）、国内高水平大学重点建设高校（农业类高校、医药业类高校、工业类高校、现代服务业与社会事业类高校）	2	①按照对接产业类别的不同分为农林医药业类、工业类、现代服务业类、社会事业类；②按照人才培养主体功能和办学层次水平的差异分为研究型、研究应用型、应用型	4*3
山东	"双十"：10所省属本科高校和10所高职院校	2	①应用基础型、应用型、技能型；②Ⅰ类（博士学位授予权高校）、Ⅱ类（硕士学位授予权高校）、Ⅲ类（其他本科高校）	3、3
山西	区域或行业高水平大学、应用型转变试点本科院校、国内一流优质高职院校	3	国家"双一流"建设高校、区域或行业特色鲜明的高水平大学（其他具有博士学位授予权的高校）、应用型（新建本科院校和独立学院）、省部或省市共建高校、空白科类本科院校	5

· 150 ·

续表

省市	分层结果	层数	分类结果	类数
陕西	一流大学建设高校（世界、国内），一流学科建设高校（世界、国内），国内一流学科培育高校，国内一流应用型本科院校，国内一流高职院校，国内一流民办高校（建成、培育）	6	①"高水平大学建设工程""中西部高校振兴计划"和特色鲜明的省属高水平大学、应用型本科院校、高职院校建设、民办高校；②单学科高校、多科型高校、综合型高校、高职院校；③"985工程、211工程"大学、省属高水平大学、特色应用型本科院校、民办骨干高校和示范性高职院校	5、4、5
上海	国家：世界一流大学、世界一流学科；地方：世界一流学科建设高校、高水平地方高校（研究型、应用型）	4	二维分类：①按人才培养主体功能和承担科学研究类型分学术研究型、应用研究型、应用技术型和应用技能型；②按学科专业设置和建设分综合性、多科性、特色性	4*3
四川	一流大学、有特色高水平高校（世界一流、全国一流、区域一流、同类一流）	4	①研究类型高校、应用技术类型高校、高等职业学校；②高水平大学、省级高水平大学、转型发展示范高校、高水平应用型高校、示范（骨干）高职院校、民办高校；③研究型大学、同类高水平大学、应用技术型大学、高职院校、民办高校	3、6、5
云南	世界一流大学、世界顶尖研究型大学、省内一流大学	3	层次+功能：高水平大学、骨干特色高校、应用型本科高校、技术技能型高职院校	4
浙江	研究为主型、教学研究型、教学为主型与多科性、综合性交叉；综合发展型和特色发展型	4、2	二维结构：①依人才培养、学科建设、师资队伍等，分为研究为主型、教学研究型、教学为主型；②依学科门类、专业数量等分为多科性、综合性	3*2
重庆	市属高校、在渝军队院校、中国科学院大学重庆学院、市属高职	4	综合研究型、应用研究型、应用技术型和技能技艺型	4

（四）分类与分层功能的趋同化

分层与分类作为高校多样性的两个基本维度，有着不同的价值表征和功用。分类反映院校固有属性的多样性，一般采用输入型指标，重在描述院校的概况、职能、办学特色等特征；分层则体现机构身份和地位等价值判断的多样性，主要通过输出型指标呈现院校办学实力、地位高低和声望大小。正如《高等教育机构排名的柏林原则》所指出的：排名应该认识到高等教育机构的多样性并考虑到它们不同的使命和目标。例如，对研究导向型院校和面向大众化教育的普通院校的质量评价标准就截然不同。[1] 从这个意义上看，高校分层应依据组织间的可比性即以分类体系为基础进行评价，这被视为国际高校透明工具开发的"金律"。

然而，分类与分层体系经常被透明工具的使用者所"混用"。正如卡内基分类法前负责人麦考密克所认为的，虽然分类侧重于确定相似性，而不是建立机构的数字排序，但它与排名密切相关，以至于为排名系统建立的许多标准、协议和最佳实践也适用于分类的情况。[2] 目前省域政策实践佐证了这种观点。总体上，在积极探索实践高校分类管理的省市，分类体系服务于分层建设。比如，分类设计突出两项功用：一是对院校现实办学实力、位置进行排序，以便明确院校办学的起点水平；二是据此与院校约定发展目标，方便政府部门对院校办学的增量水平进行绩效管理。再如，在地方财政支持地方高校改革发展资金管理办法中，相关政策"扶强"重于"扶特"，进而驱动不同类型高校"争创一流"。总之，各地在处理分类与分层关系时，分类工具通常以虚化了的分层体系身份而存在，这样在分类评价时，分类自然成为评价院校办学绩效的工具或前奏。

三 分化机制：政府与市场工具的纠葛

系统和院校个体层面竞争的加强正驱使院校分化政策导向朝着市场发生倾斜，但政府主导的院校分化逻辑非但未因准市场工具的引入而衰减，反倒更为强势。

（一）分化结果导向下微观监管的加强

"双一流"建设和院校分类管理有赖于高校办学自主性的激发。2017

---

[1] IREG, Berlin Principles on Ranking of Higher Education Institutions, http://ireg-observatory.org/en_old/index.php/berlin-principles-english.

[2] Alexander C. McCormick, "The Complex Interplay between Classification and Ranking of Colleges and Universities: Should the Berlin Principles Apply Equally to Classification?", *Higher Education in Europe*, No. 33, 2008.

年 3 月底，教育部等五部门联合印发了《教育部等五部门关于深化高等教育领域简政放权放管结合优化服务改革的若干意见》，提出加快推进高等教育领域"放管服"改革，旨在进一步向地方和高校放权，引导高校轻装上阵，全力投入内涵建设和特色发展。在相关文件中，我们的确看到这种趋势，地方政府拥有了更大的高等教育治理权，统筹区域高校发展的能力明显增强，通过推进管办评分离，进而向高校下放办学自主权。如除本科及以上高校外，专科高校及其他高等教育机构的审批权已下放到省级政府，陕西更将普通本科高校、高等职业院校、高等教育机构和民办非学历高等教育机构的设置、变更等事宜统一归口到省教育厅管理。

正如湖北所提出的，"凡是高校能够自主管理的事项，相关权限都要下放"。[①] "放管服"管理改革的关键在于使政府职能重心从以审批为主的事前监管，转向为以监督管理为主的事中事后监管和优化服务，这就要求政府转变过去事无巨细的管理风格，突出目标和结果导向，将办学的具体事务交由高校管理。但是在许多省域，分类管理事务已覆盖院校职称评审、分配制度、绩效评价、岗位管理、人员退出机制、教育教学内容和方法及评价模式、科研评价体制等各个方面；各地"双一流"建设突出"放管服"改革要求简政放权，但相关政策更为精细、导向性更强，年度及各阶段建设任务、办学绩效目标更为精确，牢牢抓住财务和经费安排、人事制度等关键环节的改革主导权，弱化了那些不合时宜的或政府不愿管、无暇管、管不上的事务权力，反倒强化了对高校微观办学表现和活动的管制。

（二）绩效工具驱使下项目制管理的盛行

有研究表明，国家层面"双一流"政策工具的选用结构不合理。其中，财政拨款、制定规则等强制性政策工具的使用过于频繁，而自愿性和混合型政策工具的使用相对不足。[②] 在"双一流"建设和分类管理目标指导下，省域高等教育政策同样全面体现出强制性"绩效导向"特点：从过

---

① 湖北省人民政府：《省人民政府关于推进一流大学和一流学科建设的实施意见》（http://www.hubei.gov.cn/zfwj/ezf/201701/t20170106_1712002.shtml）。
② 孙科技：《论"双一流"政策执行的阻碍因素及其优化路径——基于政策工具理论的分析框架》，《复旦教育论坛》2019 年第 3 期。

程上看，重视绩效跟踪、关注期末绩效，强化跟踪、检查、验收等过程管理和项目经费审计监督；从手段上看，突出贡献和质量，将资源配置与建设绩效挂钩，采取项目加绩效、"先建设、后拨款"、绩效投入、生均财政拨款标准配套等方法落实；从内容上看，主要针对院校和教师，前者包括质量、特色和效益的"办学绩效"，后者突出以教学科研绩效、绩效工资、绩效分配和奖励（奖酬）、工作人员及干部绩效、成果转化绩效为主的"人员绩效"。

在这些绩效工具指引下，各地均通过项目制拉动院校分类发展。一些省市明确提出"项目带动""以若干重大项目为载体，完善项目服务保障机制，明确项目工作责任，发挥项目的示范、引领和带动作用"。[①] 在刚性的绩效原则驱动下，"双一流"建设被分解为一个个具体的绩效目标，所有的办学活动被各种名目的项目、工程、任务、计划所承包，并通过绩效拨款、绩效分配等形式打包和分发给不同类型、层次的高校及业务部门、人员。

过度频繁的项目制管理会对省域高等教育管理和高校办学产生负面作用，反过来影响绩效目标的实现。宏观上，随着这些项目的频繁累进推进，部分省市前期未实施或未完成的项目不断被新项目所取代，如今省域"双一流"建设和分类发展政策又不得不将其中"过旧的"任务打包、重装，以更新的项目名目出现。微观上，各地"双一流"建设任务同样以项目制的形式被分解到院校各项办学活动之中。然而，由于高等教育活动的复杂性，高校很难将办学绩效目标量化分解、操作化，这样势必会造成绩效目标落实不力。

（三）准市场资源配置下计划调控的复归

由于"竞争被视为提高教学质量以及机构对社会、劳动力市场和学生需求的反应的工具"[②]，国际上支配高等教育结构调整的逻辑正转向了市

---

① 安徽省人民政府：《安徽省人民政府关于印发一流学科专业与高水平大学建设五年行动计划的通知》（http:// kjc. ahszu. edu. cn/system/_ content/download. jsp? urltype = news. Download AttachUrl&owner = 1411313539&wbfileid = 3076745）。

② Frans Kaiser, Peter van der Meer, et al., *Market-type Mechanisms in Higher Education: A Comparative Analysis of Their Occurrence and Discussions on the Issue in Five Higher Education Systems*, Doorn: Center for Higher Education Policy Studies (CHEPS) of University of Twente, 1999.

场，资源依赖理论获得了事实上的正当性。正如邬大光所言，"外部资源依赖和资源诉求是高校分化的重要影响因素"①。配合绩效工具，各地普遍引入准市场机制调整拨款方式，鼓励院校开放竞争。

然而，这些方式体现出很强的计划调控色彩。其一，行政规划式的分化路径。各地一流高校和学科的数量、高校类型结构等目标都由地方政府所预设，高校调整办学定位、实现层次类型转型的自由度并不高。其二，部门隶属式的调控方式。由于高校对财政拨款依赖性的加深，政府调控高校微观办学的依据更为充分、方式更直接。如山东、浙江、上海等地分类评价的结果，不仅关涉院校公用经费获取，还被应用于人事制度、招生等核心事务。其三，政府主导式的分类评价。各地所倡导建立的高等教育第三方评价体系，实施主体一般由省市一级教育研究院、教育评价院等承担，分类评估权力只是由政府的左手交给了右手，社会力量参与有限。实际上，"省域政府更倾向于强化对高校管理推动'双一流'建设，同时，更多关注易量化的考核指标"②。

在准市场资源配置之下，高校办学或将异化为由奖励、利益驱使的理性行为，进而影响办学绩效的提升。根据心理学的"过度理由效应"，外在动机如资源和奖励的强化，会降低院校办学的内部动机。教学、科研、服务等院校的天然使命，现在却受各种资源竞争和奖励所支配。如此，院校会将办学重心更多地放在外在动机的奖励上，而减少了对办学职能、质量和"一流"内涵的关注。

（四）过程公平下起点与结果公平的难容

政府与市场工具交互下，地方高校分化政策更注重院校公平竞争，要求打破院校身份固化，建立滚动淘汰机制，实行动态调整。这里涉及三种公平：一是起点公平，确保院校都享有平等的追求分化的权利和义务，这是竞争的基础条件；二是过程公平，提供相对平等的分化支持条件；三是结果公平，分化成功机会和分化效果的相对均等，即每个院校接受同等政

---

① 邬大光：《大学分类的背后》，《中国教育报》2010年5月10日第5版。
② 李春林、邓寒怡：《中国省域"双一流"政策文本量化分析》，《高等工程教育研究》2019年第4期。

策和资源支持后能达到一个最基本的标准,包括院校的办学业绩上的实质性公平及教育质量公平、目标层面上的平等。这里要体现院校的差异性和分化的效率,而非分化结果的均等。

当前高校分化政策较好地顾及过程公平,经高校申请、政府审批后,院校能获得相对公平的创建一流和类型化高校的机会,政府按相同的拨款标准(如单位学科建设经费)分配院校建设经费。然而,院校分化的起点各不相同。历经过去数轮重点建设,尖子高校已汇聚并形成较为突出的学科和整体优势,并提前获得下轮竞争的入场券。如国家一流大学建设高校全部为国家部委属、部省共建的"985"工程或"211"工程高校,而地方"双一流"建设高校全部为过去的省级重点建设高校。

如同让不同重量级的拳手同场竞技,又以"一刀切"规则评定胜负一样,这样的竞争秩序无法保证院校分化的结果公平。地方高校分化竞争基于过去形成的等级秩序,在动态建设的机制下,系统分层与分类竞争政策本身就是非对称的,进而由于分化规则重科研、偏向理工学科,使得具有这些特征的高校"入场即获胜"。一些地方高校分类评估更突出结果增量,而忽视不同院校的生产力大小,结果也将造成系统原有等级秩序和院校特色的固化。

第三节 高校分层建设中的"一流学科"建设目标失真

"双一流"建设以一流学科为基础,以绩效为杠杆,强化动态竞争,进入"一流学科"建设行列的学科理应是各学科门类中的佼佼者,拥有无可争议的旗舰学科地位,这些学科的建设指向更应以一流为目标,在学科和高校发展中起到样板作用。但是,从国内有影响力的学科评估体系来看,当前省级政府力推建设的"一流学科"建设目标在一定程度上偏离了其建设初衷。鉴于教育部学位中心组织开展的学科评估(以下简称学科评估)在评价中国高校学科发展水平方面具有重要的应用价值,本节据此分析地方政府所确定的省级"一流学科"建设目标所存在的问题。

一 第四轮学科评估在"一流学科"建设中的应用价值

学科评估能客观反映各高校学科发展水平,从"一流学科"建设名单来看,尽管入选学科并非全部为各一级学科中的顶尖学科,但总体上看,学科评估的结果与"一流学科"建设入选情况呈现出很强的关联性。同时,省域"双一流"建设也直接借用学科评估工具进行"一流学科"建设项目的遴选。

(一)第四轮学科评估中的学科实力

第四轮学科评估改变了过去学科评估的方式,具有明显的中国特色,相对于过去的学科评估、国内外大学排名或社会第三方机构的学科评估体系有其合理性。此轮学科评估按照"质量、成效、特色、分类"的指导原则,力求建立学科评价体系的"中国标准",建立学科评估方法的"中国模式",建立评估结果发布的"中国方式"。比如在学科评价体系方面,将人才培养放在首位,引导高校关注队伍结构质量和青年教师发展,提升论文质量、重视中国期刊,强化社会服务贡献评价、分类评估,关注学科特色和内涵建设等。[1] 同时,评估指标适度淡化条件资源,关注成效跟产出。如在人才培养方面,除了过去对在校生的评价,再增加过程评价和毕业后评价两个维度。[2] 第四轮学科评估在指标体系设计中属于混合型学科评价,其价值取向是同时重视学科生产的投入和产出两头,将学科水平表征为学科生产的投入和产出两个方面,似乎更加全面地反映了学科的综合实力。[3]

当然,第四轮学科评估仍存在一些问题,如在具体设计和操作中,加剧了高校内部的无序竞争和生态失衡;评估结果绝对化,学科评估只能用一些显性的、可量化的指标来作为评价依据,依靠显性指标和定量结果来

---

[1] 教育部学位与研究生教育发展中心:《全国第四轮学科评估改革与创新》(http://www.cdgdc.edu.cn/xwyyjsjyxx/xkpgjg/283496.shtml)。
[2] 田延辉:《第四轮学科评估的思考》,《光明日报》2016年11月22日第14版。
[3] 刘小强、彭颖晖:《从学科生产能力看一流学科评价》,《高等教育研究》2018年第11期。

量化学科间的绝对差距,等等。① 但是,客观来说,第四轮学科评估在一定程度上弥补了之前几轮学科评估和国内外主要学科评价体系的弊端,较好地展现了中国高校学科的综合实力。

(二) 第四轮学科评估在"世界一流学科"建设中的应用

国家"双一流"建设"以中国特色学科评价为主要依据",《统筹推进世界一流大学和一流学科建设实施办法(暂行)》中指出,"世界一流学科"的学科水平在有影响力的第三方评价中进入前列,或者国家急需、具有重大的行业或区域影响、学科优势突出、具有不可替代性。作为目前国内最有影响力的学科评估②,第四轮学科评估当然更能胜任"中国特色学科评价""有影响力的第三方评价"。而且学科评估指标与"双一流"重点建设任务的指标存在一定的契合,目前的学科评估已涵盖了师资队伍、创新人才培养、科学研究的主要内容。③

从实际遴选结果来看,第四轮学科评估结果与"世界一流学科"入选具有很强的相关性。从整体上看,88.1%的A+等级、56.4%的A等级、22.1%的A−等级、7.6%的B+等级、2.3%的B等级的学科被纳入"世界一流学科"建设;从入选学科分布来看,A+、A、A−、B+、B、B−等级的学科占"世界一流学科"建设总数的比重分别达40.4%、19.2%、16.6%、12.0%、3.5%、2.0%。在哲学、法学、教育学、文学、理学、工学、艺术学7个学科门类,第四轮学科评估A+等次学科入选"世界一流学科"建设的比重超过85%。单因素Logistic回归结果表明,学科评估等级提升将增加进入"世界一流学科"建设的机会,具有统计学意义($B=1.350$,Exp$(B)=0.259$,sig<0.001,内戈尔科$R^2=0.588$);从建设机构情况来看,"世界一流学科"入选数量与机构所拥有A+、A、A−、B+等次学科数量呈显著正相关,其中与A+和A等次学科数量相关系

---

① 陈学飞、叶祝弟、王英杰等:《中国式学科评估:问题与出路》,《探索与争鸣》2016年第9期。

② 翟亚军、王晴:《"双一流"建设语境下的学科评估再造》,《清华大学教育研究》2017年第6期。

③ 梅红、宋晓平:《"双一流"建设中的学科评估创新探索》,《学位与研究生教育》2017年第5期。

达 0.928 和 0.803（sig＜0.001）。可见，"A 级（A 档）以上学科数应是科学真实反映一所大学综合实力的最具有参考意义的指标。"[1]

（三）第四轮学科评估在省级"一流学科"建设中的价值

许多地方政府更是将学科评估结果直接应用于省级"一流学科"建设政策之中，甘肃、广东、广西等 17 个地区均明确提出了学科评估在"一流学科"遴选或建设目标中的参照值。以 2020 年阶段性建设目标为例，山东要求全省高校有若干学科进入教育部学位与研究生教育发展中心学科评估排名前 10%；该省"双一流"推进措施中要求"积极采用教育部学位与研究生教育发展中心学科评估排名、ESI 排名以及世界著名大学排行榜等第三方评价"；[2] 海南届时应有 5—8 个学科进入全国学科评估排名前 50%，其中 2—3 个学科进入 ESI 前 1% 或全国学科评估排名前 10%，达到国内一流学科水平，到 2030 年，进入全国学科评估排名前 50% 的学科数要达 10—15 个、进入 ESI 前 1% 或全国学科评估排名前 10% 的要达 5—8 个；[3] 湖北的目标是在全国学科评估中，排名第一的学科数占全国总数的 10% 左右，60 个左右学科进入前 5 名，120 个左右学科进入前 30%；[4] 江苏则提出，全国学科评估中，排名第一的学科数不低于全国总数的 10%[5]，而至 2025 年省属高校中新增 2—3 个学科进入全国学科评估前 10%。[6]

类似地，黑龙江"高水平大学和优势特色学科建设"遴选认定的依据主要是"有关高校及其学科在国内外的学术声誉、参考有影响力的第

---

[1] 陈静：《如何客观呈现大学综合实力？学者：A 档以上学科数是反映大学综合实力的重要指标》（http://www.sh.chinanews.com/kjjy/2018-01-03/33706.shtml）。

[2] 山东省人民政府：《山东省人民政府关于印发推进一流大学和一流学科建设方案的通知》（http://www.shandong.gov.cn/art/2017/1/24/art_107851_87613.html）。

[3] 海南省人民政府：《海南省人民政府关于印发海南省统筹推进高水平大学和一流学科建设实施方案的通知》（https://www.hainan.gov.cn/data/hnzb/2017/03/3751/）。

[4] 湖北省人民政府：《省人民政府关于推进一流大学和一流学科建设的实施意见》（http://www.hubei.gov.cn/zfwj/ezf/201701/t20170106_1712002.shtml）。

[5] 江苏省人民政府：《省政府关于印发江苏高水平大学建设方案的通知》（http://jyt.jiangsu.gov.cn/art/2016/6/15/art_38693_3247363.html）。

[6] 江苏省人民政府：《省政府关于印发江苏高水平大学建设方案（2021—2025 年）的通知》（http://www.jiangsu.gov.cn/art/2021/3/2/art_46143_9684676.html?gqnahi=affiy2）。

三方评价及全国学科水平评估结果等"[①]。而其他地区"双一流"建设政策，虽未明确提出学科评估与"双一流"建设的直接对应关系，但一般均依照国家"双一流"建设政策表述，以第三方评估、权威机构学科评估结果、相关评估评价结果、国内权威第三方评价排名等作为政策参考工具。综合以上不难发现，第四轮学科评估有效展示了中国高校学科建设的成效，具有较高的信度和效度，因而在国家、地区及高校各类办学评价活动中都受到了广泛的认同，甚至部分取代了主要世界一流大学排名体系的功能，这在一定程度上反映出中国高等教育界的制度自信正不断增强。同时，地方政府和高校也逐渐适应了这种新的学科评价体系和评估环境，能自觉利用这种工具进行标杆管理。需要指出的是，如果过于依赖学科评估引导高校办学，可能也会令地方政府陷入非理性的学科竞争泥潭中不能自拔。

二 "一流学科"建设目标失真的外部表现

在国家"双一流"建设的示范作用下，地方政府通过将第四轮学科评估作为重要的"一流学科"项目遴选和目标管理工具，建立了类型层次分明的"一流学科"建设梯队。本书共收集整理了25个省市（不含内蒙古、陕西、四川、新疆、西藏和云南）发布的"一流学科"共2155个（不含被纳入国家建设的"世界一流学科"或相近学科，下同），通过对这些学科的分析发现，省级"一流学科"建设目标与第四轮学科评估结果存在偏差，头部学科建设目标过高，偏重于全覆盖式建设，存在重理工轻人文的倾向，且重复建设的问题比较严重。

(一) 头部学科定位过高

各地"双一流"建设政策差异较大，重点建设学科的名称、层次和类型比较复杂。从各地政策来看，区别于入选国家建设的"世界一流学科"，省域建设"一流学科"中的头部学科理应对标"国内一流学科"，而不应

---

① 黑龙江省人民政府：《黑龙江省人民政府关于印发黑龙江省统筹推进高水平大学和优势特色学科建设实施方案的通知》（https://zwgk.hlj.gov.cn/zwgk/publicInfo/detail?id=364784）。

是省域内的一流，否则就失去了"双一流"建设的价值。比照学科评估结果，对于"国内一流学科"的标准，有的地区认为应达到全国学科评估排名前10%[1]，而有的地区则认为只需达到全国学科评估排名前20%即可，而进入全国学科评估排名前10%的学科可谓"达到世界一流水平"[2]。综合各地政策来看，学科评估至少要进入B+（前20%）以上，才有望进入"国内一流学科"范畴。我们注意到，理学（13.84%）、农学（10.43%）、医学（10.94%）等学科入选"世界一流建设学科"相对较多。因此，本书将"国内一流学科"建设的入选标准设定为学科评估结果B+以上的学科或B级以上的理农医类学科，依此汇总分析各省市一流学科建设目标。

由表4-4可见，"目标难度"反映各地"一流学科"中的头部学科建成"国内一流学科"的理论可能性。除甘肃、黑龙江、辽宁外，各地中央属高校"国内一流学科"建设的难度基本适中，待建目标数少于"建设基数"（达到"国内一流学科"建设入选标准的学科数）。地方高校中，河南、江苏、江西、山西等地"国内一流学科"建设目标尚可，其中河南、江苏这一指标在30%左右；而其他省市"国内一流学科"目标均多于其"建设基数"，其中广西、河北、湖北、吉林等地"国内一流学科"待建目标数达"建设基数"的5倍以上，贵州、海南、宁夏、青海"国内一流学科"建设所涉高校数量少，底子过薄，要从"0"基础建设"国内一流学科"难度异常之大。

要指出的是，少数地区设定了更高的"一流学科"建设目标，其1等目标对应于世界（国际）一流学科、2等目标才对应于"国内一流学科"，如黑龙江设定的"国际一流学科"中，中央和地方高校分别有11个、4个，对应高校拥有A-等次以上学科分别有11个、4个，有一定的可行性，但该省所设定的2等即"国内一流学科"，含中央高校26个、地方高

---

[1] 海南省人民政府：《海南省统筹推进高水平大学和一流学科建设实施方案》（http://www.hainan.gov.cn/hn/zwgk/zfwj/szfwj/201701/t20170126_2222664.html）。
[2] 甘肃省人民政府：《统筹推进高水平大学和一流学科建设实施方案的通知》（http://www.gansu.gov.cn/art/2016/8/1/art_4785_281819.html）。

表4—4 各地"一流学科"建设目标的总体情况[1]

省市	1等	2等	3等	4等	5等及其他	总和	建设等次	目标难度[2] (%) 中央	目标难度[2] (%) 地方	目标匹配度[3] (%) 中央	目标匹配度[3] (%) 地方	1等跨度[4]	普通本科覆盖率 (%) 中央	普通本科覆盖率 (%) 地方
安徽	6	6	12		1	25	世界国内A类，B类国家重点实验室		171		42	很小，5—7	0	27
北京	70					70	高精尖	24	108	79	53	很大，1—8	46	68
福建	37	4	69			110	高峰A、B高原	81	160	42	52	大，2—7	100	30
甘肃	24	23	3			50	优势/特色A、B	200	333	50	30	较小，4—7	100	40
广东	78					78	重点建设	26	197	83	52	最大，1—9	33	22
广西	33	25				58	一流/（培育）		1650		6	大，4—9		53
贵州	15	27	10			52	国内/区域/（培育）		#		7	大，4—9		52
海南	4	23				27	特色优势/特色扶持		#[5]		0	很小，5—7		75
河北	16	36				52	世界/国家	148	867	68	31	小，3—7	0	21
河南	5	1	15	10		31	优势A、B特色A、B		31		100	很小，3—5	0	30
黑龙江	15	54	7			76	国际/国内特色	7	229	60	44	很大，1—4	100	44
湖北	29					29	国内	98	575	95	19	较小，3—9	13	25
湖南	64	80	80			224	国内/（培育）/应用特色	39	135	100	57	很大，1—8	100	68
吉林	26	50	50	101	20	247	一流A、B/优势特色A、B/新兴交叉	40	650	100	8	很大，2—9	100	77
江苏	44	98	32			174	优势A/B/C		30		100	很小，1—3	90	32
江西	7	11	11	11		40	高水平大学整体建设优势/培育/成长		78		17	大，2—7		31

续表

省市	1等	2等	3等	4等	5等及其他	总和	建设等次	目标难度②(%)中央	目标难度②(%)地方	目标匹配度③(%)中央	目标匹配度③(%)地方	1等跨度④	普通本科覆盖率(%)中央	普通本科覆盖率(%)地方
辽宁	96	10				106	一流 A、B	132	203	78	49	较大，2—8	80	48
宁夏	6	11				17	国内/西部	#	#			最小，6—7	100	43
青海	3	6				9	国内/省内					较小，6—9		75
山东	42	11	4			57	山东省一流学科/培育建设/自筹经费建设		350		32	小，4—8	0	30
山西	3	30				33	一流/优势特色		50		67	最小，1—9	67	74
上海	46	6	11	8	22	93	Ⅰ类、Ⅱ类、Ⅲ类、Ⅳ类高峰/Ⅰ类、Ⅱ类高原	16	148	100	37	最大，2—9	100	65
天津	67	3	81			151	一流(培育)/特色	80	219	87	42	很大，1—9	100	59
浙江	83	227				310	省一流 A、B	21	345	100	32	最大，1—9	100	78
重庆	36					36	市属高校一流	59	286	92	37	很大，2—9	100	38

注:
1. "一流学科"根据各地教育主管部门、相关高校网站公布的"双一流"建设项目汇总。
2. 目标难度地区非"世界一流学科"中理农医类 B 级以上，其他学科 B+级以上的学科数与该地区含"2等"(安徽、黑龙江和河北三地含"2等"，下同)"一流学科"(不含已纳入"世界一流学科"建设学科，下同)中理农医类 B 级以上，其他学科 B+级以上的学科数的比值。
3. 目标匹配度：该地区"一流学科"中符合学科建设条件(理农医类 B 级，其他学科 B+级以上)的学科比例，学科归属主要参照教育部 2018 年 4 月更新的《学位授予和人才培养学科目录》归一处理，少数无法归入该目录的学科按照所在高校相关学科评估结果对应处理。
4. 1等跨度：指纳入"1等"建设的"一流学科"按第四轮学科评估结果统计的最高与最低等次的跨度。
5. "#"：该地区非"世界一流学科"中理农医类 B+级以上，其他学科 B 级以上的学科数为 0。

校 28 个学科，但两类高校拥有"建设基数"分别为 18 个、13 个；河北地方高校仅拥有 1 个 A－学科，而设定建设"世界一流学科"的学科多达 16 个，所设定的 36 个"国家一流学科"建设目标为其"建设基数"的 2 倍之多；安徽地方高校致力于建成"世界一流学科""国内一流学科"各 6 个，但该省待建高校中甚至连一个 B＋以上学科都没有。

（二）整体目标覆盖过宽

其一，"一流学科"建设数量过多。25 省市平均设有 84 个"一流学科"建设项目，所建"一流学科"总数为国家"世界一流学科"建设总数的 4.7 倍。进一步来看，中西部地区"一流学科"建设项目相对较少，建设学科超过 150 个的地区包括浙江（310 个）、吉林（247 个）、湖南（224 个）、江苏（174 个）、天津（151 个）等，建设学科相对较少的包括青海（9 个）、宁夏（17 个）、安徽（25 个）、海南（27 个）、湖北（29 个）、河南（31 个）、山西（33 个）等；按照教育部历年公布考研国家分数线中的地区划分，"一类"与"二类"地区"一流学科"建设目标的数量存在显著差异（$F = 4.855$，$sig < 0.05$；$t = 3.218$，$sig < 0.05$），"一类地区""一流学科"建设数量显著多于"二类地区"；对照典型研究关于经济和高等教育发展水平划分的结果[1][2]，"一流学科"建设数量与地区经济发展水平（spearsman $r = 0.449$，$sig < 0.01$）、高等教育发展水平（spearsman $r = 0.584$，$sig < 0.001$）正相关，而经济发展水平更高（spearsman $r = 0.569$，$sig < 0.001$）、高等教育发展水平更高（spearsman $r = 0.734$，$sig < 0.001$）的地区所建设"国内一流学科"也更多。

其二，"一流学科"建设覆盖面较广（见表 4－4）。首先，与国家"世界一流学科"只设一个层级相比，各地"一流学科"目标体系分层过细。这些目标体系从 1 等到 5 等不等，平均 2.64 层，覆盖了从"世界""国内""区域""西部""省内"等各个层次的一流学科，只设有 1 个等

---

[1] 张男星、王纾、孙继红：《我国高等教育综合发展水平评价及区域差异研究》，《教育研究》2014 年第 5 期。
[2] 王丙参、魏艳华、朱琳：《中国经济发展水平的综合评价》，《统计与决策》2021 年第 9 期。

次的"一流学科"建设目标的仅北京、广东、湖北、重庆4地,而上海、吉林所设"一流学科"建设层级达到5个之多。其次,1等"一流学科"建设跨度较大、匹配度低。1等"一流学科"理应是各地最优、最强的建设学科,目标自然是成为名副其实的"一流",遴选标准应坚持优中所优、宁缺毋滥。然而,14个地区1等"一流学科"建设的跨度在5个学科评估等级以上,其中上海、广东、浙江等9地将部分C-学科纳入其中进行建设;纳入1等建设的"一流学科"中,虽然中央高校的"目标匹配度"总体超过50%,但仅7个省市的地方高校达到这一指标。最后,普通本科院校覆盖率较高。尽管安徽等4地中央本科院校未参与(广西等6地无中央本科院校),各地"一流学科"建设仍覆盖了56%的中央本科院校,其中实现全覆盖的省市有9个;各地"一流学科"建设对地方本科院校的总覆盖率达44%、超过50%的地区有11个,最低的为河北(21%),最高的为浙江(78%)。

(三)学科偏见表现突出

其一,"一流学科"建设项目高度集中。由表4-5可见,各地建设的"一流学科"主要集中在工学(37.2%)、理学(12.2%)、医学(11.1%)3个学科门类,这些学科在各地建设项目均有所涉及,所涉学科占到所有入选学科的60%以上。一些地方的"一流学科"建设项目也高度集中化。如在江苏、广东、湖北等地,工学、理学两类学科的建设比重均达到一半及以上,典型的如湖北,除部分无法归入特定学科门类的学科外,该省"一流学科"建设限定于7个学科门类,另5个学科门类几乎没有涉及。同时,不少省市学科评估排名较低但仍能入选"一流学科"建设的学科,也主要以工理医学科为主。如重庆理工大学的材料科学与工程、重庆师范大学的生物学、贵州大学的化学、上海海事大学的船舶与海洋工程、广州中医药大学的药学、长江大学的作物学、海军工程大学的兵器科学与技术、天津职业技术师范大学的机械工程、天津商业大学的动力工程及工程热物理等学科评估结果为C-,却均能入选各自省市的"一流学科"建设行列。

其二,人文社科类学科普遍被弱化,特别是历史学、文学、艺术学、哲学等人文学科受到冷遇。第四轮学科评估中将法学、教育学、经济学、历史学、文学、哲学等归入"人文社科类"学科，这些学科所涉及的"一流学科"仅占各地"一流学科"建设学科的21%左右。各地人文学科入选"一流学科"建设的比重极低。表4-5显示，以最为边缘的哲学学科为例，仅11个省市将该学科纳入"一流学科"建设，该学科在"一流学科"遴选中更具比较劣势，湖北大学、辽宁大学、河南大学、南昌大学、安徽大学等哲学学科尽管实力相对较强，却未能入选地方"一流学科"建设计划。如湖北大学的哲学学科拥有一级学科博士点且在学科评估中位列C+，而该省建设的"一流学科"中有4个学科评估均处于C级及以下；辽宁大学的哲学学科同样拥有一级学科博士点且学科评估位列B-，而该省纳入"一流学科"建设的学科中，学科评估结果低于B-的有8个，包括6个工学、1个医学、1个农学学科；而河北师范大学的艺术学（C+）、安徽师范大学的音乐与舞蹈学（C+）、广西师范大学的美术学（B-）、河南大学的中国语言文学（B+）、安徽大学的新闻传播学（B）等也面临同样的处境。

表4-5　　　　　　各地"一流学科"建设的学科分布　　　　　单位：%

省市	法学	工学	管理学	教育学	经济学	理学	历史学	农学	文学	医学	艺术学	哲学	其他
安徽	4.0	28.0	0.0	0.0	4.0	20.0	4.0	12.0	4.0	24.0	0.0	0.0	0.0
北京	2.9	40.0	7.1	4.3	2.9	7.1	1.4	1.4	5.7	8.6	14.3	0.0	4.3
福建	9.1	30.0	7.3	5.5	3.6	10.9	1.8	6.4	2.7	11.8	5.5	0.9	4.5
甘肃	12.0	32.0	6.0	2.0	4.0	16.0	4.0	8.0	6.0	8.0	2.0	0.0	0.0
广东	2.6	35.9	3.8	5.1	5.1	19.2	0.0	7.7	3.8	15.4	1.3	0.0	0.0
广西	5.2	37.9	1.7	3.4	3.4	12.1	0.0	5.2	6.9	20.7	3.4	0.0	0.0
贵州	17.3	15.4	7.7	5.8	5.8	21.2	0.0	3.8	5.8	15.4	0.0	1.9	0.0
海南	11.1	14.8	7.4	3.7	7.4	14.8	0.0	11.1	7.4	18.5	3.7	0.0	0.0
河北	3.8	46.2	3.8	1.9	0.0	11.5	5.8	5.8	0.0	15.4	3.8	1.9	0.0
河南	3.2	35.5	3.2	3.2	3.2	9.7	6.5	19.4	0.0	9.7	0.0	0.0	9.7
黑龙江	5.3	43.4	14.5	2.6	0.0	7.9	0.0	3.9	5.3	11.8	3.9	1.3	0.0

续表

省市	法学	工学	管理学	教育学	经济学	理学	历史学	农学	文学	医学	艺术学	哲学	其他
湖北	3.4	55.2	0.0	6.9	0.0	10.3	0.0	3.4	0.0	10.3	6.9	0.0	3.4
湖南	8.5	35.7	8.9	4.0	5.4	14.7	0.9	4.5	4.9	6.7	4.9	0.9	0.0
吉林	8.9	30.9	7.3	4.5	3.7	11.8	3.7	5.7	6.1	8.1	6.1	1.2	2.0
江苏	6.9	41.4	8.6	3.4	2.9	10.3	1.7	3.4	4.6	10.3	5.2	1.1	0.0
江西	2.5	32.5	5.0	5.0	5.0	12.5	0.0	15.0	2.5	10.0	5.0	0.0	5.0
辽宁	1.9	51.9	7.5	3.8	2.8	7.5	0.0	5.7	0.9	15.1	2.8	0.0	0.0
宁夏	5.9	29.4	0.0	5.9	5.9	17.6	0.0	11.8	0.0	23.5	0.0	0.0	0.0
青海	11.1	22.2	0.0	0.0	0.0	22.2	11.1	0.0	11.1	22.2	0.0	0.0	0.0
山东	1.8	40.4	5.3	1.8	1.8	19.3	1.8	8.8	3.5	12.3	3.5	0.0	0.0
山西	3.0	48.5	9.1	0.0	3.0	18.2	0.0	3.0	0.0	9.1	3.0	0.0	3.0
上海	4.3	25.5	10.6	3.2	6.4	12.8	5.3	0.0	4.3	13.8	8.5	1.1	4.3
天津	4.6	45.0	7.9	5.3	2.0	4.0	2.0	4.0	4.0	7.9	3.3	0.7	9.3
浙江	5.2	39.4	5.5	3.5	5.8	13.5	1.9	3.5	5.8	10.0	5.2	0.3	0.3
重庆	5.6	41.7	5.6	5.6	2.8	8.3	0.0	5.6	2.8	16.7	5.6	0.0	0.0
总计	6.2	37.2	7.0	3.9	3.8	12.2	1.9	5.1	4.5	11.1	4.6	0.7	1.8

（四）纵横双向趋同建设

其一，地方与国家"一流学科"建设的纵向趋同。地方与国家"一流学科"建设存在明显的重复建设现象，以数量最多的学科对照，前20个学科中地方与国家重复的学科达14个，包括材料科学与工程、化学、机械工程、临床医学、数学、生物学、土木工程、应用经济学、化学工程与技术、中国语言文学、计算机科学与技术、药学、控制科学与工程、基础医学等；按照入选学科数量由多到少统计，累计数量百分比达70%的涉及37个学科，其中重复的学科达28个；在"世界一流学科"建设的95个目录内（按照教育部2018年4月更新的《学位授予和人才培养学科目录》汇总，下同）学科中，除天文学外，其余94个学科均在地方"一流学科"中获得支持，地方"一流学科"对"世界一流学科"的重复率达到82%以上，这些学科占到地方"一流学科"建设项目总数的89.8%。进一步根据各地1等"一流学科"

建设情况来看，各地1等"一流学科"中目录内学科共97个，覆盖了国家"一流学科"中除地质学、图书情报与档案管理、地球物理学、大气科学、天文学5个学科外的90个学科。从这个意义上看，"世界一流学科"建设项目对于地方"一流学科"建设起到了直接的示范作用。

其二，地区间"一流学科"建设的横向趋同。从建设学科的分布来看，24个学科获得一半以上省市支持建设，包括材料科学与工程、临床医学、教育学、机械工程、应用经济学、化学、生物学、马克思主义理论、中国语言文学、土木工程、工商管理、数学、药学、计算机科学与技术、化学工程与技术、食品科学与工程、物理学、基础医学、控制科学与工程、管理科学与工程、设计学、法学、环境科学与工程、电气工程。其中，材料科学与工程、机械工程、应用经济学、化学、马克思主义理论、中国语言文学、土木工程、工商管理、数学、计算机科学与技术、化学工程与技术、管理科学与工程12个学科的省均支持数量在2.5个以上。同时，一些地区"一流学科"建设过于集中。如在浙江，应用经济学、机械工程、土木工程、数学、计算机科学与技术等类"一流学科"建设项目均超过10个之多；马克思主义理论学科在湖南、吉林入选的建设项目更达到9个；管理科学与工程学科尽管在各地建设的省市相对较少（只有14个），但地区内关注度却很高，省均建设有3个此类学科，建设数量超过3个的省市包括黑龙江、湖南、吉林、江苏、辽宁、上海和浙江。此外，各地1等"一流学科"建设同样较为趋同。1等"一流学科"建设的学科类型分布在30个以上的地区只有10个，其中普遍聚集于化学、临床医学、马克思主义理论、材料科学与工程、机械工程、土木工程、生物学、药学、数学、教育学等学科。

三 "一流学科"建设目标失真的内隐特征

从各地"双一流"建设的政策文本上看，"一流学科"建设目标与学科评估的结果存在很强的关联性，后者甚至成为多数地区"双一流"建设遴选、建设、过程监控的重要政策工具，然而实践中两者却存在一定程度的偏离。这里既有各地高等教育发展不均衡、地方高等教育资助理念异化等外在原因，也与两级管理体制下地方对中央政策的被动模仿、过去重点建设方式的惯性等内部因素有关。

（一）省域高等教育发展不均衡

中华人民共和国成立以来，中国一直坚持非均衡的高等教育整体布局规划和发展政策。无论改革开放之前还是改革开放之后，影响中国区域高等教育非均衡发展最为主要的实践逻辑和内在机制，主要是一种在"中央政府"统领下，经由有效的合法化和制度化机制，通过具体的计划和规制展开的"国家行动"。[①] 而在"211"工程"985"工程"2011计划"等重大项目的牵引下，"高等教育'重点布局'政策是教育资源的再配置过程，使区域差异进一步加剧"。[②]

"双一流"建设为各地提供了难得的平等竞争机会。受竞争机会的激励，发达地区设定的"一流学科"起点和建设目标层次更高。在一些高等教育发达地区，学科综合实力较强，"一流学科"建设的可能性更大，因此制定了更为严格的"一流学科"遴选标准。而对于高等教育欠发达地区而言，尽管这种机会很大程度上延续了过去重点建设工程的某些做法，基于高等教育非均衡发展的历史格局，甚至意味着非对等的竞争，却至少由此获得了改变原有高等教育差序地位的可能和平等竞争的自主权。因此，一些高等教育欠发达地区尽管建设基础差，仍对标国家政策制定本地"双一流"建设目标，造成"一流学科"建设目标的拔高。

由于建设基础存在巨大差异，但为应对"一流学科"建设的激烈竞争，各地不得不放宽学科建设的遴选标准。一些地区将"一流学科"建设的入选标准设定于B+档次，如山东、广西"一流学科"的立项条件之一是，应在教育部学位与研究生教育发展中心第四轮及以后学科评估排名前20%的学科；[③④] 部分欠发达地区"一流学科"的起点更"务实"，如山西

---

① 徐永：《区域高等教育非均衡发展的形成机制及其检视：一个"国家行动"的解释框架》，《教育发展研究》2013年第19期。

② 刘晖、马浚锋：《高等教育结构与质量的中国经验》，《教育发展研究》2020年第7期。

③ 山东省人民政府：《山东省人民政府关于印发推进一流大学和一流学科建设方案的通知》（http://www.shandong.gov.cn/art/2017/1/24/art_107851_87613.html）。

④ 广西壮族自治区人民政府：《广西壮族自治区人民政府关于印发统筹推进一流大学和一流学科建设实施方案的通知》（http://www.gxzf.gov.cn/zwgk/zfwj/zzqrmzfwj/20170705-619763.shtml）。

"1331工程"重点学科建设计划中,一流学科建设项目的重要认定条件为"教育部最新一轮学科评估中学科排名前25%";① 云南提出,"一流学科是指进入ESI全球前1%、1‰学科以及在全国第四轮学科评估中被评定为C-及以上学科。"② 综上可见,尽管各地"一流学科"建设基础不同,但又因地制宜地努力对标"国内一流学科"出台省域学科建设遴选标准,从而使得各地"一流学科"建设的入选学科水平参差不齐、标准各异。

(二) 全覆盖式的政府资助倾向

一般来看,经济发展水平与"一流学科"建设支持力度紧密相关。虽然有钱并不一定能办成"一流学科",但没有钱一定办不成"一流学科"。在经济发展水平较高的地区,"一流学科"建设的数量更多、层次更高。如福建"十三五"期间每年投入16亿元建设"双一流"大学,而且建设资金根据实施情况还将逐步增加,五年的总投入将超过80亿元。③ 由于福建的整体高校规模并不大,校均获得的资助势必超过许多发达地区。而在一些发达地区,"一流学科"建设数量尽管相对较少,但建设层次更高,学科平均获得资助更多。如北京高校"高精尖"学科建设采取项目管理方式,在建设周期内按照每个学科最高5000万元的总额予以支持;④ 广东建有"重点建设"学科78个,2015—2017年该省财政专门安排50亿元资金支持高水平大学建设;⑤ 山东2018年按自然科学类2500万元、人文社科类1000万元的奖补标准,对

---

① 山西省教育厅:《山西省教育厅关于发布"1331工程"重点学科建设计划2017年度申报指南的通知》(http://jyt.shanxi.gov.cn/ztzl_151/1331gcztwz/jsjh/zdxk/201904/t20190408_526220.html)。

② 云南省教育厅:《云南省高校一流学科建设实施办法(试行)(征求意见稿)》(https://jyt.yn.gov.cn/zgyt/attach/get?id=7ea36e907dd84239a99917ec5005663a)。

③ 福建省人民政府:《福建省人民政府关于建设一流大学和一流学科的实施意见》(http://jyt.fujian.gov.cn/jglb/gdjycsxwb/gjdt/201703/P020180727335021613235.ceb)。

④ 北京市财政局、北京市教育委员会:《北京市财政局 北京市教育委员会关于印发〈北京高校"双一流"建设资金管理办法〉的通知》(http://jw.beijing.gov.cn/kyc/gzwj_15525/201812/P020191231586997080106.pdf)。

⑤ 赖红英:《广东投入50亿元打造高水平大学》(http://edu.people.com.cn/n/2015/0523/c1053-27044993.html)。

全省32个一流学科给予奖补。① 这些地区"一流学科"的平均支持力度远大于其他一些建有更多"一流学科"的地区，客观上也鼓励这些地区将更多学科对标于国际、国内"一流学科"进行建设。

在经济和高等教育发展水平一般的地区，一方面，政府投入"双一流"建设的能力有限；另一方面，政府又希望将这些资助用在刀刃上，资助更多的学科、高校参与"双一流"建设，提高本地区高等教育的整体水平。安徽对"一流学科"实施奖补资金项目政策中，世界一流学科、国内一流学科、人文社科类学科建设奖补标准分别为每个每年1000万元、500万元、100万元；② 江西"十三五"期间安排一流学科建设的财政资金27亿元，资助优势、成长、培育三个层次各10个左右学科；③ 河南省优势特色学科建设工程一期建设时间为2015—2019年，计划立项建设10个左右优势学科和20个左右特色学科，二期建设时间为2020—2024年，2015—2017年安排10亿元，2018—2024年每年安排3亿元；④ 从湖南财政厅网站公布的数据来看，该省2017—2020年"双一流"建设专项资金预安排分配共38.79亿元，而该省建有"一流学科"224个。从这些地区来看，平均学科资助经费相对较少，可供建的潜在学科又较少，政府倾向于扩大资助的范围，但"一流学科"建设的目标却丝毫没有降低，从而造成省域一流学科建设数量不断膨胀。

（三）行政化导向下的被动参与

"双一流"建设是国家长期战略，需要国家有关部门和地方政府共同推动，在资源、政策等方面形成合力。省级政府参与国家"双一流"建设的原因有三：一是为"双一流"建设提供必要的资助和支持。"双一流"

---

① 姜宏建：《山东省级财政下达7.15亿元支持"双一流"建设》，《大众日报》2018年5月13日第1版。
② 安徽省教育厅：《本科高校一流学科奖补资金项目申报工作指南》（http://jyt.ah.gov.cn/oldfiles/jytoldfiles/uploads/children/kycupload2012/download/201742711232128.doc）。
③ 江西省财政厅：《江西省财政40亿元推进有特色高水平大学和一流学科专业建设》（http://www.jiangxi.gov.cn/art/2017/10/10/art_5085_260283.html）。
④ 河南省教育厅、河南省财政厅：《关于印发河南省优势特色学科建设工程实施方案的通知》（http://jyt.henan.gov.cn/2015/12-12/1663029.html）。

建设涉及中央和地方高校，在两级高等教育管理体制下，地方政府应履行对辖区内高校的遴选、建设和评估等职能，包括对入选高校建设方案、评估结果的审批以及建设指导等。二是完善"双一流"的协同建设机制。为克服过去高校和学科重点建设工程建设中央和各部委、地方"两张皮"、各自为政的弊端，"双一流"建设需要引入多方合力，"建立健全'双一流'建设部际协调工作机制，创新省部共建合建机制，统筹推进'双一流'建设与地方高水平大学建设，实现政策协同、分工协同、落实协同、效果协同。"① 三是引导建成省域内有特色、高水平大学和优势学科。由于国家"双一流"建设覆盖有限，国家鼓励地方参与到"双一流"建设之中，根据地方实际和建设基础，推进地方版的"双一流"建设，优化高等教育体系结构。

然而，在中央示范、地方跟进的"双一流"建设模式中，地方政府更多地表现为被动参与。如从相关政策的出台时间上看，整体上，早期多数地方政府对于"双一流"建设多持观望态度。上海、广东、浙江等地先于国家发布"双一流"建设政策，河南等 8 地反应迅速且以中西部省份为主，平均历时 221 天；山东等 12 地反应较慢，平均历时 478 天。② 在建设内容和遴选方式上，一些地方直接照搬国家战略，忙于出台本地的"双一流"战略，但与地方学科发展的实际和需求关联不强，建设对象的遴选专注于入选"世界一流学科"建设的目标指向，甚至直接将过去高校和学科、专业重点建设项目进行简单打包，包装成新的"一流学科"项目予以实施。这些都直接促成了地方"一流学科"建设目标的失真、泛化。地方高校在学科建设中模仿重点学科建设制度，按照重点学科建设的标准和条件进行学科建设，使地方高校的一般学科与重点学科的建设目标和方向逐渐趋同，脱离了地方经济建设和社会发展的需要，反而使地方高校与重点

---

① 教育部 财政部 国家发展改革委：《教育部 财政部 国家发展改革委印发〈关于高等学校加快"双一流"建设的指导意见〉的通知》（http://www.moe.gov.cn/srcsite/A22/moe_843/201808/t20180823_345987.html）。

② 褚照锋：《地方政府推进一流大学与一流学科建设的策略与反思——基于 24 个地区"双一流"政策文本的分析》，《中国高教研究》2017 年第 8 期。

高校或中央部委所属高校之间的差距越来越大。①

（四）传统钦定建设的路径依赖

长期以来，钦定建设的重点建设思维一直支配着中国高校和学科重点政策。借用赵炬明"制度化精英主义"的观点，即"从所有组织成员中挑选出一小批人，给予他们特别的教育和培养，把他们安排到最重要的岗位上，创造各种有利条件使他们做出杰出成就，对他们的成就给予特别表彰，希望他们能够领导组织不断前进"②。因此，"某些大学是根据它们过去的声誉和被期待的贡献而并不是根据它们当前的表现，得到（资源分配）中的优先权。"③

当前，区别于"211"工程"985"工程，"双一流"建设更突出绩效导向和竞争原则，但并非没有均衡性的考量。如在"世界一流学科"建设学科遴选时，增设"自定"学科、突出定性指标和学科贡献等原则，从一定程度上又为实力相对欠缺的学科和高校入选"双一流"建设提供了可能。而"自定"学科，即根据"双一流"建设专家委员会建议由高校自主确定的学科，共涉及38所高校的44个学科，分别占国家"双一流"高校和学科总数的27%、9%，而这些高校均无非"自定"学科。事实上，政府"钦定"的初始制度选择并未得到彻底改观，而且多年来高等教育重点建设中的"只进不出"，使重点学科与非重点学科之间、重点高校和非重点高校之间界限分明；伴随着重点高校和学科身份固化的还有利益的固化，部分重点高校和学科的长期获益会形成核心的利益集团，继而形成稳定的利益格局。④

钦定建设思维在地方"一流学科"建设中表现尤甚。一方面，国家和地方在过去不同时期都设定了不同层次重点大学和学科建设项目，而地方高校群体在经过"共建、调整、合作、合并"为核心的高等教育体制改革后，省域新老大学、学科的建设格局和地位已发生很大改变，重点建设圈

---

① 左兵：《西部地方高校学科建设的制度分析》，中国海洋大学出版社2008年版，第240页。

② 赵炬明：《精英主义与单位制度——对中国大学组织与管理的案例研究》，《北京大学教育评论》2006年第1期。

③ 沈红：《美国研究型大学形成与发展》，华中理工大学出版社1999年版，第264—265页。

④ 包水梅、李明芳：《一流学科建设：从管理走向治理——兼论我国高校学科治理的路径依赖及其突破》，《现代教育管理》2021年第1期。

越来越大，产生机制越来越复杂。另一方面，"双一流"建设对于地方和高校而言，意味着更为激烈的地位和资源竞争。应对高等教育层次结构的渐进变化和"双一流"的锦标赛竞争，地方政府和高校为综合考虑不同实力水平、不同阶段重点建设学科和高校的发展定位，平衡新旧优势学科的关系，不得不"搞平衡、铺摊子、拉郎配"，造成"一流学科"建设的数量不断膨胀，层次越来越多，类型体系越来越庞杂。

第四节 "双一流"建设中高校分化政策的优化路径

综合来看，区域高等教育分化政策的这些矛盾突出地表现为分层过度下的分类发展弱化，分类管理被异化成争创一流的分层建设管理。这些悖论反映出当前高等教育结构调整中的一些问题。首先，分类管理中政府与高校的关系处理不当，政府集院校分化的立法者、裁判员和运动员角色于一身，高校自主发展实施组织转型的空间受到压缩；其次，"双一流"政策示范效应过强，各省区和高校均陷入激烈的资源、人才、政策、发展空间的竞争之中，高等教育体系分层加剧，院校等级固化，组织分化产生了较强的路径依赖；最后，分化政策落实机制不畅，过于强化行政干预、拨款依赖，院校分化的具体制度和办法有待完善。

中国高等教育已进入普及化阶段，高等教育内涵建设和结构调整进入深水区。这要求省域从建设一流体系的角度出发，正确处理高校分类与分层的关系，提升高校分化政策的效能。

一 致力于一流体系建设，明确高等教育结构调整的目标

习近平新时代中国特色社会主义思想开启了高等教育新征程，即"到21世纪中叶，把中国建成高等教育强国，成为高等教育办学能力和国际影响力领先的国家，成为世界高等教育新的中心"[①]。从世界高等教育中心转

[①] 吴岩：《开启新时代中国特色社会主义高等教育强国新征程》，《中国教育报》2017年12月4日第1版。

移历程来看，一流大学是一流高等教育体系的重要组成部分，一流高等教育体系为一流大学持续发展提供了根本保证。如意大利的博洛尼亚大学与世俗化的"学生型大学"体系，英国的牛津、剑桥和突出教学职能的古典大学系统，法国的"大学校"及强化实科特色、工程师教育的大学系统，德国的洪堡大学及倡导教学与科研统一的研究型大学体系，美国的各类综合性研究型大学、文理学院和社区学院和多样化高校体系等，可见一流大学的形成绝非偶然现象，两者相辅相成、相得益彰。"当前，中国需要从一流的大学建设转向一流的体系建设，以高校体系与社会的匹配性及体系内每所学校是否卓越为衡量标准。"[1]

高等教育系统存在多种不同类型的大学或学院，不同类型高校在各自的职能范围内追求卓越，这是世界一流高等教育体系的主要表现。[2] 为建设与一流大学相适应的一流体系，省域系统应明确高等教育结构调整的任务、增进体系多样性。其一，优化能级结构，根据不同层次、类型高校职能、办学面向、培养目标等差异，科学确定研究型、应用型和职业技能型等院校在区域高等教育体系中的位置，综合区域社会发展需求和财政情况确定一流大学与非一流大学的数量和构成比例。其二，优化科类结构，按照扶优扶特扶需的原则，扩充区域内一流学科的实力和学科覆盖面，引导高校面向新兴学科、边缘学科、高精尖学科改造传统学科，形成新的学科特色；结合区域发展需求，鼓励高校学科建设向高端产业链延伸，形成全覆盖的优势特色学科体系。其三，优化办学体制和形式结构，鼓励体制创新，引入民间力量、大型企业和跨国公司、国外名校力量促进高校分化，引导独立学院规范发展，落实民办高校分类管理的各项制度措施，完善以公办高校为主，民办高校、国外合作办学机构等并行的高等教育办学体制；积极推进传统大学转型发展，推进新型大学建设，加快建设中国特色高等教育体系。

---

[1] 马陆亭：《从一流大学建设转向一流体系建设——如何推动高等学校的分类发展》，《光明日报》2014年7月8日第13版。

[2] 吴合文：《"双一流"建设的系统审思与推进策略》，《高等教育研究》2017年第1期。

二 立足于分类标准建设，处理好高校分类与分层的关系

以高校重点建设政策为代表的分层战略曾较好地发挥了中国集中力量办大事的制度优势，当前这些政策所存在的问题比较突出，如：示范作用在逐步下降，因为高等教育的多元需求、支撑作用愈发明显；引发大学发展的短期功利行为，唯指标问题越来越严峻；大学学科间的深度合作越来越少，竞争压力的增加对和谐有序的高等教育生态发展不利。[①]

一流高等教育体系建设要求地方政府厘清高校分类与分层的关系，促进不同层次与类型院校的有序竞争、协调发展。分类是高等教育体系建设的前提，并为一流大学建设提供了温和的安慰剂，消弭机构过度分层下的不良竞争效应。反过来，不同类型院校在竞争一流进程中取得的实效又将确立新的一流建设榜样，引导同类院校科学定位、特色发展。同时，分层与分类具有共通性，两者相互交融，实践中往往体现出层中有类、类中有层的景象。

目前，地方高校分化政策以分层虚化或者代替分类功能的做法比较普遍，原因很多，但与高校分类标准的缺失不无关系。以《国家中长期教育改革和发展规划纲要（2010—2020年)》的出台为契机，调整高等教育布局结构成为中央和地方高等教育政策的关键任务，但高校分类的顶层设计有待完善，《教育部关于"十三五"时期高等学校设置工作的意见》虽明确了高等教育分类体系的构成，提出"科学研究修订高等学校分类设置标准"，但高校分类标准仍比较模糊，《普通高等学校设置暂行条例》的修订等工作严重滞后。由于分类标准缺失，地方政府只能依据传统类型和建设层级确定高等教育体系结构。

推进高校分类标准建设需要发挥中央和地方两级政府的力量。一方面，教育部应牵头完善高校分类的顶层制度，基于历时数据和基层调研，梳理高校办学基础数据，面向普及化和世界高等教育新中心建设，细化各类院校建设标准，统筹《普通高等学校设置暂行条例》《学科分类与代

[①] 马陆亭：《新时期"双一流"建设的推进战略》，《中国高教研究》2019年第12期。

码》、各类学位授予和人才培养的学科专业分类标准等配套政策的修订和完善工作。另一方面，地方政府应结合国家标准，构建适切的区域高校分类办法。地方"双一流"建设具有多元性，应该从地方经济社会发展需求和高等教育实际出发建立评价指标体系，方向应该是促进地方经济社会发展和适应人民群众对于优质高等教育资源的渴望，而不是仅满足于学科排名与大学排行的目标。[①] 地方高校分类体系的设计，应突出院校属性特征、职能，结合区域需要和院校办学特色完善院校分层体系；同时，要处理好分类标准的刚性和灵活性的关系，应以院校特征和办学数据平台建设为基础、细化研究型、应用型、职业技术型等院校的分类标准，增设自选类型，体现院校发展的延展性，并对分类标准实行动态管理。

三 适度引入准市场工具，完善高校分类管理的政策体系

"双一流"建设引入了竞争和市场元素，从一定程度上改变了重点大学建设的传统，有助于加速提升中国高水平大学的实力，优化系统结构和职能分工。配合这些准市场工具，区域高校分类管理政策应做出相应调适。

其一，开发多样化的透明工具。一流高等教育体系呼唤多样化的透明工具，如美国卡内基分类法和高度市场化运作的各类大学排名榜、欧洲多维大学分类和多维大学排名，这些工具对于院校标杆管理、分类管理有着重要的应用价值。中国开发类似工具的条件更为充分，地方政府要充分利用好与高校建立的紧密联系，完善并向社会开放院校数据库；工具的运行应以第三方机构、高校自身、专业咨询机构等非政府主体为主，按照市场机制进行运作，为社会提供高校办学的多元信息。

其二，建立多元分类管理政策体系。高校分类管理是系统工程，覆盖高校分化的基准设定、运行、事后监控等全过程。目前，地方政策多集中于分类管理的基准和框架设定，一些具体政策涉及有限。为此，地方政府

---

① 李立国：《"双一流"高校的内涵式发展道路》，《国家教育行政学院学报》2018年第9期。

应根据区域高校分类管理实际，强化过程管理和分化结果应用导向，研制院校分类准入制度和退出制度、层次类型选择制度、分类管理的评价制度、分类拨款制度等各项配套制度，提高高校分类管理的精细化和科学化水平。

其三，完善差异化的院校支持制度。为落实分类管理策略，地方政府应采用个性化的院校支持策略。研究型大学突出创新能力和研究职能，应用型高校侧重应用开发、服务地方发展能力，技术技能型院校对接区域高素质技术型人才、职业培训服务等方面的职能，特色院校牢固确立学科专业、行业的"专属"地位，省域应据此建立互不重叠、竞争有序的配套办学支持政策，主动联合教育部、相关行业部门等主体，统筹安排各项院校分化项目，体现项目的持续性，加大对各类院校的支持力度。

其四，研制公平、有效的绩效工具。基于院校办学条件，兼顾院校办学的起点与结果，统筹分类发展的难度、跨度、效果与增量指标，综合评价院校分类发展绩效，依此建立适于不同类型院校的分类评价政策，避免以分类分层结果论英雄的绩效评价的弊端。

四 推进政府职能转型，增强高校自主分化的意识与能力

伴随"双一流"和普及化的同步推进，中国高等教育质量与公平、结构与功能的矛盾日益突出，这对政府与高校治理能力都提出了更高的要求。

一方面，应努力实现政府高等教育管理职能转型。在落实高校分类管理框架的同时，应根据学科专业和院校办学的属性，在统筹民办高校分类管理政策的同时，按照高等教育服务产品属性的不同，政府着重解决关乎国民经济社会发展的基础和高精尖学科、重大需求的行业院校和综合性研究型大学的建设，其他院校和学科的运行则基于市场和社会需求进行调控。在分类管理的具体过程中，地方政府应主动地由分层分类的监督者、实施者，向制度设计者、规划制订者、信息提供者转型，为院校分化和市场监管提供必要的平台和信息支持；在院校分化进程中，应由分类管理的实施者向分类发展的协调者、资源引导者转型，及时疏导院校分化带来的

矛盾。同时，建立高校分类管理清单制度。在高等教育法规定下，依据地方高等教育发展需要，明确各级政府、高校在分类管理中的具体权限。

另一方面，切实落实高等教育管办评分离制度，扩大院校分化的自主权。这里重在分类评价制度的改进。"双一流"建设背景下，高校评价体系的建立与完善处于政府实施"管办评"分离的制度要求、社会各界对于高等教育质量的利益诉求、高校自身发展的价值追求"三合一"的现实环境之中。[①] 为此应切实引入高校校友、国内外同行、专业咨询机构等利益相关者参与院校分类评价，要突出院校分化的自主性，减少行政力量对院校分层分类不必要的直接干预，避免过度的诱制性分层分类工具滥用对院校分化的负面影响。同时，地方政府应履行好高等教育管理者角色，做好高校分类管理的顶层设计、规划和政策制定。同时，应稳步扩大高校分类发展的自主权，特别是高校转型发展、人事管理、学科专业设置、招生等方面的自主权，使院校能立足外部利益主体高等教育需求和自身办学职能，自主选择分化路径和策略，自主确定办学特色，接受政府和社会的办学监督。

五 建立多元化的一流学科建设目标体系

其一，优化一流学科建设目标结构。根据学科建设在人才培养、科学研究、应用创新、促进地方发展等方面的具体要求，分别建立扶优、扶特、扶需、扶新等各类一流学科，引导不同类型学科合理定位、错位发展、办出特色。优势学科要基于学科综合实力，形成学科高峰；特色学科要结合高校办学方向、区位、传统等特色，凝聚形成特有的学科文化和制度；急需学科要着眼于困扰区域经济社会发展的关键性技术应用问题的解决，产生重大的技术创新和高水平应用开发成果；新兴前沿学科要面向学科发展前沿，发挥学科在引领知识生产和学科交叉中的示范作用。各类学科的产生要结合学科评估的整体得分情况和分项得分，参照学科贡献力，

---

① 胡仁东：《"双一流"建设背景下高校评价体系之重构》，《国家教育行政学院学报》2019年第5期。

将学科在人才培养和重大原创性成果的产出、服务国家和地方经济社会发展的重大问题的解决等方面的成就，作为各类"一流学科"建设的核心目标。

其二，建立多元化的一流学科建设目标。首先，坚持单项建设与联合建设相结合。结合高校学科特色与区域发展的契合度，遴选区域性空白学科、特色学科，加大力度进行专项建设。其次，面向区域发展的优势特色学科群，采用多单位联合建设的方式，吸收不同层次高校、科研院所和企业的同类学科中不同学科领域力量进行协同建设。再次，严格区分不同时期的学科建设目标，不搞"一刀切"。遵循知识和学科发展的内在规律，研制差异化的学科建设远期目标与近期目标，基础学科看长线、突出原创性成果，应用技术学科着眼于解决地区经济社会发展中的关键问题。最后，根据学科的特点和建设基础，分别研制学科建设的整体目标和专项建设目标。整体建设目标要突出学科建设在产出具有重大影响的原创性成果、培养高素质创新性人才、解决关键性技术应用问题等方面的建设愿景，鼓励建设学科突出比较优势，采取差异化发展策略；根据学科建设要素，设立拔尖创新人才培养、师资队伍建设、提升自主创新和社会服务能力、文化传承创新、国际合作交流等学科建设专项目标，整合资源，精准发力，实现对各类一流学科建设目标的支持。

第五章

国外高校多样化促进政策与案例研究

中国高校分类管理所遇到的问题，是随着中华人民共和国成立以来"院系调整"所确立的高等教育体系在不断融入社会、持续变革的过程中的阶段性发展问题，具有一定的典型性，但归根结底与高等教育大众化、普及化所引发的体系与结构、规模与质量、分层与分类等系统性矛盾相关，从而反映出一定的普遍性。从国际上看，随着高等教育大众化的程度不断提高，社会对高校办学的需求日益多元，高校需要同时面对内外部多方具有不同价值主体的压力。应对这些多元矛盾存在的不同需求，无论是高等教育管理实行集权制还是分权制的国家，多样化均被广泛地认为是一种积极的高等教育发展策略。本章将对国外高校分化促进政策进行评析，并以加拿大安大略省为案例，分析归纳国外高校分化促进政策的工具、做法和经验。

第一节 国外高校多样化促进政策及其争论

如何驱动高校分化并迈向预定和有利的多样化发展之路，一直是中国高等教育布局调整持续探索的重要议题。为此，《中国教育现代化2035》指出，要分类建设一批世界一流高等学校，建立完善的高等学校分类发展政策体系，引导高等学校科学定位、特色发展。同样的问题在国外，特别是那些经历过大众化阶段的系统中，同样被视为未解之谜，由来已久的讨论集中在政府与市场两类主体及其作用：其一，政府与市场，哪一类主体更能促成高校的多样化？其二，就多样化的实质而言，两类主体驱动高校横向、纵向多样化需要哪些条件？本节将围绕这些问题，分析国外高校多样化促进策略的不同立场和观点，这将对中国高校分类发展和"双一流"建设提供有益借鉴和启示。

一 高校多样化及其动因

多样化理念普遍存在于当前社会科学研究和实践的各种领域，为避免单一化带来的客户、市场竞争、执行和运营等方面的风险，将多个苹果放在同一个篮子并不可取，多样化策略因而被视为最具降低风险威力的解决方案。出于这种假设，国外研究从多个层面分析高校多样化的概念及其成因。

（一）高校多样化的语义特征

关于多样化的研究最初源于生物学领域，泛指生物物种、基因以及由生物与环境相互作用而产生的多样性与变异性，一般涵盖遗传、物种和生态系统等层面的多样性。高等教育领域的多样化是一个含义广泛且分歧严重的概念。国外用院校分化、差异化、多样化等表述与国内语境下高校分类、设置同等的意义，并将其理解为高等教育系统演化的结果、未完成过程甚至阶段性产物。如赫尔肖克认为，多样化是量上的多样，是在数量上简单累加那些明显不同的事物。多样性则是质上的多样，是自我维持的、差异丰富的一群个体所构成的复杂的利益共同体，它们多样化地协调和依赖产生新兴模式的交互形式。[①]

国外研究一般从高等教育系统或院校外部层面理解高校多样化，多样化的对立面即院校的同质化、均等化。对多样化的研究常常涉及分类与排名，对后两个概念的分析反过来可深化对多样化的认识。分类相比排名争议更少，但两者有着天然的交叉关系，两者的区别可在一个更宽泛的院校多样化的层面进行分析，这种多样化可被分为纵向的多样化与横向的多样化。前者（排名）涉及高校名声和声誉的差异，而后者则源于院校使命和

---

① ［美］彼得·赫尔肖克：《高等教育、全球化以及多样化的矛盾性》，冯李鉴译，《清华大学教育研究》2010年第2期。

特征的区别。按照这种理解,分类明显应被用于表述横向的多样化,而排名是使用定量指标展开院校表现方面纵向多样化的工具。①

(二) 高校多样化的范畴

高校多样化显然是一个高等教育结构性用语,多样性有大小、幅度之别,更有程度、范围之分,多样性的描述都应基于观测系统内不同机构的横向比较。进一步从纵向层面来看,不同时期、不同系统里高校多样性的关注重点差异明显。在中国,高校多样化与院校类别、层次结构相关。大众化前,高校多样化的意义是相对精英教育理念下高等教育集权制管理、统一化而言的院校特征的多样性。② 扩招和大众化初期则重点关注高等教育质量标准的多样化;进入 21 世纪,高校多样化则覆盖机构类型、层次、形式、办学主体和服务面向的不同,以及因需求和个性差异而带来的专业、培养目标、教学方式和管理制度的差异。③

高校多样化研究在国外处于不同的研究领域。在美国,"二战"以后对多样化的关注可能与扩大高等教育机会相关,但现今"多样化"有特定含义,专指民权运动中提出的高等教育应给黑人、少数民族和妇女等原来难以接受高等教育的人群以同等地位的措施,具有反种族隔离的政治色彩。他们反对把"多样化"一般地理解为因人的个体差异而采取的多样的、各种不同的教育措施。④ 在加拿大,院校多样化在 19 世纪中叶可归为"宗教多样性"的政治议题,而 20 世纪末和 21 世纪初才聚焦于专业和功能多样性等教育问题,而它们共同连带性问题是院校多样化可能对各类高等教育机构的财政经费分配产生影响。⑤

---

① Gabriel-Alexandru Vîiu, Mihai Paunescu and Adrian Miroiu, "Research-driven Classification and Ranking in Higher Education: An Empirical Appraisal of a Romanian Policy Experience", *Scientometrics*, No. 107, 2015.
② 王伟廉:《走向多样性:中国高等教育改革的大趋势》,《江苏高教》1993 年第 4 期。
③ 邬大光:《大学分化的复杂性及其价值》,《教育研究》2010 年第 12 期。
④ Evelyn Hu-DeHart, "The Diversity Project: Institutionalizing Multiculturalism or Managing Differences", http://www.auup.org/publications/Academe/00so.
⑤ Michael L. Skolnik, "An Historical Perspective on the Idea of Institutional Diversity and Differentiation in Ontario Higher Education", http://collegequarterly.ca/2013-vol16-num02-spring/skolnik.html.

(三) 高校多样化的驱动因素

多样性是高校多样化的静态结果，反映出特定时间截面高校分化结果的写真状态。古往今来，高校分化如此普遍，以至于整个高等教育发展史就是一部大学分化的历史。据联合国教科文组织统计，截至2008年，全世界200多个国家中，仅有6个国家的高等教育系统没有分化现象，即接受高等教育的人依然全部由大学来承担，它们是帕劳共和国、伯利兹、安哥拉、马拉维、冈比亚、莫桑比克。[1] 由于分化现象的普遍性，人们更容易将高校多样化理解为特定的、理所应当的自然现象，而不去深究多样性产生的原因。组织分化演绎出多彩的高校多样性，然而，"对于多样性实际上意味着什么，或者如何培养多样性，几乎没有一致的意见"。[2]

既然高校多样性被视为一种预定的"好"体系的特征，政策层面便应创设促进院校分化的条件。总的来说，院校多样性是不同的、往往相互冲突的力量的复杂相互作用的结果，这些力量包括明确的国家法规、政策和筹资工具，也包括那些在国家多样化方法中容易被忽视的奖励和激励措施，如质量保证标准、职业发展实践、利益攸关方价值观和支持、区域政策和支持、国际的和科学的发展及学术价值观等。[3] 柯德林与米克将这些因素归纳为环境、政策干预、拨款、竞争与合作、排名五个因素[4]。总之，国外研究一般认为，高校多样化的驱动力源于政府与市场两个主体，亟待澄清的问题在于："差别化系统更有可能是由一个强有力的、规范的政府创造的，还是由在类似市场环境中运作的自治机构创造的。"[5]

---

[1] 邬大光：《大学分化的复杂性及其价值》，《教育研究》2010年第12期。
[2] Frans A. van Vught, "Diversity and Differentiation in Higher Education", in F. A. van Vught (ed.), *Mapping the Higher Education Landscape: Towards a European Classification of Higher Education*, Dordrecht: Springer, 2009, pp. 1–16.
[3] Sybille Reichert, "Refocusing the Debate on Diversity in Higher Education", in A. Cureaj, P. Scott, et al. (ed.), *European Higher Education at the Crossroads*, Dordrecht: Springer, 2012, pp. 811–835.
[4] Andrew Codling and V. Lynn Meek, "Twelve Propositions on Diversity in Higher Education", *Higher Education Management and Policy*, Vol. 18, No. 3, 2006.
[5] Nico Cloete, "Africa Needs Differentiated Higher Education Systems", http://www.universityworldnews.com/article.php?story=20150225142742928.

二 作为院校分类管理主体的政府

政府关心保持或增加院校多样性,主要是因为它被认为是一种固有的利益。如果仅从院校多样性有助于增加学生的选择从而提高参与水平的角度来看,丰富的多样性被视为高等教育系统的一个健康属性。随着高等教育成本日益加重,政府借有形之手促进院校多样化,缓解高校面临的财政压力和资源紧张,愈发具有正当性。

(一) 院校趋同的天性假设

政府干预派认为,院校先天有着趋同发展、抵制分化的天性。自治的高等教育机构并不试图发展一种不同于所有其他高等教育机构的形象。每个机构不是寻找合适的生态位,而是由收入和地位最大化驱动。因此,高等教育机构自然倾向于模仿其他成功的机构,从而有效地限制了系统分化。[1] 这种趋同天性也可用院校的传统来解释。它源自中世纪大学的学术保守主义,以至于大学总是坚持与政府和社会保持一定张力,强调坚守自身学术传统的至上价值,声称只有通过渐进式内部措施方能推进组织变革;当下这种天性所滋生出的学术资本主义四处扩散,从而使机构间的地位竞争不断膨胀,造成更为严重的学术漂移和组织趋同。

基于这种假设,由于院校近乎顽固的保守,只有通过有效的政府政策和法规,这些变化的驱力才能朝着增强差异化的方向发展。政府政策可以有效纠正院校趋同倾向,通过遏制学术保守主义、地位较低机构的模仿行为,维持现有的和正式规定的多样性水平。加州公立高等教育系统复杂的三方结构监管政策就是一个很好的典型,尽管该系统内部存在紧张关系,但加州总体规划似乎成功地防止了均质化过程的发生。惠斯曼甚至进一步指出,高等教育系统中人为划定的界限(如二元制高等教育系统)正保存着现存的多样化水平,但是政府赋予高等教育机构更多自治权的政策也鼓

---

[1] Nico Cloete, Peter Maassen et al., "Managing Contradictory Functions and Related Policy Issues", in N. Cloete and P. Maassen et al. (ed.), *Knowledge Production and Contradictory Functions in African Higher Education*, Oxford: African Books Collective, 2015, p. 275.

励了这些机构向最有声望的大学看齐。[1]

(二) 政府干预的分化效用至上

政府干预促进院校分化的正当性有时基于市场调节方式的不足。与倡导自由竞争的市场机制相比,政府干预至少可减少盲目的组织分化,为整个系统的多样性赋能。同时,政府干预非但没有压制院校竞争,反倒鼓励院校竞争上位,提高组织满足社会多元化需求的响应能力,但事实上市场调节下院校竞争的盲目性常被视为院校信息失真所致的组织趋同的函数。原因在于增加消费者主权并不会自动提升高等教育机构对社会需求的反应能力,也不会增强高等教育系统的多样性。相反,这些机构的行为是由另一个市场条件即对机构声誉的竞争引发的。[2] 显然,高等教育市场中所充斥的一流大学排名莫大地激励了院校竞争,而排名本身是简化的、信息不充分的、单一科研导向的透明工具,高等教育消费者难免受其误导,这反过来直接影响院校的战略愿景。由此可见,高等教育领域消费市场机制的运行并不顺畅。

根据经济理论的观点,每当信息不完善和市场不完整时,那么"看不见的手"就不完美地工作了。因此,出于对市场调节失灵的立场,政府干预更能实现院校的多样化。无论对于多大规模的系统,政府监管机制的创新对高等教育系统结构有重大影响。泰希勒也发现,欧洲高等教育越来越受到自上而下的激励和惩罚机制的影响,人们普遍认为这些机制有助于提高高等教育的效率。[3]

(三) 政府主导分化的干预手段

政府促成分化的常规做法在于行政直接干预。研究者憧憬这样的院校多样化图景:每个学院和大学都有足够不同的战略任务、研究概况和学术

---

[1] Jeroen Huisman & V. Lynn Meek, "Institutional Diversity in Higher Education: A Cross-National and Longitudinal Analysis", *Higher Education Quarterly*, No. 61, 2007.

[2] Frans A. van Vught, "Diversity and Differentiation in Higher Education", in F. A. van Vught (ed.), *Mapping the Higher Education Landscape: Towards a European Classification of Higher Education*, Dordrecht: Springer, 2009, pp. 1–16.

[3] Ulrich Teichler, "Changing Structures of the Higher Education Systems: The Increasing Complexity of Underlying Forces", *Higher Education Policy*, Vol. 19, No. 4, 2006.

项目，差异化的一般原理是通过激励每个机构建立其特定的、公认的优势来减少不必要的重复建设，提高组织效率和有效性。为达到该目标，应寻求通过让每个机构制订自己独特的战略计划并随后确保每个机构遵守该计划来引发更多的差异化。① 必要时，政府可不惜直接主导院校合并和系统重构。正如南非正大刀阔斧地重构高等教育机构结构所做的一样，而这得到了南非高等教育协会的完全支持，因为这种体系至少在理论上使高等教育机构拥有不同的发展轨迹成为可能。②

相关研究与实践赞成引入市场元素改良院校多样化的政策工具。比如研制院校透明工具。如果说过去国家级的高等教育分类体系基本上是以中央政府用来管理和控制所有高等教育机构的一种手段而存在，那么当前则更倾向于出台新形式的透明工具来满足不同用户的需求，如中日两国官方层面的大学排名和评价项目、院校数据库等，这些直接促进了系统的分化。③ 当然，在同构理论者看来，这些工具本身并不能增加院校多样性，还应配合正当的资源竞争政策方可发挥作用。人们可能会认为，政府直接或间接资助的机构范围越有限，就越需要政府更多地参与，以便在可获得政府财政支持的有限机构范围内实现多样化。根据这一推理，政府可以单独使用或组合使用两个工具以增加机构的多样性：向更多的机构提供政府财政支持，并区分机构的资金和任务。④

（四）分类管理的两面性

尽管政府干预论者极力主张院校分化中驱力的强大，但是，人们并不清楚如何实现高等教育系统多样性的增加。同时，已经制定和实施的许多

---

① Roger P. Milian, Scott Davies and David Zarifa, "Barriers to Differentiation: Applying Organizational Studies to Ontario Higher Education", *Canadian Journal of Higher Education*, Vol. 46, No. 1, 2016.

② 王文礼:《解读〈通向多样化、有效性的南非高等教育系统的道路：2010年～2020年战略框架〉》,《比较教育研究》2013年第3期。

③ Huang Futao, *From Government Control to Increased Transparency? Changes to Quality Assurance of Higher Education in Japan and China*, https://www.researchcghe.org/perch/resources/publications/wp29.pdf.

④ Gavin Moodie, "How Different Are Higher Education Institutions in the UK, US and Australia? The Significance of Government Involvement", *Higher Education Quarterly*, Vol. 69, No. 1, 2015.

政策并不总是产生预期的效果。① 这令分类管理面临的如下挑战和质疑加剧。

其一，院校分化工具的标准化。反政府干预者认为，政府分类政策因过于刚化，同样会趋向于强化院校类型设置的制度依赖。在中国，"在政府过度的行政干预下，办学自主权难以落实，大学之间的管理模式日趋同质化。"② 类似案例在国外并不少见，如在非洲，政府通过建立新大学来提高高等教育系统能力，相关政策常使用一种基本大学模式，这意味着新大学试图成为现有大学的"克隆"。③ 有些学者对院校分化政策功用提出了中肯的评价分析，他们承认院校分化现象的复杂性，部分肯定了政策工具对于院校分化的正面作用，从而指出"政府的政策规程有助于保存高等教育系统中现有的多样化水平，但是政府对高等教育机构的合并行为也进一步促成了同质化而不是多样化"。④

其二，分类管理结果的等级化。在已建成的分类系统中，包括加州高等教育系统，政府巩固院校等级制度并使其合法化，院校纵向分层胜于横向分类。布雷克利埃对比系统整合前后院校自治的变化对此进行解释。他认为，在政府实施系统整合之前，处于自治状态的院校形成了一种自然发展秩序。而整合一旦开始，将意味着政府运用正式规则实现组织的标准化，用具有韦伯意义的等级次序限定组织位次；建立统一原则，通过普通学位和职业结构等手段组织机构间的关系。由此，等级秩序最终将完全取代自然发展秩序。在此过程中，"政府部门越来越频繁地通过立法和其他措施干预院校发展，要求多样化特征丰富的机构适应声望等级排序，并按这种规则与那些起初被认为不同类的其他机构进行

---

① Frans A. van Vught, "Diversity and Differentiation in Higher Education", in F. A. van Vught (ed.), *Mapping the Higher Education Landscape: Towards a European Classification of Higher Education*, Dordrecht: Springer, 2009, pp. 1–16.

② 唐汉琦：《高等教育普及化时代的大学治理》，《中国高教研究》2016年第4期。

③ Nico Cloete, *Africa Needs Differentiated Higher Education Systems*, http://www.universityworldnews.com/article.php?story=20150225142742928.

④ Jeroen Huisman & V. Lynn Meek, "Institutional Diversity in Higher Education: A Cross-National and Longitudinal Analysis", *Higher Education Quarterly*, No. 61, 2007.

排序"①。

其三，部门监管下的环境趋同。主张环境与组织多样性具有相关性的观点源于生物学，并被迁移到组织理论中。"存在于同一环境、有着同样的资源来源方式和服务对象的组织，整体上也将会变得更为同质化。简单地说，环境越同质，越会导致组织的同质化发展，而环境越多样化越能促进组织的多样化。"② 根据这种观点，环境压力（尤其是政府监管）以及学术规范和价值观的主导地位是影响高等教育系统分化和去分化过程的关键因素，对于院校横向多样性而言尤其如此。③ 而集中式的政府干预则习惯强化中央部门的权力，收缩地方政府的高等教育自治权，产生了许多统一化的标准、制度政策、管理文化，营造一致的组织生存氛围，使得院校欲分化而不能。

其四，竞争性拨款导致分层趋同。国内钦定式的大学建设项目曾饱受非议。由于国家将财力集中用于一些规模较大、学科实力较强的高校，将使中国高校不由自主地向分层分类方向发展，形成"等级结构"。④ 而普遍地，如果说在 20 世纪各国主要通过全面的规划和筹资制度管理高校，那么进入 21 世纪，这些手段则被各种形式的监管、以卓越为导向的选择性政策所取代。⑤ 由此可以假设，高等教育系统资源和声望的分配越来越多地由等级秩序决定，这使各机构在纵向上更加多样化。⑥ 而随着系统横向多样

---

① Ivar Bleiklie, "Organizing Higher Education in a Knowledge Society", *Higher Education*, Vol. 49, No. 1-2, 2005.

② Christopher C. Morphew, "Conceptualizing Change in the Institutional Diversity of U. S. Colleges and Universities", *The Journal of Higher Education*, Vol. 80, No. 3, 2009.

③ Peter A. Maassen & Henry P. Potman, "Strategic Decision Making in Higher Education: An Analysis of the New Planning System in Dutch Higher Education", *Higher Education*, Vol. 20, No. 4, 1990.

④ Zha Qiang, "Diversification or Homogenization: How Governments and Markets Have Combined to (Re) shape Chinese Higher Education in Its Recent Massification Process", *Higher Education*, Vol. 58, No. 1, 2009.

⑤ Maria Kaguhangire-Barifaijo & Karim Sessanga et al., *Expansion in Africa Delivers More of the Same*, https://www.chet.org.za/files/2007-11-16Doc%20Erinvale%20Differentiation%20Seminar.pdf?download=1.

⑥ Ivar Bleiklie, "Systemic Integration and Macro Steering", *Higher Education Policy*, Vol. 20, No. 4, 2007.

性对于组织和资源的分配变得越来越不重要，大学倾向于模仿所谓的成功模式。通常，研究型大学在主要排行榜上名列前茅，而高等教育机构越来越多地被视为全球行为者，这取决于它们在全球的地位。[1]

三 作为院校分化驱力的市场

虽然政府在共同设计和管理高等教育部门方面发挥关键作用，但仍有不少人认为，"市场"在促进高等教育体系的机构类型、专业和活动等多样性上，都将比国家监管更有效[2]。原因在于政府强力推进院校多样化，但与之相对的市场力量可能严重阻碍分化进程。[3] 这可以理解为有效摒除市场的"负方法"影响，无疑将显著提升院校多样性水平。

（一）院校分化的规模假设

国外关于高等教育多样化、多样性的讨论，大多都与规模或大众化有关。在归纳院校分化和多样化的动因时，特罗曾以高等教育发展阶段理论描述院校结构的变化，将院校多样化与大众化紧密联系起来，解释规模与质量的矛盾，并且非常强调大众高等教育中多样性的需要。随着年龄的增长，他对国家在创建大众高等教育体系中所起的良性作用越来越怀疑，认为多元化最好通过保持传统形式的学术治理（和学术自治）来表达。[4]

后续他人的研究甚至走得更远，企图建立两者的因果关系，甚至认为市场需求不仅能催生强大的系统扩张动力，还能驱使院校以多样化回应日益高涨的、多样性的社会需要。这不无道理，大众化与多样化的齐步并进自然令我们产生联想。显然，四五十年前，高等教育基本上是指传统的研究型大学，然而这种情景已今非昔比了。当前精英大学和"象牙塔"大学

---

[1] Zha Qiang, "China's Move to Mass Higher Education in a Comparative Perspective", *Compare: a Journal of Comparative and International Education*, Vol. 41, No. 4, 2011.

[2] Benjamin W. A. Jongbloed, "Marketisation in Higher Education, Clark's Triangle and the Essential Ingredients of Markets", *Higher Education Quarterly*, Vol. 57, No. 2, 2003.

[3] Roger P. Milian, Scott Davies and David Zarifa, "Barriers to Differentiation: Applying Organizational Studies to Ontario Higher Education", *Canadian Journal of Higher Education*, Vol. 46, No. 1, 2016.

[4] Peter Scott, "Martin Trow's Elite-mass-universal Triptych: Conceptualising Higher Education Development", *Higher Education Quarterly*, Vol. 73, No. 4, 2019.

的模式正得到重塑,高等教育更加多样化,更接近于由更多人口参与的拼凑模式。而且在许多国家,大众化进程导致了能替代传统大学职能的新高等教育机构的诞生。① 这表明,随着时间的推移,高等教育机构承担了比过去更广泛的职业准备责任,因此产生了巨大的体制差异,以满足日益多样化的受众的需求。那些在过去精英教育阶段未曾发生过的机构分化事件,在规模扩大的催化作用下,无疑更为司空见惯了。

(二)市场调节的院校自主崇拜

系统多样化的动力源于院校自主性,市场调节派对此深信不疑。早先,克拉克曾从知识体系自身的日益复杂导致高等教育机构内部和之间不断分化这个角度,反思高等教育系统与生俱来的分化能力。他认为学生多样性的增加、劳动力市场的增长、新学科的出现与发展这三种力量决定了机构的多样化进程。② 近年来,制度主义、组织认同、资源依赖、生态学、战略选择等组织理论视角被迁移到院校分化研究之中。③ 相比前两种理论基于社会建构和互动对院校同构现象的生动解释,后三种视角则出于组织不断收紧的生存环境、空间、资源等角度,对市场作用于院校多样化的机制和条件进行了更为立体的描述。

尽管视角和结论各异,但这些观点无不基于院校分化的理性主义假设,即:由于有限理性的存在,个体会改变其行为和组织模式以适应环境变迁,追求个体价值的最大化,组织转型因而被视为行动者在市场作用下自主确定最优分化路径的结果。在这种观念下,院校分化往往表现为一种自主、自我激励的行为,院校多样化与政府干预无关,后者甚至会阻碍前者的发展。大众化、竞争加剧和机构分化所带来的挑战也会驱动院校内部的专业分化,以便使更为大众化的专业能适应当地特殊需要,并满足在教

---

① OECD, *Assessment of Higher Education Learning Outcomes*(AHELO)*Feasibility Study Report*, Volume 1-*Design and Implementation*, Paris: OECD Publishing, 2012, pp. 16 – 20.

② Frans A. van Vught, "Diversity and Differentiation in Higher Education", in F. A. van Vught (ed.), *Mapping the Higher Education Landscape: Towards a European Classification of Higher Education*, Dordrecht: Springer, 2009, pp. 1 – 16.

③ Tatiana Fumasoli & Jeroen Huisman, "Strategic Agency and System Diversity: Conceptualizing Institutional Positioning in Higher Education", *Minerva*, Vol. 51, No. 2, 2013.

育、社会和文化背景等方面更为多样化的、数量不断增加的学生的学习需要。①

(三) 市场监管分化的竞争元素

市场以竞争机制驱动院校分化。相关研究假设,在所有其他条件相同的情况下,"高等教育中的市场竞争倾向于促进和增强机构使命和类型的多样性",甚而"参与的增长会导致更大的多样性,前提是政府退后一步,允许市场竞争自由前行"。② 这里涉及四种元素。

一是市场需要的多样性。教育历史学家和社会学家长期以来对加拿大、美国、英国等系统集权规划下教育扩张的各种失败案例进行分类研究,每项分析都表明,政府或机构领导人的集中规划若不能充分满足教育消费者的需求便会受阻。③

二是资源的稀缺性。在资源短缺的时代,市场在促进机构类型和专业多样化方面越来越被认为比国家监管更有效。④ 盖格也指出,在资源稀缺的时候,生存之战是在市场协调下进行的,机构会多样化地寻求市场定位和新客户。⑤

三是院校透明工具的影响力。全球主要一流大学排名正影响着院校资源分配和办学重心调整,大学校长们对排名爱恨交加,尽管有人抱怨排名驱动的文化和所使用的方法,但管理者和教师经常把它们作为衡量机构地

---

① Federica Rossi, "Massification, Competition and Organizational Diversity in Higher Education: Evidence from Italy", *Studies in Higher Education*, Vol. 35, No. 3, 2010.

② Simmon Marginson, *Horizontal Diversity in Higher Education Systems: Does the Growth of Participation Enhance or Diminish It?* https://www.researchcghe.org/perch/resources/cghe-6-july-2017-diversity.pdf.

③ Roger P. Milian, Scott Davies and David Zarifa, "Barriers to Differentiation: Applying Organizational Studies to Ontario Higher Education", *Canadian Journal of Higher Education*, Vol. 46, No. 1, 2016.

④ William F. Massy, "Markets in Higher Education: Do They Promote Internal Efficiency?" in P. Teixeira & B. Jongbloed et al. (ed.), *Markets in Higher Education-Rhetoric or Reality?* Dordrecht: Kluwer Academic Publishers, 2004, pp. 13 – 35.

⑤ Roger L. Geiger, "Diversification in US Higher Education: Historical Patterns and Current Trends", in V. L. Meek & L. Goedegebuure et al. (ed.), *The Mockers and the Mocked: Comparative Perspectives on Differentiation, Convergence and Diversity in Higher Education*, Oxford: Pergamon, 1996, pp. 188 – 203.

位的一种手段。① 而对于卡内基分类法，院校关心的是如何"提升"大学所处的类别，以及如何调整学校的课程、专业设置、研究经费项目或学位授予数目等方面，从而使学校能被划入"更好"的大学类别。②

四是高等教育的私有化。私有化被国外视为实现高等教育多样化的重要一步。私立高校灵活地满足了高等教育市场的需求，填补了公立高校教育服务的空当，也有助于弥补教育资源不足，从而迅速扩大高等教育规模。一些国家还广泛依赖私立营利性机构来满足日益增长的高等教育需求，导致私立院校的数量大幅增加。

（四）市场驱动分化的两面性

一些研究者同样质疑市场神话的真实性。他们认为，高等教育作为特殊的部门，办学信息的不充分、传统文化和惯习的强大、先天对效率的抑制，使其本身并不具备完备的竞争市场的特征。这样看来，市场调节院校分化的作用范畴和结果同样不那么可期了。

其一，多样化与大众化未必同步。院校多样性的图景自精英教育阶段便已逐渐形成。已形成某种共识的高等教育类型，如经典的"先生大学"与"学生大学"、中世纪古典大学、德国研究型大学，这些机构并非出现于大众化时期。同时，当发达国家相继于20世纪60年代进入大众化时代，美国社区学院、东亚的私立大学、德国高等专科学校等"旧机构"对大众化进程贡献巨大，较之高等教育规模的迅速扩张，机构类型扩充却相对单调。以高等教育最具多样性的美国为例，伯恩鲍姆和墨菲分别对1960—1980年和1972—2002年美国高等教育系统变迁进行研究，但结果更为悲观：尽管整个系统在剧烈地膨胀，但其多样性程度并未增长，甚至出现负增长。③

其二，高校自主分化的动力不足。市场调节派肯定并突出机构自决之

---

① Jeremy P. Martin, "Moving Up in the U. S. News and World Report Rankings", *Change: The Magazine of Higher Learning*, Vol. 47, No. 2, 2015.
② 赵春梅：《把酒话分类》，《评监双月刊》2008年第16期。
③ Christopher C. Morphew, "Conceptualizing Change in the Institutional Diversity of US Colleges and Universities", *The Journal of Higher Education*, Vol. 80, No. 3, 2009.

于院校分化的重要性，却似乎高估了院校利用这种自主权的能力和水平。荷兰政府于1985年宣布改变其政府高度监管的高等教育管理方式，实施以"远程政府控制和增强的机构自主性"为特征的监管政策，突出市场导向，增强院校灵活性以实现系统多样化的目标。马森和波特曼对这些政策的分析表明，"所有政策创新似乎都导向了同样的同质化方向"，"高等教育机构并未有效形成有意义的、差异化的组织特征，相反却似乎会出现各种同质发展倾向。"① 由此可见，院校自主分化观的过于自信势必会适得其反，降低多样化进程中市场机制的效果。

其三，市场竞争下组织变革的路径依赖。竞争驱动组织转型似乎也不可靠，"没有研究证据表明，完全基于竞争和选择的市场原则的政策会刺激大学的创新和创造力，更确切地说，它可能会产生谨慎、紧缩和顺从的心态。"② 竞争政策虽在加强，但澳大利亚高等教育系统却表现出去分化而不是分化行为，强烈的学术价值和标准以及高等教育的学术倾向抑制了多样化的增长。③ 克拉克对此作了"路径依赖"式的解释。他认为，大学的转型总是先从大学基层单位和整个大学的若干人开始，这是一个漫长的过程；当然，这并不意味着自治的大学总是能自觉、自主地实现转型，相反，"它们可能为过去生活，而不是面向未来。它们也许满足于过去的成就，而不愿有所前进。它们可能通过非正式的协议，决定和它们地区或国家的同类院校亦步亦趋，一起沉没或者一起游泳。"④

其四，市场分化工具的式微。多样化的市场需求并不总能驱动高校分化，布林特等人就发现，不同细分市场和阶层对特定市场信号的反应不同，地位较低的机构才对劳动力市场信号的反应更强，而地位较高和选择

---

① Peter A. M. Maassen and Henry P. Potman, "Strategic Decision Making in Higher Education: An Analysis of the New Planning System in Dutch Higher Education", *Higher Education*, Vol. 20, No. 4, 1990.

② Kevin J. Dougherty, "Higher Education Choice-making in the United States: Freedom, Inequality, Legitimation", https://www.researchcghe.org/perch/resources/publications/wp35.pdf.

③ V. Lynn Meek, "The Transformation of Australian Higher Education: from Binary to Unitary System", *Higher Education*, Vol. 21, No. 4, 1991.

④ [美] 伯顿·克拉克：《建立创业型大学：组织上转型的途径》，王承绪译，人民教育出版社2003年版，第3页。

性较高的机构对捐助者优先事项的信号反应更快。[1] 同时，由于过于看重学术表现，透明工具对高校横向多样化的负面影响客观存在。如果加拿大《麦克林》杂志的大学排名非常重视三大研究理事会的研究资助，该国高校将被激励提高其研究能力而不再强调本科教学，地位等级因此将增强同质性而非差异性。[2] 最后，私有化推进院校分化的功用有限。在拉丁美洲、亚洲和东欧等私有化发展较快的区域，私立院校虽推进系统扩张，但往往与公立院校争夺同样的潜在生源，对增进院校多样性贡献甚微。[3]

第二节　加拿大安大略省高校差异化制度实践

作为加拿大人口最多、高等教育最为发达、多元社会"马赛克"色彩最浓的省份，安大略省一直致力于以政府有形之手重构高等教育体系，推动公立高校分化。该省于2013年正式出台《安大略省高校差异化框架》，通过实施高等教育体系发展专项政策、强化分类拨款、推行"战略任务协议"等手段，基本构建起公立高校多样化分化框架，有效应对了高等教育财政拨款下降、入学人口增长趋缓等压力，聚力提升了高等教育质量。同美国加州高等教育系统总体规划类似，安大略省高校多样化政策是普及化系统实施高等教育分类管理的典型实践，相关做法将为"十四五"期间中国高等教育高质量体系建设提供有益的参照。

一　政策背景

为提高高等教育的入学率，维系高等教育公平，保持相对统一的学位

---

[1] Steven Brint, Kristopher Proctor, Scott Patrick Murphy and Robert A. Hanneman, "The Market Model and the Growth and Decline of Academic Fields in U. S. Four-Year Colleges and Universities, 1980 – 2000", *Sociological Forum*, Vol. 27, No. 2, 2012.

[2] Roger P. Milian, Scott Davies and David Zarifa, "Barriers to Differentiation: Applying Organizational Studies to Ontario Higher Education", *Canadian Journal of Higher Education*, Vol. 46, No. 1, 2016.

[3] Pedro Nuno Teixeira, Vera Rocha, Ricardo Biscaia & Margarida Fonseca Cardoso, "Competition and Diversity in Higher Education: An Empirical Approach to Specialization Patterns of Portuguese Institutions", *Higher Education*, Vol. 63, No. 3, 2012.

标准和较高质量，增进院校多样性从来都不是加拿大省级高等教育治理的当然议题。"尽管院校同质化的制度理念享有特权地位，但从20世纪70年代后期开始，一些事态发展激发了对这一理念的挑战。"① 截至2021年2月，该省设有20所公立大学、24所公立学院、400多所私立职业学院，以及9所土著学院。② 考虑到其区域、人口、地理、经济和文化差异，以及每个机构的创建历史，该省高等教育系统已经具有很强的多样性。③ 最近十余年来，受人口、财政紧缩和高校分化实践等影响，安大略省高校多样化政策转向尤为突出。

（一）高等教育入学人口变化

人口因素是影响高等教育发展的第一变量。近20年来，伴随新移民的涌入，高等教育规模不断扩大，高等教育需求不断多元化，社会各界要求高校进一步差异化的呼声四起。同时，随着人口越来越向大都市聚集，长期以来困扰安大略省的高等教育地理可及性问题不复存在，高等教育规模效应开始发挥作用，政策优先事项得以由保证入学机会公平的同质化战略，转向于旨在提升系统效能的差异化发展战略上来，正如斯科尔尼克所言，"由于人口持续增长，该省大部分地区的人口密度已足以支持更大的院校分化。"④ 具有戏剧性意义的是，这种呼声却因近来该省高等教育人口下降趋势而不断加强。据安大略省财政部预计，该省18—25岁高等教育适龄人口将从2015年的约154万下降到2024年的143万，降幅为7%。这一群体的人口水平要到2035年才能恢复到2015年的水平。⑤ 由于高等教育

---

① Michael L. Skolnik, *An Historical Perspective on the Idea of Institutional Diversity and Differentiation in Ontario Higher Education*, http://collegequarterly.ca/2013-vol16-num02-spring/skolnik.html.

② Ministry of Training, "Colleges and Universities. Go to college or university in Ontario", https://www.ontario.ca/page/go-college-or-university-ontario.

③ Harvey P. Weingarten and Fiona Deller, *The Benefits of Greater Differentiation of Ontario's University Sector*, Toronto: Higher Education Quality Council of Ontario, 2010, p. 8.

④ Michael L. Skolnik, "An Historical Perspective on the Idea of Institutional Diversity and Differentiation in Ontario Higher Education", http://collegequarterly.ca/2013-vol16-num02-spring/skolnik.html.

⑤ Harvey P. Weingarten, Amy Kaufman, Linda Jonker & Martin Hicks, *College Sustainability: Signal Data Toronto*, Toronto: Higher Education Quality Council of Ontario, 2017, p. 12.

入学人口减少，院校之间将被迫竞争日益减少的潜在学生，差异化被视为最为有力可行的应对方案。

（二）高等教育财政紧缩

历史上，由于高等教育规模较小，安大略省政府为保证高等教育入学的公平和机会均等，可以负担起富于小规模和趋同化特征、以成本高昂的研究型大学为代表的公立高等教育体系。20世纪70年代以来，高等教育规模的持续扩大，早已令该省政府财政不堪重负。为此，早在1980年，前安大略大学事务委员会发表了题为《系统合理化》的文件，敦促各大学之间保持更大的差异性，并消除"不良的重复"专业。2008年的经济衰退和随之而来的全球经济不稳定状态使安大略省财政雪上加霜，政府像过去十年那样每年将高等教育拨款增加3%是不可行的。由于高校办学严重依赖政府拨款和学费，近年来高校普遍通过扩招增加学费收入，由于入学人数增长在不久的将来会放缓，预计到2030年前，一些机构将难以保持现有招生规模，更不用说扩招了。[①] 总之，随着机构办学成本超过了政府运行经费拨款和学费收入的增长水平，现有高等教育成本结构正面临压力。

（三）高等教育机构持续分化

分化是机构应对高等教育需求多样化的自然反应，更是高等教育体系演化的常态。19世纪以前，安大略省高校分化主要与宗教有关，高校不断世俗化以便名正言顺地接受政府的资助；此后，学术标准、专业结构、文凭证书、教学和研究间的平衡等逐渐取而代之成为新的组织分化依据，其中最突出的表现则为20世纪60年代以来大量新设与美国社区学院类似的学院。[②] 作为大学低成本的替代品，这类学院的出现较好地满足了地方需求，扩大了高等教育入学机会，大学的精英地位因此得到巩固。但是，尽管高等教育机构分化维度不断拓展，教学与科研的关系一直是机构分化的

[①] Harvey P. Weingarten, Amy Kaufman, Linda Jonker & Martin Hicks, *College Sustainability*: *Signal Data Toronto*, Toronto: Higher Education Quality Council of Ontario, 2017, p. 4.

[②] Michael L. Skolnik, "An Historical Perspective on the Idea of Institutional Diversity and Differentiation in Ontario Higher Education", http:// collegequarterly.ca/2013-vol16-num02-spring/skolnik.html.

关键变量。随着办学影响不断扩大，固守教学职能的学院开始向科研职能漂移，并提升了就学生转学和学分互认与大学进行合作的诉求，甚至要求获得学位授予权；拥有科研和学位授权专属权力的精英大学对此强烈反对，还通过新设教学为主的科研排他型机构反向实施教学漂移。这些构成了当前安大略省高等教育体系发展政策的新议题。

二 政策框架的主要内容

2010 年，安大略省培训、学院与大学部委托该省高等教育质量委员会研究高等教育差异化政策的必要性和可行性。HEQCO 经研究确认，"一个更加差异化的高等教育部门对学生和公众都具有相当大的好处"[1]，安大略省遂于 2013 年将"差异化"确定为其高等教育系统的一个关键优先事项，并逐步明确具体改革的愿景、目标、内容和实施方案。

（一）政策假设

差异化政策框架是教育部门决策以及与机构、学生和所有利益相关者持续对话的基础，相关政策将为安大略省高等教育带来更高质量的教学和研究成果，学生将有更丰富的学习选择，在机构间的转移和流动也将更为容易，这对于加强机构问责制和财务可持续性都具有重大的现实意义。

其一，促进院校分工协作。在高度分化的系统中，每个学院和大学都有足够不同的战略任务、研究概况和学术项目。差异化的一般原理是通过激励每个机构建立其特定的、公认的优势进而减少不必要的重复，提高效率和鼓励有效性。这样便能巩固和帮助集中各机构的既定优势，使它们能够作为整体的补充部分，机构和政府对于各自使命及履行情况的把握能使各机构集中资源，做好自己使命范围内的事务，而不是去实现那些永远无法实现的愿望。而机构集中资源完成他们拿手的并且符合公共目标的业务，更被视为创建更可持续发展系统的要素之一。[2]

---

[1] Harvey P. Weingarten and Fiona Deller, *The Benefits of Greater Differentiation of Ontario's University Sector*, Toronto: Higher Education Quality Council of Ontario, 2010, p. 6.

[2] Harvey P. Weingarten and Fiona Deller, *The Benefits of Greater Differentiation of Ontario's University Sector*, Toronto: Higher Education Quality Council of Ontario, 2010, p. 11.

第五章　国外高校多样化促进政策与案例研究

其二，提升高等教育质量。过去以促进高等教育扩张为目的的策略导致高等教育体验质量的持续下降，如班级人数增加，师生互动减少，学生抱怨他们不了解任何教授而无法获得推荐信，公开质疑高等教育特别是大学的价值等。① 政府和机构此前通过实施"多年问责协议"强化了系统的差异化，基于此，进一步明确政府高等教育治理目标，推进高校差异化政策，有助于产生有针对性的高质量成果，支持学生成功并获得高质量的安大略省高等教育，有机会在建立更具凝聚力、更可持续和更高质量的高等教育系统方面展现国际领导地位，提高安大略省高等教育系统的全球竞争力。②

其三，优化资源配置。"试图让所有机构都适合所有人的高等教育体系，给学生提供的选择较少，威胁每个机构的独特贡献和品质，而且学生或纳税人根本负担不起。"③ 对政府来说，在资源紧张的时期，促进机构进一步分化是实现更高质量、富于竞争力、问责和可持续性的公共目标最有力的手段之一。作为培育每个机构既有优势的机制，差异化政策框架提供了一种平衡和协作的方法，立足并帮助安大略省学院和大学集中既定优势，使各机构能够最有效地使用资源，避免不必要的重复，维持一个高效和财政上可持续的高等教育系统。因此，差异化是一种利用现有资源产生更大影响和更好结果的策略。

其四，更好地满足个人对多样化、高质量高等教育的学习需求。当前，安大略省高等教育发展的焦点是提高教学质量和改善学生的整体体验，差异化为学生提供了更多的选择——无论是学术研究的选择，还是在校园文化和氛围等方面。④ 差异化政策基于机构优势和专业知识领域，承

---

① Harvey P. Weingarten, "Managing for Quality: A Change Manifesto for Canadian Universities", https://heqco.ca/harvey-p-weingarten-managing-for-quality-a-change-manifesto-for-canadian-universities/.

② Ministry of Training, Colleges and Universities, *Ontario's Differentiation Policy Framework for Postsecondary Education*, Toronto: Queen's Printer for Ontario, 2013, p. 9.

③ Higher Education Quality Council of Ontario, "Differentiating Ontario's Universities: Time to Go Bold", https://heqco.ca/news-release/differentiating-ontarios-universities-time-to-go-bold/.

④ Amy Kaufman, Linda Jonker and Martin Hicks, *Differentiation within the Ontario College System: Options and Opportunities*, Toronto: Higher Education Quality Council of Ontario, 2018, p. 3.

认教学活动的价值，鼓励有竞争力的创新和创业活动；它通过系统范围的学分转移增进学生的流动性，有效回应不同学生群体的需求，使各机构能够应对更广泛的学习者，提升高等教育可及性，进而实现处处好学的目标，使得每个学生无论在哪里学习都能学有所获、学有所成。

其五，提高学生所学专业与职业的匹配度、促进就业。安大略省存在"有工作无人做、有人却无工作"的现象，高校尤其是学院开设专业与就业市场严重不匹配。"如果现在不采取重大措施向前推进，安大略可能会对未来的挑战毫无准备，并使成千上万的人永远无法就业。"[1] 2013年，MTCU部长杜吉德在"缩小技能差距研讨会"上就曾表示，要更好地将雇主对熟练劳动力的需求和挑战与该省提供的教育和技能培训联系起来。为了有效实现该省加强高等教育和培养更多高素质毕业生的目标，安大略省不仅要注重差异化，还要注重更广泛、更雄心勃勃的转型战略。[2]

（二）实施原则

为促进高等教育系统朝更大的差异性方向分化，HEQCO向MTCU提出具体政策建议，概括起来主要包括两点：一是促进高校内部的多样化、扁平化，淡化组织层级；二是通过拨款和绩效评估手段，引导高校特色发展。具体原则如下。

其一，高校教学和研究职能应具有同等价值。安大略省大学与学院两个系统的层级陡峭，高校分化难以突破科研重于教学的天花板。为实现各机构公平分化，差异化系统的构建应基于机构职能而非其等级地位。在一个分工协作的系统中，各机构的职能并无高低贵贱之分，高等教育系统的所有功能必须被视为同等重要，不同系统中各机构的任务也应该是透明的。差异化框架的核心是致力于改革，使得一度被看低的教学职能得到与科研同样的地位，促使院校重视学生学习结果，"确保安大略省的高等教育提供一整套相关的学习机会，能够满足学生不断提高的学业发展和职业

---

[1] Colleges Ontario, *A New Vision For Higher Education in Ontario*, Toronto: Colleges Ontario, 2009, p. 1.

[2] Colleges Ontario, *Reaching New Heights: Differentiation and Transformation in Higher Education*, Toronto: Colleges Ontario, 2013, p. 4.

目的方面的需求。"①

其二，学院和大学应有效沟通衔接。让不同能力水平和需求的学生在不同的系统中接受高等教育并有序流动，从降低成本的角度考量差异化框架的经济价值。长期以来，安大略省高等教育系统缺乏有效的沟通机制，学生在大学、学院间的学分互认和转学并不顺畅。反观美国公立高等教育系统，其中以加州高等教育系统为典型，不同层次高校间畅通有序的转学和学分互认制度有效地将不同机构职能整合起来，强化了系统的多样性。尽管差异化意味着特色发展、错位竞争，但这种高等教育系统必须是一体的、融会贯通的，在减少职能重叠的同时，保证机构间的互补与共生发展，而不是各自为战。

其三，差异化政策应与院校资助体系相匹配。经费是院校分化最为核心的外驱力，院校趋同化或差异化发展的动力往往与附着于体系框架的经费相关。差异化意味着鼓励和使每所院校能够追求与自身办学定位相当的使命，政府更应以不同的方式对待和资助各个机构。世界高等教育治理经验也表明，拨款政策是影响高等教育体系发展最为关键的因素，当机构在差异化项目中有发言权时，政府资助的影响更大，"高等教育系统中具有明确多样性目标的拨款激励越大，系统多样性的潜力就越大。"② 因此，HEQCO强调，拨款应与高校分化的预期结果挂钩，各机构应竞争而不是被钦定得到办学经费，特别是增量拨款。

其四，利用"多年问责协议"和绩效指标评估院校预期办学目标的实现情况。安大略省高校具有高度的自治权，政府对高校的管理相对松散，政策的出台与实施多基于政府、专业咨询机构和高校的协商。同时，差异化政策框架包含未来一定时期高校分化的愿景，而未来高校分化的结果和办学领域的任何变化都会影响其进一步分化的路径和性质。因此，政策实施进程中，需要制定绩效指标持续评估高校办学是否达到预期目标和结

---

① Colleges Ontario, *Reaching New Heights: Differentiation and Transformation in Higher Education*, Toronto: Colleges Ontario, 2013, p. 4.

② Andrew Codling and V. Lynn Meek, "Twelve Propositions on Diversity in Higher Education", *Higher Education Management and Policy*, Vol. 18, No. 3, 2006.

果。这种转变的基石是每所大学与 MTCU 之间达成的全面协议，确定每所机构的期望和责任，包括预期的招生人数和学生组合、优先教学和研究计划以及未来增长和发展的领域等。①

（三）具体内容

按照通常理解，高校分化包括纵向与横向两个维度。纵向分化是指按照研究强度或声誉等维度对机构进行排名，这暗示了一个分层的等级制度。而横向分化意味着形成一个由具有多种使命和任务的机构组成的协调系统，这些机构具有同等价值，但会以多样的方式满足不同学生的需要。按照这种理解，安大略省高等教育差异化框架力促机构的横向分化，包括满足不同社区的需求、专注教学或研究（研究生教育），以及开办特色专业等方面。

其一，重构高等教育体系。安大略省高等教育差异化框架旨在形成多样化、分工明确、竞争有序、衔接顺畅的高等教育体系，在这种框架下，综合研究强度、入学机会平等、需求、学习生涯、毕业结果五个方面的差异，可将该省高等教育机构划分为不同的集群。②

（1）多伦多大学。该校定位为综合性、研究最为密集、最具国际竞争力的旗舰大学，差异化政策要求对资金和招生预期进行重组，以确保多伦多大学能够继续为安大略省高等教育发挥其独特而强大的引领作用。

（2）由麦克马斯特大学、西部大学、滑铁卢大学、渥太华大学、皇后大学和贵湖大学 6 所大学组成的研究密集型大学集群。这类大学的学生期待更高，它们吸引潜质较高的学生，产生高质量的研究成果，因此要将研究资源——基础设施、资助资金和研究生教育——集中到这类大学，更好地满足学生的需求。

（3）科学研究与本科教育并重的大学，包括约克大学、卡尔顿大学、温莎大学和瑞尔森大学 4 所大学。这类"中间大学"呈现出相对平

---

① Harvey P. Weingarten and Fiona Deller, *The Benefits of Greater Differentiation of Ontario's University Sector*, Toronto: Higher Education Quality Council of Ontario, 2010, p. 4.
② Martin Hicks and Linda Jonker, *The Differentiation of the Ontario University System: Where are we now and where should we go?* Toronto: Higher Education Quality Council of Ontario, 2016, pp. 10 – 12.

衡的特征，在教学、访问、研究等各个方面都服务于其所在的地区，并具有大多数本科院校的一些特征，是安大略省的"地区大学"，差异化政策应鼓励政府和这些机构强化他们的教学和学习能力，或者发掘其他的办学特色。

（4）以本科教育为主的大学，包括阿尔戈马大学、尼皮辛大学、俄勒冈大学、劳里尔大学、特伦特大学、布洛克大学、安大略艺术设计大学、莱克海德大学、劳伦森大学和安大略理工大学10所院校。促进教育公平、提高入学机会是高等教育机构重要的区别标准，这类机构应重点为弱势群体学生提供高质量的教育服务，差异化框架将确保这些机构的定位、设备和资金集中于为其重要的、多样化的学生群体提供入学机会和获得成功的机会。

（5）公立学院。这类院校侧重于技术职业培训领域，在专业多样性和参与学位授予方面存在一定的差异，因此也是高等教育体系分化的重点。其中，学位授予是考虑学院间正式区别的最重要的区分特征。这类院校的差异化必须与社区对广泛项目选择的需求相平衡。①

其二，研制高校分化的具体指标，主要包括就业、创新和经济发展，教与学，学生人口，研究和研究生教育，专业设置，支持学生流动的机构合作6个方面。②

（1）就业、创新和经济发展。强调各机构与雇主、社区伙伴和区域或全球一级的合作，以确立它们在促进社会和经济发展、满足经济和劳动力市场需求以及促进创业文化方面的作用，包括机构商业化、创新和应用研究活动对社会和经济发展的影响等，强调通过不同主体的合作更好地满足外部主体的需求，主要指标：毕业生就业率、雇主满意率、全职从事相关工作的毕业生人数等。

---

① Colleges Ontario, *A New Vision For Higher Education in Ontario*, Toronto: Colleges Ontario, 2009, p. 6.
② Ministry of Training, Colleges and Universities, "Ontario's Differentiation Policy Framework: Technical Addendum on Metrics", https:// www.algonquincollege.com/sma/files/2014/03/Ontarios-Differentiation-Policy-Framework-Technical-Addendum-on-Metrics-2.pdf.

（2）教与学。突出各机构不同专业教学方法的优势，用以扩大学生的学习选择，提升其学习体验和职业准备，包括体验式、创业式、工作整合式和在线学习等教学方式，体现教学方法的灵活性与多样性，主要指标：全国学生参与结果调查（仅大学）、学生满意度调查结果（仅学院）、毕业率、保留率、在学校参加合作项目的学生人数、机构在线课程注册人数、课程及其数量等。

（3）学生人口。提升弱势群体高等教育的参与机会、保留率和成功机会，并扩大法语学生法语项目学习的机会。主要指标：第一代土著和残疾学生、法语学生的人数和比例，在年度机构注册报告中报告的在安大略注册的国际学生的数量和比例，注册学生中获得安大略省学生助学金项目的比例等。

（4）研究和研究生教育。侧重安大略大学研究的广度和深度，并阐述了与研究生教育紧密相关的特定大学的研究优势。主要指标有：研究能力（受赞助研究总数、首席研究人员数、授予研究生学位数量、研究生奖学金/奖学金数量）、研究重点（授予研究生学位与本科学位之比、研究生与本科生之比、授予博士学位与本科学位之比）、研究影响（按照标准化计算的全部和每名全职教师获批"三大研究理事会"）研究经费、出版物数量、引文数量、按标准化平均引文计算的单篇论文的引文影响、国际竞争力（"泰晤士报高等教育排名"使用的"国际毕业生与国内毕业生的比例"、国际全球排名汇总等）。

（5）专业设置。所开设的专业、招生和学位授予的覆盖面，以及机构优势和特色领域等。主要指标：分专业和学历的入学率、分职业类别和学历的入学人数集中度情况、按专业或职业类别和证书划分的机构系统注册比例、每个行业的学徒工人数（仅学院）、每个行业学徒工的通过率/失败率（仅学院）、按行业分列的学徒工培训经费（仅学院）等。

（6）支持学生流动的机构合作。即确保学生在协调系统中获得连续学习机会的机构间的伙伴关系，包括部门间或部门内学分转移的途径、合作或联合培养项目等。主要指标：学院和大学转学途径及衔接协议的数量（学院—学院、学院—大学、大学—学院、大学—大学）、转学申请人和登记人的数量、进入大学专业学习的学院毕业生人数等。

(四) 主要措施

安大略省确立了促进院校差异化的两个关键方向。一是战略性招生政策。这将由系统层面的教育主管部门对高等教育入学情况的预测、人口统计及相关的最新省级发展规划等决定，各机构应提供未来5—10年招生人数的预测数据。二是保持财政的可持续性。确保院校和系统层面的财政可持续性是差异化政策的基础条件，各机构应用好透明报告标准体系，基于院校财务健康和行政效率的可比性测量，增强其集中资源发展优势领域的能力。[①] 具体措施如下。

其一，签订"战略任务协议"。明确机构的任务和使命可以使人力和财力资源更加集中于社会而不仅是特定机构所期望的专业领域。早在2005年，由安大略省前省长鲍勃·雷亲自主持完成的调研报告《安大略：学习的领导者》，敦促该省"通过学费框架、问责安排和该省拨款公式的设计"，激励系统内各机构特色发展，呼吁制定不同的任务和专门方案，同时消除不必要的重复。[②] 由于机构的普遍兴趣是研究和高级学位，而不是追求更大的机构差异，2013年开始实施的"战略任务协议"便是高校表达其独特任务、优势和愿望的制度。这是一个有针对性的区分学院和大学的方法，花钱少或没有重复性拨款，有助于提高系统效率，"以确保安大略省的高等教育系统建立在每个机构优势的基础之上"[③]。各高校在协议中应阐明该校与MTCU之间的关系，具体提出应采用哪些措施促进其使命和活动与安大略省高等教育差异化的愿景保持一致。

其二，出台相关政策、实施办法和拨款工具。过去安大略省高等教育发展历程表明，除非通过拨款手段积极推动，否则差异化只不过是一场对

[①] Ministry of Training, Colleges and Universities, *Ontario's Differentiation Policy Framework for Postsecondary Education*, Toronto: Queen's Printer for Ontario, 2013, p. 16.

[②] Bob Rae, *Ontario: A leader in learning*, Toronto: Ministry of Training, Colleges and Universities, 2005, pp. 29–42.

[③] Agostino Menna, Holly Catalfamo and Cosimo Girolamo, "Applied Entrepreneurship Policy: Ontario's Colleges in the Age of Globalization", *Educational Planning*, Vol. 23, No. 2, 2016.

话。因此，随着时间的推移，MTCU将使其政策、实施办法和拨款工具与框架和"战略任务协议"保持一致，以确保决策的一致性。HEQCO在其2021—2024年研究计划的"加强持续性和体系设计"部分中也提出，"关注差异化，特别考虑安大略省的'战略任务协议'和基于绩效的资助"[①]。具体拨款政策中不仅要关注高校招生人数增长，还应向机构创新的教学方法或其他独特的使命、研究职能的履行等倾斜。各机构将与MTCU之间签订全面协议，确定其办学愿景和责任，包括其预期的招生和学生组合、教学和研究的优先项目以及未来的发展领域等。与目前"多年问责协议"的做法不同，对机构的增量拨款将与其任务协议保持一致，年度进展将使用一套商定的绩效指标进行评估，机构拨款将视实现商定目标和指标的进展情况决定是继续还是中止。

其三，建立问责制。在以"软管理"为主要特征的安大略教育行政体系中，教育政策的出台、实施和评估往往是多方博弈的结果。为保证院校朝向预定的目标分化，问责制常常被安大略省政府用于政策实施效果的评估。在安大略省，大学与非大学高等教育机构均须接受质量保障机构的评估，但区别在于：公立大学由具有自律性质的质量保障机构（如安大略省大学协会）评估，而应用型高校则须接受政府组织成立的高等教育质量评估委员会的评估。[②] 高校向MTCU上报办学情况，而MTCU也与政府部门合作，分阶段提交整合的及简化版报告，这仍是政府向各机构问责的重要方式。早在2006年，安大略省便推出"多年问责协议"，用以把握各院校战略性系统范围绩效指标的完成情况。政府部门将重新检视该协议，将其作为"战略任务协议"的临时问责报告机制，审查反馈报告模板中的要素，以减少重复、减轻院校报告的负担。通过这一战略，MTCU寻求通过让每个机构制定并确保完成自己独特的战略计划进而提升系统差异性，借此调整安大略省高等教育的结构。

---

① Higher Education Quality Council of Ontario, "Mapping the road ahead: HEQCO's research plan 2021-2024", https://heqco.ca/wp-content/uploads/2021/08/MappingRoadAhead.pdf.
② 秦琴：《质量保障与评估如何影响高等教育多样化发展——基于13个国家（地区）高等教育外部质量保障体系的文本分析》，《外国教育研究》2017年第4期。

三 问题与挑战

安大略省致力于通过加强政府干预促进高校分化,标志着其高等教育发展由过去的关注公平,特别是满足不同地区学生入学需求向提高质量和办学效益的方向转变。在高等教育普及化不断深入的背景下,应对办学资源不足和外部市场的多样化,高校差异化分化当然具有更多的好处和合理性。但是,由于安大略省高等教育经费短缺困境短期难以改善,加之管理结构相对松散,差异化政策的实施仍面临一定的障碍和挑战。

(一) 问题

其一,高等教育投入不足。拨款机制牵引着高校分化,高等教育财政的可持续性对于高校差异化至关重要。安大略省高等教育系统以公立高校为主体,地方政府拨款是高校经费的主要来源。但是,高等教育在该省事务中并不具有优先性,高校办学一直面临着经费不足的压力,社会和学界对政府高等教育资助政策比较保守甚至落后的批评由来已久。该省财政部数据显示,高等教育财政支出由 2013—2014 年度的 73.4 亿元增加到 2019—2020 年度的 105.2 亿元,年增长率虽达 5.6%,但相当多的经费被用于学生资助项目、学院层次高校建设,这些项目对系统整体分化影响有限。同时,财政经费不足所引发的学费上涨和学生债务问题突出。有研究显示,2018 年,安大略省 40% 以上的大学生要通过学生资助项目完成学业,而该省超过六分之一(17.6%)的破产是学生债务造成的;本科生生均学费方面,加拿大全国为 6838 美元,而安大略省则高达 8838 美元,过去十年分别以每年 3.7%、4.6% 的速度增长。[1] 目前存在的一个令人啼笑皆非的事实是,随着政府对高等教育的贡献日益下降,政府对高校问责制问题的兴趣却越来越高。[2] 安大略省大学教师协会联合会建议该省省长道格·福特为所有机构提供更多资金,而不是强加一种"使一所大学与另一

---

[1] Hoyes, Michalos & Associates Inc., "Student Debt Crisis—A Generation Buried in Student Debt", https://www.hoyes.com/press/joe-debtor/the-student-debtor/.

[2] [加]格兰·琼斯:《安大略高等教育》,载自格兰·琼斯主编《加拿大高等教育:不同体系与不同视角》,林荣日译,福建教育出版社 2007 年版,第 161 页。

所大学竞争"的制度。①

其二，高等教育系统性规划政策缺失。美国加州高等教育系统规划为安大略省差异化政策提供了一个生动的成功典范。相对20世纪60年代的加州，安大略省高等教育呈现出二元制体系特征，大学、学院二级架构和管理比较松散、衔接机制缺失，高校办学自主权更大，政府持续支持或者至少容忍高度的院校自治，甚至对于那些刚刚在这一层次出现的新院校也是如此。因此，当一个（负责评估研究生教育发展的）委员会提议说，为了使这一大学层次更趋理性化，可以按照加利福尼亚大学的模式创办一所安大略大学时，人们对这一建议的反应几乎却是全盘否定的。② 安大略省并不缺乏高质量的高等教育规划报告，如2005年MTCU文件《安大略省：学习的领导者》对当时甚至未来高等教育发展提出了许多富于启发的政策建议，不失为了解和研究安大省高等教育政策的典型文献。但是，由于高等教育规划文化和传统的缺乏，这些报告的出台具有很强的被动性和应景性，配套政策、制度并不健全。"战略任务协议"面临的困境比较典型，"当不清楚将使用什么工具或机制来执行协议时，各机构就协议细节进行谈判将是一项挑战。"③ 同样地，差异化虽被安大略省确立为高等教育体系建设的全局性战略，但政策框架尚未形成体系，许多问题需要在实践中边摸索边解决。

其三，省级政府高等教育统筹能力不强。省级政府在推动高校差异化进程中扮演着关键角色。"如果规模较小的学校继续像研究型大学那样向前发展，这种差异只会越来越小。似乎需要公平的联邦和省级资助以及对所有机构的监管来阻止这种'千篇一律'的趋势。"④ HEQCO召集的专家小组在审查了该省44所公立学院和大学提交的《战略任务协议》后也认

---

① Paul Basken, "Ontario's hopes for performance-based funding seen as optimistic", https://www.timeshighereducation.com/news/ontarios-hopes-performance-based-funding-seen-optimistic.

② [加] 格兰·琼斯：《安大略高等教育》，载自格兰·琼斯主编《加拿大高等教育：不同体系与不同视角》，林荣日译，福建教育出版社2007年版，第148—149页。

③ Ontario Confederation of University Faculty Associations, *Differentiation Policy Framework for Postsecondary Education*: *OCUFA Analysis*, Toronto: Ontario Confederation of University Faculty Associations, 2013, p.4.

④ Megan Wormald, "Emergence of the Canadian Research University", http://collegequarterly.ca/2013-vol16-num03-summer/wormald.html.

为，政府必须发挥更加积极、自信和有目的的作用，以推动系统层面的规划和变革。[①] 然而，现实却与此相反。加拿大高等教育实行分权制管理，依照1906年多伦多大学法案，省级政府却并不能直接介入高等教育，只能通过制定省域高等教育政策、教育计划及提供经费资助等方式对高校实行"软管理"。这种管理依据两者的契约关系，由于缺少具有实权的高等教育管理和协调机构，重大政策出台往往需借助于大量中介咨询组织的力量，并经省级政府与高校间的反复协商、沟通、约定和博弈方能推行，这点与美国加州高等教育系统反差明显。如安大略省大学事务委员会等便负责向政府报告学校中发生的任何事情，这个委员会最重要的使命是帮助政府决定向大学提供办学资金的问题。由此可见，高校差异化政策实践所需要的强力政府与政府统筹能力欠佳之间的矛盾将持续存在。

(二) 挑战

其一，满足多样化的社会需求。高等教育需求是高校分化的源动力，无论主动预见或被动适应，高校多样化政策若不能满足市场多样化的需求，必将是无效的。尽管安大略省高等教育普及化程度极高，但提升高等教育的可及性仍是高等教育发展的重要任务。当前，安大略省必须消除阻碍学生追求全面教育的行政和成本障碍，并确保所有学生包括参与学徒制计划的学生都有机会强化其教育和培训。而据MTCU估计，到2021年，高等教育应扩招5.3万—8.6万才能满足学生入学需求，多伦多地区将面临特殊压力，高校的招生计划将不足以满足这一需求。同时，作为加拿大人口最为稠密、移民为主的省份，安大略省人口结构、分布、数量的变化存在不确定性，高等教育多样化需求随之也不断在发生变化，院校契合高等教育市场趋向而分化同样充满着变数。加拿大学生联合会、安大略省研究生联盟和安大略省大学教师协会联合会都曾概述过院校专业化趋势对土著、北方和农村学生等特定群体产生的巨大影响，差异化政策因而有可能加剧各省南北地区高等教育入学

---

① Higher Education Quality Council of Ontario, *Quality: Shifting the Focus. A Report from the Expert Panel to Assess the Strategic Mandate Agreement Submissions*, Toronto: Higher Education Quality Council of Ontario, 2013, p. 17.

机会的差距，阻碍北部社区的人力资本形成和经济发展。①

其二，淡化高等教育系统层级。20 世纪 90 年代初以来，由于加拿大联邦和省级政府在科研资助方面采取与绩效挂钩的资助政策，安大略省大学和学院等级鸿沟日益加大。组织过度分层无益于高校分化，米利安等人的跨学科研究便指出，高校组织同构（高校模仿高地位大学的趋势）、参与地位竞争和排名等将阻碍其多样化；由于组织所固有的松散耦合特性，高校也会采取仪式遵从的权宜策略应对变革，不愿改变其办学传统，而是为了与外部权威和政策保持一致，仅从形式上参与仪式合规而非实质性的变革。② 这样会使得高校在有限的办学方向上展开竞争，消解多样化政策的效力。而试图让学院获得大学同等的权力，势必会因院校职能"漂移"而产生趋同。因此，政府和高等教育机构经常陷入困境，因为它们看到了多样性和差异化的价值，但它们也需要尽可能地控制可能正在发生的各种"漂移"。③ 正如让学院获得学士学位授予权面临的争议一样，可以认为这将通过在安大略省的学院和大学之间打造重复项目来阻碍差异化。可以说这将导致一个低效的高等教育系统，既昂贵又无差别。④

其三，建立有效衔接的院校沟通机制。"一个更强大、更普遍的学分转移机制是维持任何有意义的差异化水平（包括我们已经拥有的水平）的必要前提。"⑤ 自 20 世纪 60 年代学院建立以来，安大略省政府一直在寻求改善从学院到大学的转学机会，但这是对现有结构的叠加，在现有结构

---

① Roger Pizarro Milian, Brad Seward and David Zarifa, "Differentiation Policy and Access to Higher Education in Northern Ontario, Canada: An Analysis of Unintended Consequences", *The Northern Review*, No. 49, 2020, pp. 195–218.

② Roger P. Milian, Scott Davies and David Zarifa, "Barriers to Differentiation: Applying Organizational Studies to Ontario Higher Education", *Canadian Journal of Higher Education*, Vol. 46, No. 1, 2016.

③ Bruce Doern, *Polytechnics in Higher Education Systems: A Comparative Review and Policy Implications for Ontario*, Toronto: Higher Education Quality Council of Ontario, 2008, p. 6.

④ Adam G. Panacci, "Baccalaureate Degrees at Ontario Colleges: Issues and Implications", http://collegequarterly.ca/2014-vol17-num01-winter/panacci.html.

⑤ Martin Hicks, Harvey P. Weingarten, Linda Jonker and Shuping Liu, *The Diversity of Ontario's Colleges: A Data Set to Inform the Differentiation Discussion*, Toronto: Higher Education Quality Council of Ontario, 2013, p. 20.

中，这两个部门被确立为不同的部门。① 学院多开设职业、技术课程以方便学生就业，转学课程的设置十分有限，而大学课程过于重视科研。虽然后来安大略省的学院和大学之间建立了一些伙伴关系，但它们职能和办学历史的差异导致了专业阻隔和高等教育机构间的转学、合作极为不畅。② 太多的学生苦于求学无门而不愿意在现有转学项目中继续学习，"当一个学院或大学的学生转到另一个机构时，问题仍然是承认已完成学分的政策。许多学分转移系统是任意的和不一致的。转到另一所院校的学生往往被迫重复他们已经完成的课程，给他们的教育造成不必要的拖延和费用。"③ 安大略省逐渐意识到的问题是，"学院和大学之间形成的壁垒是学生流动的主要障碍，让差异化系统发挥作用的诀窍是允许差异化机构之间的流动性。"④

其四，提高院校参与多样化的主动性。安大略省对高等教育问题的解决倾向于省级层面的设想和规划、强调责任性，而不是发挥院校自主性，交由市场来解决。但是，由于教育统筹能力式微，省级政府过于倚重绩效拨款和合同管理手段干预高校分化，在单一的政策工具驱动下，差异化政策会诱生高校的功利性办学行为，从而令相关政策走偏。"由于相关政策创设了统一的环境，所有机构都以同样的方式应对挑战和机遇，导致系统向更具竞争力和生产力转变时创新和创造力有限。"⑤ 实际上，高校才是高等教育体系分化的主体，安大略省差异化框架的实施同样不在于政府而在于高校。"各个机构，无论是个别地还是共同地，都必须在发展差异化方面拥有发言权。他们

---

① Christine Helen Arnold et al., "Mapping the Typology of Transition Systems in a Liberal Market Economy: the Case of Canada", *Journal of Education and Work*, Vol. 31, No. 2, 2018.

② Adam G. Panacci, "Baccalaureate Degrees at Ontario Colleges: Issues and Implications", http://collegequarterly.ca/2014-vol17-num01-winter/panacci.html.

③ Colleges Ontario, *Reaching New Heights: Differentiation and Transformation in Higher Education*, Toronto: Colleges Ontario, 2013, p.8.

④ Victoria Hurlihey, "College-University Transfer Programs in Ontario: A History and a Case Study", http://collegequarterly.ca/2012-vol15-num04-fall/hurlihey.html.

⑤ Hayfa Jafar, "Differentiation and Collaboration in a Competitive Environment: A Case Study of Ontario Postsecondary Education System", http://collegequarterly.ca/2015-vol18-num02-spring/jafar.html.

必须在当地范围内做出反应，并根据所服务的地区和民众调整其计划和活动。差异化的实现需要省级部门和机构之间的伙伴关系。"① 而在安大略省，大学和非大学部门都必须与阻碍有益的制度和文化变革的许多障碍做斗争：教师脱离和无知，而教职工对学术治理、大学传统或学术决策过程中的主人翁感知之甚少。② 这些障碍多源自高校的内生属性、保守传统，政府或许可通过微观制度加以规制，但过程一定是漫长而艰难的。

（三）可能的应对策略

院校多样化是高等教育大众化、普及化阶段的必然趋势。由于管理体制和文化传统等因素的影响，差异化的高等教育体系并没有固定模式。新世纪以来，但安大略省高等教育体系建设最为突出的变化就是引入院校差异化政策。依此，院校分化越来越以系统整体发展的需要为指向，既要面对高校内部的多样化，更要适应社会对不同院校职能的多维需求。这需要加强政府与院校的沟通，更加突出政府在促进院校多样化中的主导作用，特别是加大办学经费的支持力度，改革拨款方式和调整资助导向，通过强化协议拨款、战略规划和问责制，不断提升院校办学优势和特色。

尽管面临这样或那样的问题，但安大略省高校差异化政策的经验值得关注。一是院校差异化的关键在于实现机构内部的多样化。要通过院校职能履行和微观办学因素的多样化驱动院校巩固自身办学优势和特色，进而实现系统分化和分工协作。政府需要考虑的一个关于差异化的关键决策是维持安大略省目前存在的强有力的大学与学院二分法的效用。然而，作为第一步，最简单的办法是分别考虑大学和学院部门内部的差异问题。③ 二是高校差异化只是手段，目的是通过结构优化提升高等教育质量。院校差

---

① Martin Hicks and Linda Jonker, *The Differentiation of the Ontario University System: Where are we now and where should we go?* Toronto: Higher Education Quality Council of Ontario, 2016, p. 9.

② Lane D. Trotter and Amy Mitchell, "Academic Drift in Canadian Institutions of Higher Education: Research Mandates, Strategy, and Culture", *Canadian Journal of Higher Education*, Vol. 48, No. 2, 2018, pp. 92 – 108.

③ Martin Hicks, Harvey P. Weingarten, Linda Jonker and Shuping Liu, *The Diversity of Ontario's Colleges: A Data Set to Inform the Differentiation Discussion*, Toronto: Higher Education Quality Council of Ontario, 2013, p. 20.

异化具有区域性，不能一味地从系统层面评价院校的"千校一面"现象，区域内同质院校的存在有其合理性，这对于增进高等教育公平具有一定的现实意义，高校分化政策实践要综合考虑人口、高校办学面向、学科专业结构等方面的特征。三是要注重高校分化政策的联动性、系统性。院校差异化是系统工程，要综合高校设置、拨款、招生、学科专业调整、教学与科研等相关制度，出台多样化的院校评估和透明工具，从高等教育体系建设的角度解决高校分化中的问题。正如安大略省一样，政策制定者还应考虑在每所公立大学内确定和鼓励其他教育创新模式的方法。对每所大学内部的差异有更多的认识，将使人们更深入地了解政府的差异化政策的目标是否正在实现。[1] 四是强化政府统筹。安大略省过去的经验表明，在没有指导者的情况下，机构更倾向于同质化，而不是增进多样性。[2] 政府要发挥高校分化中的主导作用，做好高等教育市场分析与发展规划，加强对高等教育人口和需求的预测分析，促进政府与院校的沟通交流，加大对院校分化政策的宣传力度，完善高校分化管理与协调机制，提升院校自主分化的意识和能力。

第三节 结论与启示

国外高校多样化的两种观点从一定的侧面揭示出院校分化现象的复杂性，均有其合理性。然而，这些冲突观点的背后，反映出了相关研究的不足和高校分化的多维性。加拿大安大略省运用政府和市场两只手干预高校分化，同样面对着技术和实践层面的矛盾。当前，行将而至的高等教育普及化正呼唤更高水平的高校多样化，促进"双一流"建设和扩大高等教育参与率的任务更为紧迫，理解国外研究和实践对于中国院校结构调整实践具有重要的启示意义。

---

[1] David Trick, *Affiliated and Federated Universities as Sources of University Differentiation*, Toronto: Higher Education Quality Council of Ontario, 2015, p. 5.

[2] Martin Hicks and Linda Jonker, *The Differentiation of the Ontario University System: Where are we now and where should we go?* Toronto: Higher Education Quality Council of Ontario, 2016, p. 9.

一 结论

（一）高校分化存在着政府和市场两种不同的价值观

相关研究和案例实践表明，政府和市场均可作为高校分化的驱动力和手段，在政策层面，政府与市场两种工具却没有明确的界限，可以共存共用。但是，对于如何促进高校分化，显然存在截然不同的价值立场。这两种观点间的争议，其实质与分歧面体现在院校分化观、分化进程中的院校观、竞争观、需求观和标杆观的看法存在差异。具体见表5-1。

所谓分化观，即对院校分化的观念、作用和现状等的看法。两种观点聚焦于分化进程中一些促动要素和归因的讨论，包括：院校分化假设，即院校发展的本性是趋同还是求异的；竞争假设，即分化中组织竞争是否必要，进而如何保持其有效性；规模和需求假设，即院校分化是否与扩大的教育人口和不断多样化的教育需求相关，甚至前者就是后者的自然反应还是压迫下的结果；标杆假设，即分化进程中是否需要一定的榜样，如各种正式的法定身份、认证、评估？甚至排名、分类等透明工具，以及基于学术声望和地位的多样化拨款工具等，如何发挥这些标杆的分化示范作用。

两种观点对以上论题已形成一定的共识。相关研究均肯定院校分化作为机构响应内外部刺激的自然反应，有助于满足系统结构优化、组织功能扩展、外部市场和学生就学多样化等需求；多样化的根本动力在于院校自决，组织竞争和环境氛围有力地推进了院校的分化；市场需求和系统规模扩张的要求若非直接触动多样化，但至少部分改变了组织的形态和结构；榜样院校的分化效果以及标杆工具的引导，均会引导院校趋利避害、选择分层模拟或差异化战略，实现系统多样化。

当然，两派的院校分化观差异非常明显。政府干预论者认为，院校分化是可预期和可控的，由于院校具有趋同和模仿的组织天性，而市场需要和竞争存在盲目性和误导，因而必须通过强力的政策工具，包括引入法律、规划和政策工具，甚至不惜采用绩效拨款和透明工具等仿市场手段，才能令院校实现理性的多样化；而市场调节论者则指出，院校分化所具有的自发性特征只能回溯和描述却无法控制，院校作为"理性人"会依据市场趋势，在正式和非正式竞争工具、标杆作用下，灵活选择趋同或求异发展战略，因而在这种状态下系统规模扩大必然增强机构的多样性。

表5-1 高校多样化的政府干预观与市场调节观

	分化观	院校观	竞争观	需求观	标杆观
共性	自然、正当的	分化的院校决定论	环境压力和竞争促发分化	多样化与社会需求存在相关性	榜样具有分化示范效应
政府干预	分化可预期、可控制	趋同和模仿的院校	杜绝盲目竞争，引导竞争	以分化顺应需求，扩大规模	法律、拨款、制度和政策的推力
市场调节	分化不可控，但可回溯、可描述	理性和求异的院校	市场自主竞争，院校理性选择	规模扩张引发分化和多样化	竞争秩序、透明工具的诱导

（二）高校多样化的理论研究亟待深化

由以上分析我们不难发现，不同主体出于立场和价值观念，对于什么是高校多样化、如何增进高校性存在诸多分歧，因此采取了分化政策。政策研究和实践层面的这些矛盾冲突表明各主体对高校多样化价值观的理解存在差异，相关观点的纷争反映出院校多样化理念的混淆、相关研究的不足。

首先，理论和实践层面对于多样化、多样性、差异化等概念本身就存在着争论。自大众化阶段以来，国外高等教育组织学者纷纷转向于院校多样化研究，由于所立足的多样化背景、需求的差异，且受到自身经验、立场及理论背景的影响，产生了迥异的多样性观点和院校类型观念。识别多样性的前提在于界定院校类型，正如物种是生物分类的基本分类单位一样，院校类型是考虑高等教育多样性和多样化的基础。然而目前却还没有基于其性质的高等教育机构类型的精确定义，使得多样性很难定义和衡量，甚至更难在国家之间进行比较。[①]

同时，虽然国外政策实践比较关注院校多样性问题，但涉及这一领域

---

① Gavin Moodie, "How Different Are Higher Education Institutions in the UK, US and Australia? The Significance of Government Involvement", *Higher Education Quarterly*, Vol. 69, No. 1, 2015.

的方法论研究、实证研究屈指可数。由于研究不足，高等教育系统多样化发展的现状如何，现有研究结果存在极大反差。如一些学者认为，由于新功能的出现或知识体系的日益复杂，以及学生群体和劳动力市场的日益多样化，出现了分化的趋势。其他人则认为，由于学术漂移和竞争模仿、中央集权和统一的政府政策，以及学术保守主义的存在，高等教育系统是"去分化"的。即使对于同一系统，合并、院校排名等工具是否有助于院校多样化，观点的冲突异常激烈。

另外，关于理想多样性的观点在不同层面存在差异。争议较大的议题包括：异质性或同质性应维持在什么范围才更好；机构间或机构内的多样性应处于何种程度；如何划定、软化和模糊明晰的组织差异；多样化的正式要素（类型和层次差异）或非正式要素（各机构或其下属部门间的声誉或形象差异）在多大程度上最有利于多样化；以及多样性是否主要取决于垂直维度（如依质量、声誉的排名），或者还受横向差异（如课程目标和机构概况）影响。[1] 当前高等教育国际化、市场化、数字技术的出现则使这些议题更为复杂。

(三) 多样性是多种力量作用的结果

政府干预和市场调节作为高校分化的两大力量，在促进高校多样化的进程中均有其价值和弊端，试图以单一立场回应对立面的局限的做法都是不可取的。换言之，在高等教育政策趋于多元、政府与市场两种手段相互模仿、整合的政策背景下，简单地将多样性及其高校具体层面的变革归于政府、市场力量作用的结果，本身就是片面的，且不论这种二分法自身就面临划分依据的缺失。

对于政府和市场作用的讨论，错误地从院校多样化的效果、收益来评定其驱动因素。正如泰克希拉所言，这场关于高等教育多样性的功用的辩论，基本上是从经济角度进行的。满足公众偏好、通过项目和机构多样性增加社会价值、利用市场竞争作为实现多样性的政策工具等假设都是微观

---

[1] Sarah Guri-Rosenblit, Helena Šebková & Ulrich Teichler, "Massification and Diversity of Higher Education Systems: Interplay of Complex Dimensions", *Higher Education Policy*, Vol. 20, No. 4, 2007.

经济学的经典假设。① 显然，高等教育并不是一个完全的竞争市场，部门效益更无法用经济收益衡量。由此可见，政府和市场力量均是双刃剑，都可能引发院校的趋同化或分化，两者都可能引发整个高等教育系统不受控制的变化。

两种观点均狭隘地聚焦于高校的外部多样化，即从院校类型和形式等外部层面讨论院校多样性。我们应该看到，单个机构各部分间的职能差异可能比多个同类甚至异类机构间的差异更大，有时这种内部变化更富多样性意义，而且当前学术界与外部伙伴合作的愈发紧密软化了机构类型的边界。因此院校不应成为探索高等教育多样性的唯一关键单元。② 相反，院校治理结构、办学愿景、院系和学科专业传统等内部要素的多样性更为稳固，而正是这些微观元素的差异才成就了院校的类型和整个系统色彩斑斓的多样性。

相关研究主观地以一种分散性思维方式解构院校分化，忽视了其中政府、市场、其他因素的交互影响。市场机制系统越完善越能证明这种互动的多维性，费尔韦瑟就指出，在美国，假设市场和政府政策是实现学术"多样性"的替代性、可区分的方法，其中一种力量倾向于导致比另一种力量更大的多样性，这是一个错误的二分法。相反，对于院校多样化最好理解为各种形式的市场、政府政策、学科协会和机构行为者的复杂互动的结果。③ 在多因素交互下，单独探讨政府、市场对院校分化的"净影响"无疑并不可取。

（四）高校多样化是一种相对状态

当然，国外政策并非没有考虑高校多样化动因的复杂性，正是基于

---

① Pedro Nuno Teixeira, Vera Rocha, Ricardo Biscaia & Margarida Fonseca Cardoso, "Competition and Diversity in Higher Education: An Empirical Approach to Specialization Patterns of Portuguese Institutions", *Higher Education*, Vol. 63, No. 3, 2012.

② Sybille Reichert, "Refocusing the Debate on Diversity in Higher Education", in A. Cureaj, P. Scott, et al. (ed.), *European Higher Education at the Crossroads*, Dordrecht: Springer, 2012, pp. 811-835.

③ James S. Fairweather, "Diversifcation or Homogenization: How Markets and Governments Combine to Shape American Higher Education", *Higher Education Policy*, Vol. 3, No. 1, 2000.

此，相关实践才采用混合工具试图弥补单一工具失败的政策风险。尽管如此，研究和政策层面仍比较理想化，在这些实践中，高校多样化及增进多样性的政策被认为是一劳永逸地解决问题的方式，而忽视了高校多样化的相对性。

高校分化现象非常普遍，驱动因素多样。高等教育多样化和同质化可能同时发生，而且由于对高等教育多样化理解的偏差，人们可能会被高校分化的假象所蒙蔽。根据对美国的研究，不同的高等教育政策和安排似乎有可能促成了其相当大的制度多样性，但不清楚这些差异中哪些促成了院校多样性，哪些又不相关。要确定院校分化的原因，需要检查更广泛的数据，可能需要较长时间。① 正如邬大光所言，"大学分化的路径是多样的，没有一个统一的轨迹；大学分化的动力是多样的，没有一个固定的'动力器'"。②

适切的高校多样性具有相对性，院校的最优结构及其合理性缺乏公认标准。在一些国家中，大学正日益朝着缺乏多样性、特色相同的趋同方向发展，与此同时，另外一些力量又在全力以赴地与大学的趋同化和同质化做斗争，几乎每一个国家都面临着这种矛盾冲突。③ 过度分层或扁平的院校结构固然不可取，但这两种力量的常态竞争又令不同系统呈现出各异的、与系统生态良好兼容的分化路径，结果或者趋同或者差异化，均赢得了研究者的支持。由于系统环境和院校传统的差异，适于美国的多样性无法迁移到其他系统中，反之亦然。

理想的高校多样化是暂时的。高等教育发展阶段的演进并不一定意味着先前阶段的形式和模式消失或转变。相反，每个阶段都存在于一些机构或其下属部门中，而系统作为一个整体在演变，以承载更多的学生和下一阶段更广泛、更多样化的功能。新机构的加入不断改变着新老机构的身份

---

① Gavin Moodie, "How Different Are Higher Education Institutions in the UK, US and Australia? The Significance of Government Involvement", *Higher Education Quarterly*, Vol. 69, No. 1, 2015.
② 邬大光：《大学分化的复杂性及其价值》，《教育研究》2010 年第 12 期。
③ Martin Trow, "On Mass Higher Education and Institutional Diversity", https://www.neaman.org.il/Files/1-108.pdf.

和系统结构布局,而"机构创新和同构间有趣的动态变化本身可以理解为一个'身份形成'过程"①。同时,各国经常存在矛盾的政策,试图同时发展和维持精英教育和大众教育,这往往会使整个系统变得潜在不稳定。②从分化进程来看,"无论是集权制、分权制和市场调节,当它们长期支配高等教育时,都会逐渐走向僵化"。③

二 启示

(一)立足高等教育实践差异,吸收国外高校多样化策略的合理成分

国外实践表明,多样性已经成为高等教育的稀缺品。在西方国家,精英研究型大学想要与其他机构相区别(现在更有可能共享"大学"头衔)以及可能扼杀这些其他机构可能代表的任何竞争的愿望,可能很大程度上正是出于这样的原因,现代高等教育中所谓的缺乏"多样性"已经成为一个政治问题。④ 因此,一定程度上看,一些系统已经将追求多样性从满足于外界主体多元化需求的过程转变为必须达成的行动目标。

以上分析表明,国外不同系统促进高校分化的策略并没有固定模式。由于各国高等教育系统发展阶段、高校分化的需求和条件并不具有可比性,即使是同一系统,高校分化的传统也并非一成不变、具有持续的应用价值。我们很难从比较的视角评判各种策略的优势与劣势,对任何系统分化策略的全盘模仿显然并不可取。但是,理解国外高校分化策略的讨论,为识别高等教育系统的总体框架及其变革要素提供了可能,有助于我们进一步明晰政府、高校、市场三者在高校多样化中的角色与关系,至少为我们提供了分化政策的可能发展方向。

---

① Bjørn Stensaker & Jorunn Dahl Norgård, "Innovation and Isomorphism: a Casestudy of University Identity Struggle 1969 – 1999", *Higher Education*, Vol. 42, No. 4, 2001.

② Ivar Bleiklie, "Organizing Higher Education in a Knowledge Society", *Higher Education*, Vol. 49, No. 1 – 2, 2005.

③ [美]伯顿·克拉克主编:《高等教育新论——多学科的研究》,王承绪等译,浙江教育出版社2001年版,第260页。

④ Peter Scott, "Markets and Managerialism: Enhancing Diversity or Promoting Conformity?" in M. O. Rosalind et al. (ed.), *Diversity and Excellence in Higher Education-Can the Challenges be Reconciled?*, Rotterdam: Sense Publishers, 2015, pp. 3 – 18.

国外高校多样化策略虽分歧严重，但多以突出市场力量牵引为主、以政府干预为辅的政策导向，即所谓"可能的竞争，必要的监管"①，总体做法倾向于两种手段的混合策略。从分化的实质上看，尽管存在对两种手段效用的正反质疑，但这些策略都被视为外在的、有时甚至是并不稳定的诱因，分化的基本立场在于如何更好地突出高校在分化中的主体地位、提升高校分化的动能。机构竞争带来的更多选择可提高该部门的质量、反应能力、多样化和竞争力，符合全球化知识经济的精神和要求。通过信息、评估实践和"有控制的放松管制"来加强部门竞争，政府利用市场的潜力来培养、激励和控制大学内部的知识转移和创新。②

中国高校分化问题有着特殊的背景。从历史上看，政府干预高校分化适应了计划经济时代对高校分工协作的国家建设需求，长期以来，随着市场在社会和经济生活中的地位不断提高，高校分化的手段随之开始向市场倾斜，即使如此，市场也只是处于高等教育事业发展的辅助手段，至多也只是政府采取的"仿市场工具"。当前，随着高校办学自主权的进一步落实，加之高等教育主体的不断多元化，在系统层面所面对的扩张规模与提升质量两项任务的压力之下，市场力量促进高校分化的作用将得到强化。基于此，我们认为，这些都决定了中国高校多样化将走出一条与西方不同的，以政府干预为主、以市场调节为辅的分化路径。

(二) 尊重高等教育结构和管理传统，平衡政府与市场的关系

高校多样化实践和研究问题的核心，在于平衡政府与市场在高等教育结构优化调整中的权责关系。正如经济体制改革作为全面深化改革的重点，核心是处理好政府和市场的关系一样，就高等教育结构问题，中国学界和政策层面关注的问题是高校的分类发展究竟是政府部门干预的结果，还是高校自主分化的产物？国外高校多样化研究争议的焦点也不外乎如

---

① Ben Jongbloed, "Regulation and Competition in Higher Education", in P. Teixeira et al. (ed.), *Markets in Higher Education-Rhetoric or Reality?* Dordrecht: Kluwer Academic Publishers, 2004, pp. 87-111.

② Fadia Dakka, "Competition, Innovation and Diversity in Higher Education: Dominant Discourses, Paradoxes and Resistance", *British Journal of Sociology of Education*, Vol. 41, No. 1, 2020.

此。当前国家正强化分类管理，优化调整研究型、应用型和职业技能型院校结构，要求我们明确各级政府、部门、高校、市场主体在高校多样化发展中的权责，处理好高等教育规模与结构、需求与条件、存量与增量的关系。

平衡政府与市场在院校分类管理上的关系，前提是尊重高等教育历史或文化传统。系统赖以生存的环境和文化是高校分化的基因，有一个现象是在分析市场与多样化的关系时，人们习惯上会引入美国的例子加以佐证。事实上，多样性并非市场的函数。美国院校的多样性是先天的，是美国高等教育历史遗传的产物，而并非高等教育大众化的系统扩张所引发。但另一个方面，多样化的确为美国高等教育的扩张提供了更好的条件。[①] 因此，尽管高校分化现象受环境因素的影响，历史经验和国外实践表明，高等教育在不断满足社会多样化需求的同时，引领并融入社会发展，形成了与国家治理体制相适应的院校层次、类型、布局、功能等结构，积淀独特的高等教育价值观，形成特定的高等教育管理模式，加之特定高校分化的独特性，任何忽视或脱离传统因素、盲目借鉴国外经验的高校多样化政策实践只会走弯路。我们应不断继承和发扬高等教育结构特色，遵循高等教育管理模式和规律，尊重传统高等教育的价值观，探索高校多样化的中国模式、提供中国方案。

实现政府和市场的有机结合是促进院校多样化的重要手段。一方面，要发挥政府高等教育结构调整的宏观指导功能，为高校分化创设一种有利的环境，各级政府应兼顾院校办学存量和类型发展增量，做好高等教育系统发展的规划，建立健全高等教育结构和院校发展数据库，及时发布高等教育市场供求信息，增强高校的办学自主性，克服院校分化的盲目性倾向。另一方面，要发挥市场在资源配置方面的主导作用，突出院校分化效果、效率，培育公平、公正、有序的高等教育市场竞争秩序，建立基于绩效的准市场拨款制度、高校分类管理政策和制度，引导院校理性竞争和

---

① Simmon Marginson, "Horizontal Diversity in Higher Education Systems: Does the Growth of Participation Enhance or Diminish It?" https:// sitemaps. researchcghe. org/perch/resources/cghe-6-july-2017-diversity. pdf.

分化。

（三）顺应学生需求多样化趋势，处理好院校分化与规模扩张的关系

综合国外研究，我们认为院校多样化与系统规模扩张并不存在因果关系，但至少表现为一定的相关关系。院校分化频繁地存在于高等教育发展的各个阶段，并不以系统规模扩张为前提；但规模扩张会放大院校多样化的需要，而且已完成或进行中的院校分化不仅可为高等教育发展阶段升级储备条件，甚至会刺激社会需要的多样性，引发系统规模的进一步扩张。同时，多样化往往表现出与大众化同步发展的态势，而一旦大众化、普及化完成或者放缓，那么院校的多样性或随之削弱。因此，我们应不断拓宽高等教育市场，刺激更高水平的外部多样性，积极主动地促进院校分化，更好地应对高等教育普及化的结构要求。

普及化背景下应关注和深入研究市场的需要。多样化院校的存在理由在于契合了社会需求，政府干预与市场调节均致力于达至这个目标，只是所遵循的方式和策略不同而已。当前我们在院校分类管理中对于研究型大学的建设着眼于国家需要，通过强化"双一流建设"取得了较明显的成效；而地方本科院校转型、高职院校"双高计划"、民办院校发展推进相对缓慢，尽管原因复杂，但与我们对社会需求的把握不够充分有关，使得对于这些院校的发展，学界和地方政府存在发展目标的困惑。对此，我们应加强高等教育市场研究，基于此分析各类院校的分化意愿，进一步优化分类管理的院校结构设计方案。

兼顾规模与效益的关系，提前谋划与高等教育普及化相适应的院校架构。当前，国际反全球化浪潮四起，国内经济形势严峻，积累下来的社会问题更为突出，高等教育多样化发展的任务更为艰巨，这些都要求我们从普及化教育阶段的各种矛盾入手，做好院校结构调整布局和规划。应探索建立转学和学分互认机制，促进精英与大众院校的并存、互动发展；以保就业为底线，面向市场需求精准实施高职院校扩招和地方本科院校转型，建立不同院校和专业动态调节机制；瞄准国家建设、关键行业企业发展重大战略需求，进一步优化一流大学建设目标和方案，建立基于绩效的卓越院校生成机制。

(四) 建立多元化的透明工具,增进院校外部环境的多样性

国外高校多样化促进因素研究的各种观点冲突,无不映射出外部环境对院校分化的潜在影响,两派均肯定环境条件的变化和学术标准与价值的影响的强弱及两种情况的组合,与多样化水平的增减相关。由生态学和组织理论观之,环境多样化之于生物和组织多样性的重要性尤甚,"在组织结构中,这意味着存在于同一环境、有着同样的资源来源方式和服务对象的组织,整体上也将会变得更为同质化。简单地说,环境越同质,越会导致组织的同质化发展,而环境越多样化越能促进组织的多样化。"[1] 由此可见,院校分化是高等教育外部多样化的具象和应然反应。

作为院校外部环境的重要组成部分,排名与透明工具及其多样化程度直接决定了院校分化的趋向。当前国内外院校排名活动异常活跃,的确从一定角度展示了院校的特征,引导组织变革。但这些工具高度趋同,表现在重科研、唯论文和奖励、绩效与评价导向,单一工具的过度使用会加剧院校的同质化和过度分层。如果我们希望保持甚至增加高等教育系统的多样性,就必须开发不同的排名工具,借此比较不同形式的机构绩效。[2] 可供选择的透明工具包括面向学生和教师发展、教学、服务经济社会发展状况、国际化、学科专业、办学绩效等维度的院校评估,借此弱化等级效力,鼓励院校向多个维度争创一流、特色发展。

为保证多样化透明工具的效果,应引入政府、行业企业、第三方机构、高校、个人等多样化的主体参与工具的制定与实施,体现院校为多个外部主体服务的立场。我们建议,拓展高等教育质量监测国家数据平台的职能和应用领域,统筹高等教育的多样性与一致性,增强质量保障标准的普适性和兼容性,促进高等教育质量的可比性与互认性;探索实施高校办

---

[1] Christopher C. Morphew, "Conceptualizing Change in the Institutional Diversity of U. S. Colleges and Universities", *The Journal of Higher Education*, Vol. 80, No. 3, 2009.

[2] Frans A. van Vught, "Diversity and Differentiation in Higher Education", in F. A. van Vught (ed.), *Mapping the Higher Education Landscape: Towards a European Classification of Higher Education*, Dordrecht: Springer, 2009, pp. 1–16.

学状况年报制度,建立高等教育国家分类标准体系,研制交互式、开放化、用户导向的院校分类工具,方便各类主体及时分析比较高校多样性;建立与透明工具相配套的多样化的高等教育拨款制度,基于院校办学定位,由多个主体联合形成合同制、任务式的院校拨款方案。

(五) 树立正确的分类发展观,促进院校实质性的内部分化

树立正确的院校分化观,尊重并激发院校变革的自主性。首先,院校多样化的观测重点应由高等教育外部转向院校内部。院校类型、层次等外显标签并不能真实反映机构办学状况,应深入院校微观运行、本科教学、课程和课堂教学、师生和社会对院校办学的真实体验之中探讨高校分类和多样化现象与政策。其次,应理性看待院校的分化与反分化行为。在内外多种力量的交织影响下,院校既趋同竞争求上位,亦不断开辟蓝海谋生存。最后,趋同化与分化的并存与角力存在于高等教育的不同时期、不同体制和院校内部,我们应正视院校对于外驱力的各种反应,并充分依赖院校的主动变革实现系统结构的动态优化调整。

树立正确的竞争观,科学运用市场机制弥补政府主导院校分化的不足。美国院校多样化的市场实践和中国高校行政干预下的趋同发展,部分证明"高等教育多样化是在社会竞争中由学校自主办学形成的"[1]。但我们应理性看待院校竞争,竞争使院校或开辟蓝海,或陷入红海死斗,过度的竞争激励往往加剧了资源的稀缺性,使院校陷入此前未曾涉足的"声誉竞争",为分层的"剧场效应"造势。鉴于中国院校分类发展实践,我们认为,市场力量只能以辅助形式填补院校分化政策的真空,要发挥政府干预的优势,在尊重高校分化自主性的前提下,加强市场指导,引导院校错位竞争、特色发展。

推进教学科研技术变革和办学体制改革,促进院校内部分化。首先,推进信息技术与教育教学深度融合,创新教学科研方式方法。特罗曾富有远见地指出,信息技术将不可避免地导致体制结构和对高等教育态度的深刻变化。这种新形式的普及使得高等教育的组织原则不再来自国家总体规

---

[1] 冯向东:《高等学校定位:竞争中的抉择》,《北京大学教育评论》2004年第2期。

划，而是苹果、谷歌和其他公司。[①] 当前应利用互联网技术、AI 技术、虚拟大学、慕课和翻转课堂等工具，改变传统教学的师生交互模式，丰富教学和科研的体验。其次，持续推进高等教育办学体制改革。积极吸收民间资本办学，推进民办高校分类管理，加强独立学院规范管理，拓宽高等教育国际化渠道，支持大型企业举办应用技术大学，创新高等教育多层次、多元化办学的实现形式。

---

① Martin Trow, "Reflections on the Transition from Elite to Mass to Universal Access: Forms and Phases of Higher Education in Modern Societies since WWII", in J. Forrest & P. Altbach (ed.), *International Handbook on Higher Education*, Dordrecht: Springer, 2007, pp. 243–280.

第六章

高校分类管理的政策创新

在高等教育结构研究和体系建设实践进程中,高校分化及与此相关的多样性特征始终都是无法绕开的议题。然而,诸如此类研究多为基于阐释主义的回溯性研究,揭示出过去高校分化现象的必要性和多维归因,作为一般性的规律认识虽没有什么不妥,但面对面向未来的高等教育体系建设时,却未能发挥其理论指导效用,表现出对分类管理政策的关照不足。毋庸置疑,当高等教育体系越来越复杂,高校被期待的多样性越发丰富时,以分类管理政策干预高校发展实现有目的的分化显得尤为关键。

所谓高校分类管理政策,是指中央和地方政府等有权对高校进行行政管理的主体,为优化高等教育体系结构、实现高等教育功能的最大化,对高校分化进行调控时所实施的各类政策及配套制度安排。综合前述研究结论,本章将从政府、市场和高校三者的基本关系入手,探讨主要高校分类管理政策变革的可能方向。这里重点涉及的是高校分类设置政策、分类评价政策及分类拨款政策三类政策。

第一节 高校分类设置政策

高校分类设置作为教育主管部门对高校分化进行控制的重要手段,为高校分类管理活动的开展提供了必要的参照系,也可成为高校分化效果的评价基准。典型国家和系统的高等教育系统都依据特定的机构设立标准构建院校框架体系。中国高校分类设置政策实践在 20 世纪 80 年代逐渐体系化,但仍面临设置标准模糊、政策执行不严格、政出多门等弊端,这些是当前高校分类设置政策优化创新的重要内容。

一 高校分类设置的价值与政策内容

(一) 高校分类设置政策的价值

高校分类以促进高校合目的的分化活动为政策目标，从政策来看，分类设置既要满足作为高等教育管理主体的政府的公共利益，也要秉持促进高校分类发展的原则，实现主体与客体价值的统一。

1. 高校分类设置政策的内涵

高校分类设置作为独立的术语很少出现在官方的相关文件中，学界对此系统性的研究并不多见，典型研究主要从中国高校管理制度的角度对此进行解析。如王保华认为，高等学校设置是指对所设立的各类高等学校的性质、任务及其专业的条件、基准，以及审批、认可程序等方面的法制性规定。它是高等学校制度的组成部分，是规范和评价高等学校的基本内容，也是指导高等学校发展的前提。[1] 黄启兵在《中国高校设置变迁的制度分析》中则重点关注管理体制中的高校设置制度问题，并将高校的新建、合并、拆分、迁移、改停、撤销以及与之相关的管理体制，如部门办学、重点大学制度等，都纳入其研究范畴，相应地，高校设置制度是指"政府为了新建、合并、拆分、迁移、改停、撤销高校而制定的一般性的正式规则"[2]。

一些研究则从高校设置政策的层面分析其具体内容。如1986年国务院颁布的《普通高等学校设置暂行条例》中对高校设置的具体内容和要求作出了明确的规定，包括高校设置、学校名称、审批验收、检查处理、设置程序等方面；而1998年颁布的《中华人民共和国高等教育法》则对大学、独立设置的学院和高等专科学校等各类高校的设立条件，以及高校内部学科和专业、组织机构的设置和人员配备等提出了具体要求。基于此，高等学校的设立包括了高等学校的分立、合并、中止、名称变更等问题。在国

---

[1] 王保华、张婕、刘振天等：《高等学校设置理论与实践》，华中师范大学出版社2000年版，第5页。

[2] 黄启兵：《中国高校设置变迁的制度分析》，福建教育出版社2007年版，第14—15页。

外高等教育管理中，高等学校设置往往由两部分组成，即：高等教育机构的设立和高等教育课程的开设。因此，高等学校设置包括高等教育机构的设立和高等教育课程的开展，其中，高等教育机构的设立包括高等学校的新建、升格、调整、更名等事宜。[①]

以上研究主要基于设置内容分析高校设置的内涵，突出政府部门对高校设立行为的管理和监控职能。相对地，高校分类设置则是对高校设置的进一步细化，突出高等教育制度和行政在引导高校分类发展、类型化过程中的作用，其中蕴含着两层意义。其一，高校分类设置是高等教育行政的具体内容，是指高等教育主管部门根据高校发展需要，对不同层次类型高校的设立、撤销、变更等活动的组织安排，这重意义着重强调政府部门对高校管理的行为和调控方式。其二，高校分类设置也映射出机构间的构成成分和格局，高校作为高等教育系统的主要构件，管理体制的高校设置行为必然会驱使院校按照院校分类标准形成特定的系统生态，因此，从这个意义上看，高校分类设置是指以现实高校结构问题为基础，政府教育主管部门对高校分化依法进行规制，所形成的高等教育系统内部不同高校的类型、层次分布和构成样态。

综合这两种理解，所谓高校分类设置政策，是指高等教育主管部门为优化调整高等教育结构，依照一定的高校分类标准，对系统内不同高校的设立、撤销、组织变更等设置行为的一系列政策和制度。

2. 高校分类设置政策的价值要素

高校分类设置的价值，是指高校分类管理政策的客体属性与主体的需要在实践的基础上所形成的一种效用关系，分类设置政策的客体属性、主体的需要和实践活动是其中最为重要的三个基本要素。

（1）高校分类设置政策的客体属性。高校分类设置政策在高校分类管理政策体系中处于基础性地位，是政府和行业部门等高等教育利益相关者对高校分化行为进行合目的性调整的重要政策工具。如《教育部关于"十四五"时期高等学校设置工作的意见》指出，"严格遵循高校设置标准，

[①] 柯安琪：《金砖国家高等学校设置标准研究》，硕士学位论文，厦门大学，2018年，第9页。

坚持按程序、有节奏开展设置工作。"同时，地方政府和高校作为分类设置的政策对象，同样拥有分类发展的需求、主动性。这突出地表现在，这两类主体面临着分化行为的非理性冲动，如片面地追求办学的综合性、上层次、虚化的办学特色包装等；而在分化过程中也会因机构间竞争的加剧而主动采取转型策略。在这些行为背后，都需要适切的分类设置政策作为组织分化的参照。

（2）分类设置政策的主体的需要。传统教育经济学的观点认为，相比义务教育、职业教育而言，高等教育属于准公共产品，但由于高等教育在国家创新体系中的地位日益提升，在精英教育、重大原创型科研成果的产出、高层次拔尖人才培养、关键产业和技术研发等方面所具有的公共属性更为突出，从而扮演着独有的社会中枢机构的角色。因此，政府和行业部门等主体务必要从维护公共利益的职能出发，优化系统体系结构，促进院校分工合作，提升组织效能。如《高等教育法》在第三章"高等学校的设立"提到，"设立高等学校，应当符合国家高等教育发展规划，符合国家利益和社会公共利益。"进一步来看，"设立高等学校，应当具备教育法规定的基本条件""应当根据其层次、类型、所设学科类别、规模、教学和科学研究水平，使用相应的名称。"

（3）分类设置政策的实践活动。中华人民共和国成立以来至今，中国高校分类设置政策以改革开放为界，经历了中央政府单一行政干预下的刚性院校设置，逐渐过渡到突出地方政府和高校主体性地位的发展阶段。分类设置政策作为政府调控高校分化行为的重要工具，运行层面主要涉及中央和地方政府、地方政府和高校两个层面。从具体政策内容来看，分类设置则由高校设置基准设定、高校在分类设置政策中的组织运行与办学行为、机构层次类型选报与退出等活动。从表面上看，中央政府对高校分化行为的直接干预减少了，但更倾向于以市场机制和"准市场"方式强化其政策功能，分类设置的实质政策影响因而不断扩大，并且日益紧密地嵌入高等教育拨款制度、招生与就业制度、人事制度等核心事务之中。

(二) 高校分类设置的政策内容

分类设置政策是高校分类管理的基础性政策，主要包括高校设置条件和设置过程两大类。包括高校分类的设置标准、机构类型标识管理、设置程序、类型准入与退出等具体政策。

1. 高校分类设置标准

高校分类设置标准是分类设置政策的核心内容，为分类管理活动的实施提供了基准。从中国高等教育发展实际来看，各个时期都制定了相对具体的机构分类与设置管理办法，对高校的管理权限、办学体制、微观运行活动等各个方面都产生了直接影响，有力地保障了系统结构的稳定，促进了高等教育办学效益的提升。

高校分类设置标准所涵盖的内容非常广泛，高校办学愿望与定位、学科专业结构、教师队伍、招生入学标准、办学质量标准等，都是高校设置政策关照的政策主题。典型的如美国20世纪60年代的加州高等教育系统总体规划，便在规划文本中就三类高校办学的分工做出了详细的约定。再如澳大利亚早在2012年便以法案的形式颁布了《高等教育标准框架（基本标准)》，其中设定的"高等教育提供者类别标准"特别就高等教育提供者的不同类别，以及高等教育质量和标准局对其注册的要求等提出了具体规定；该国2021年版的"高等教育提供者类别标准"将高校分为澳大利亚大学和海外大学，以及高等教育机构和大学学院两个非大学类型共四种类型，从学生参与和成就、学习环境、教学、研究和研究培训、机构质量保证、治理和问责制，以及代表、信息和信息管理等层面设定了各类高校办学的门槛标准。[①]

同时，不同系统对高校分类设置标准及其管理的形式也比较多元。一些国家出台了专门法律法规明确高校分类标准。如在德国，《高等教育总纲法》从高等教育机构的任务，如一般规定、学习和教学、研究等，以及入学、员工、法律地位、国家认证等事务作出了具体规定。而在美国，不

---

① Australian Government, *Federal Register of Legislation*, https://www.legislation.gov.au/Details/F2021L00488.

同类型公立高校的分类设置标准则由地方政府根据本州实际情况制定，而高等教育市场外部则以各类认证机构、高校联盟等主体予以认可实施。无论采取哪种方式，随着政府部门将高等教育纳入其公共事务中的核心业务，高校分类管理的手段越来越呈现出精细化、标准化的态势，这势必对高校分化活动产生更为直接的影响。

2. 高校分类设置过程管理政策

高校分类设置标准固然非常重要，有时甚至是制约高校分类管理活动的关键变量，但其难点主要在于如何让机构分类标准更有利地促进高校的分化，以便进一步契合高等教育发展的需要。分类设置所面临的问题主要体现在机构的分化的过程管理环节，包括机构类型标识管理、设置程序、类型准入与退出等政策。这是由于机构标准一旦固化下来便会产生刚性约束力，而如何统筹机构的发展性与设置标准的刚性，更好地发挥分类标准在引导高校分化活动所应具有的中介作用，也要面临不同主体间的博弈和高等教育结构调整的动态性等现实问题。

院校类型标识管理是高校分类设置过程管理的重要任务之一。高校分类设置政策规定了不同类型高校的具体条件，或者说就是一类机构在达到哪些指标后可以被冠以什么样的"称谓"。因此，高校层次类型名称对于高校身份的表征具有重要意义。如在中国，"大学""学院""职业院校"不仅指明了院校的办学条件，更反映出院校办学层次、能级、学科、甚至地位等特征，较低层次的院校在完成升格任务后，自然要进一步完成改名，而这往往成为院校办学史上的重要事件。对于"大学"或类似具有传统精英身份的机构称谓，如法国的"大学校"，总是处于不同系统分类设置政策的核心位置。分类设置的过程管理在一定程度上谨慎地接纳大众机构的升格要求，进而维持精英机构的优势地位。英格兰高等教育历史上所经历的"多科技术学院"向大学职能的漂移，管理体制"一元制"到"二元制"再重回"一元制"的历程，也展示出"大学"身份标签对于高校分化的巨大吸引力。

高校分类设置过程管理的另一项核心任务是使不同高校的类型层次身份合法化。高校作为特殊的法人，一般来看，高校的设置包括新设、合并、更名、撤销等重大设置活动，都需要经过相关管理部门的认可，其中所涉及的程序包括但不限于申请、审核、考察、赋权等，均需在分类设置政策中加以明确。

二 高校分类设置的政策评析

中华人民共和国成立以来，中国不断强化高校设置政策工具的运用，调控高等教育结构，并且根据不同层次、类型院校的特点，适时出台高校分类设置标准，加强对高校设置的过程性管理。

（一）高校分类设置政策的演进

纵观中华人民共和国成立以来中国高等教育管理的政策实践，高校设置政策始终贯穿其中，经历了以服务计划经济时期国家工业建设需要为目标的调整重建阶段（1949—1978年）、基于标准的初步制度化和法制化阶段（1979—1998年）、以满足规模发展为重点的外延式供给和以巩固体制改革为核心的布局调整阶段（1999—2009年）、以促进内涵发展为目标的高校分类设置标准的建构与引领阶段（2010年至今）。[1] 在这里，我们无意系统回顾这段历史，现结合高校设置的主体、内容等方面对相关政策的主要特征进行归纳。

其一，从分类设置政策的变迁来看，呈现出周期性、往复式发展的态势。总体上看，高校设置经历了制度化至非制度化甚至反制度化、再到制度重建的过程。[2] 前述三个时期发生在改革开放之前。中华人民共和国成立至20世纪"院系调整"时期，可谓分类设置的制度化阶段，基于此，与社会主义现代化建设相适应的高等教育体系得以确立起来。十一届三中全会后，我们实际上在很大程度上恢复了最初的院校分类体系和政策。而进入20世纪90年代，大规模的高等教育管理体制改革，"院校调整"所确立的专门化的院校格局再次被打破，使得院校设置又重新走向了综合化的轨道。

---

[1] 杜瑛：《新中国成立以来我国高校设置与布局政策的变迁历程、动因逻辑与未来选择》，《复旦教育论坛》2020年第3期。
[2] 黄启兵：《中国高校设置变迁的制度分析》，福建教育出版社2007年版，第333页。

其二，从分类设置的手段来看，高校分类的设置经历了政府推动的阶段，目前正处于政府主导下的准市场运作阶段。政府干预高校设置有力地保证了高等教育系统结构的稳定，特别是面临经济社会的转型发展期，政府的作用就显得尤为重要。如教育部于1950年颁布的《高等学校暂行规程》规定："大学及专门学院的设立及停办，由中央人民政府教育部报请中央人民政府政务院决定之。"甚至这两类机构中的学院、学系等内设机构的设置都应由教育部审批。20世纪90年代以来，随着社会主义市场经济的不断壮大，市场力量逐渐承担着国家经济社会生活发展的主导作用，并成为影响高校设置政策的重要因素。如教育部关于"十一五"期间普通高等学校设置工作的意见中提出，"高等学校设置工作要以科学发展观为指导，以服从、服务于经济社会发展和满足人民群众的需求为宗旨"，贯彻"统筹规划、按需设置"的原则。

其三，从分类设置的政策类型来看，行政化手段逐渐为法律法规、高等教育战略规划等所取代。过去很长一段时间，受计划经济的影响，高校办学自主权相对有限，高校分类管理政策往往带有鲜明的行政色彩，各级政府和部门通过行政指令直接调控高校设置。而进入20世纪80年代，随着《中华人民共和国学位条例》《中华人民共和国学位条例暂行实施办法》等法律的颁布，高校内部教育标准分类开始逐步走上法律化的轨道，进而影响着整体系统的分化发展。国家开始将学位制度、教育标准分类等制度与高校分类设置政策关联起来，通盘考虑高校分化行为，以量化的形式为大学、学院、高等专科学校及高等职业学校等各级各类高校的设置管理设立了底线标准；"十一五"以来，将高校设置纳入教育事业发展规划之中，出台高等学校设置工作的意见，加强对高校设置活动的规范化和科学化管理。

其四，从分类设置的对象来看，倾向于重点高校向重点与非重点高校并举，更加关注高等教育体系建设。重点高校作为精英高等教育阶段的产物，在中国不同时期都得到了极大的关注。中华人民共和国成立初期，由于资源相对紧张，我们发挥社会主义教育管理的优势，集中精力建设了一批重点高校和学科，高校设置的重心也转向于为这些高校的发展提供支持，如 1954 年 12 月，教育部在《关于重点高等学校和专家工作范围的决议》中，指定了 6 所学校为全国性重点大学。而到了 20 世纪 90 年代全国高校体制改革后，"全国重点大学"这一名称不再被政府官方所使用，除继续推进以"211"工程"985"工程以及"双一流"建设高校为代表的重点高校外，中央和地方政府也更加关注非重点高校的设置工作，高职和应用型本科、民办高校（含独立学院）和公办高校等不同层次和类型高校设置管理的标准和要求逐步得到了明确。

（二）高校分类设置政策的主要问题

第一，分类设置标准滞后，亟待更新。1986 年颁布的《普通高等学校设置暂行条例》对高校设置标准作出了具体规定。然而，经过大规模扩招和高等教育管理体制改革后，高等教育体系结构已经发生了深刻的变化，民办高校已成为高等教育的重要组成部分，一些新型研究型大学正迅速崛起，"双一流"建设稳步推进，研究型大学已具备很强的国际竞争力，在办学理念和形态上与国际同行迅速接轨；地方本科院校与省级政府的联系日益紧密，办学条件已得到极大的充实，学科专业和人才培养水平得到全面提升。关于高校办学年均科研经费、图书等硬件条件已落后于当前高等教育发展实际，如"称为大学的专任教师中具有研究生学位的人员比例一般应达到 50% 以上，其中具有博士学位的专任教师占专任教师总数的比例一般应达到 20% 以上；具有高级专业技术职务的专任教师数一般应不低于 400 人，其中具有正教授职务的专任教师一般应不低于 100 人"。类似这些要求随着高校基本办学条件的大幅提升，早已失去了约束力。而有些规定则由于高等教育事业和业务的变化，已明显不合时宜。如该文件中提到以"教学水平评估"评估院校是否具备"较强的教学力量和较高的教学水平"，提出"在教育部组织的教学水平评估中，评估结论应达到'良好'以上（对申办学院的学校是指高职高专学校教学工作水平评估；对学院更名为大学的学校是指普通高等学校本科教学工作水平评估）"，显然与当前本科教学评估的做法相去甚远。

第二，高校分类设置政策缺失，过于侧重分层设置。高校分类设置的核心重在分类而非分层。然而，从现有高校分类管理相关文件来看，大学、学院和职业技术学院三类院校的限定较多。不可否认，这三类院校在院校职能和内部学科专业结构等诸多层面都存在极大的组织差异，相关政策文件中对这些院校的差异予以限定，有助于揭示院校办学条件上的特征，这对于有效引导高校分类办学具有积极意义。然而，这三类院校的组织差异主要体现为组织层次上的不同，如办学规模、学科专业数量、教学科研职能及内部结构等，这些条件均在《普通高等学校设置暂行条例》中以不同的层级予以确认，而对于不同类型院校组织特征、办学特色的描述比较少。对于院校办学层次的过度强调，会在一定程度上引发院校对于名望的非理性竞逐，而弱化办学内涵建设。如前所述，高校基本办学硬件条件间的差异在《普通高等学校设置暂行条例》中已失去了应有的组织区分功能。在这种情况下，院校硕士点等具有垄断性的指标对于院校升格的制约更为关键，对这些指标的争夺日益激化，使得院校难以聚精会神地切实提升办学质量和学科专业内涵。从一般意义上看，从事教学和科研不同职能的院校，或侧重研究型、应用型和技能型人才的不同院校，办学条件、质量标准、师资队伍结构等理应存在差异。然而，当前高校设置政策文件对此并未细化不同类型高校的设置条件。

第三，高校分类设置的法律法规有待完善。中国教育法律法规建设一直比较滞后，教育法在法律体系中处于弱势地位，法律体系不健全，教育法的执行力较弱。中国在高等教育发展的不同历史阶段，根据高等教育管理实际，分步制定了高校设置的条例、规定、细则，如2008年的《独立学院设置与管理办法》、2000年的《高等职业学校设置标准（暂行）》《关于完善本科学校设置工作的指导性意见》以及"十一五"以来教育部关于高等学校设置工作的意见，等等。这些条款基本覆盖了不同类型院校设置工作的各个方面，但主要是工作文件或规定，缺乏应有的强制力，相关规定体现出临时性、工作导向的特点，一旦高等教育结构和发展阶段变化后，不得不通过"打补丁"的方式进行调整。在许多国家，将高校分类管理纳入国家法律体系是高等教育管理政策的常见做法。典型的如日本。早在1956年，日本书部省便制定了《成立大学的标准》，加强对大学设置的管理。为适应高等教育大众化、普及化对高校分化的新要求，日本政府多次对该法进行了修订。21世纪以来，配合国立大学实施法人化改革，日本政府又颁布实施了《国立大学法人法》。在日本法律体系中，涉及多项高校分类设置的法律，如《教育基本法》《学校教育法》《研究生院设置基准》《大学设置基准》《短期大学设置基准》《高等专科学校设置基准》《专修学校设置基准》《国立学校设置法》《私立学校法》等一系列法律中，几乎每涉及一项高校分化政策，都会出台对应的法律法规，进而保障了各项改革的顺利推进。

三 高校分类设置政策的创新

高等学校设置制度的本质是中央政府、地方政府、专家评议委员会、市场和高校的权力和利益博弈，权力和利益分配的最终结果体现在高等学校设置制度的程序规定和标准制定上。

（一）建立纵横交错的高校分类设置标准

高校分化没有统一路径，不同类型院校的职能与使命理应也有区别，分类设置标准的设定应满足不同院校分化的需求。关于高校分类设置标准的研究，中国学界都有大量理论和实践研究。在过去相当长的一段时期，研究者们密集地聚焦于高校分类指标的研究，使得分类设置标准成为相关研究的主要关注内容。如从理论层面上看，确立高校分类设置标准的理论主要包括社会分工理论、高校职能理论、人才培养类型、组织结构等理论。一些研究则具体从人才培养的面向分析了中国高校的三种类型，即研究型、应用型、职业技能型院校的分类设置标准。如史秋衡通过对高等教育行政管理者、院校长、高校分类研究专家进行大量深度访谈并结合高校办学统计数据测算，从高校分类体系推进不同类型高校发展办学特色，培养各类专门人才和产出创新成果，紧密对接国家、区域、产业、行业、企业等多元创新需求，提出中国当前高校划分为研究型、应用型和职业技能型的高校分类体系构建。[①]

综合这些研究和中国高等教育体系结构现状，我们认为，构建差异

[①] 史秋衡、康敏：《探索我国高等学校分类体系设计》，《中国高等教育》2017年第2期。

化的高校分类设置标准，应针对不同层次类型高校办学职能，出台《研究型高校设置标准》《应用型高校设置标准》《职业技能型高校设置标准》，明确不同类型高校在办学层次、学科专业结构、硬件设施、办学质量、招生就业等方面的办学基准。高校分类设置标准的确立首先要体现不同院校多维度的办学职能。《教育部关于"十三五"时期高等学校设置工作的意见》中提到，"以人才培养定位为基础，中国高等教育总体上可分为研究型、应用型和职业技能型三大类型"。并就三类院校在人才培养和学位授权的层次、类型的特征提出了具体指导意见，其中适当兼顾了院校的科研职能。如研究型高等学校"开展理论研究与创新"，应用型高等学校则"从事社会发展与科技应用等方面的研究"，而职业技能型高等学校则"开展或参与技术服务及技能应用型改革与创新"。这表明，差异化的高校分类设置标准也应考虑院校在科研、社会服务、文化传承等多个维度的职能，综合设置相应的院校分类标准，并在一定程度上淡化院校层次层级。其次，高校设置标准也应突出机构的办学特色。特色是院校在长期的办学过程中形成的特定办学模式。即使是同一种类型的院校，在同样的设置标准之下，办学模式也并不尽相同。对于高校而言，分类设置标准在院校办学划清了底线的同时，也应保留相对广阔的个性化发展空间。基于办学职能的高校设置标准往往体现出院校特定维度能级的大小，具有分层意义；而基于特色的设置标准则重在突出院校的横向类型差异。要将这两个向度综合于高校分类标准之中，引导院校的差异化发展。

(二) 规范高校设置程序

作为高等教育管理体系建设的基础性工作，高校设置属于高等教育行政事务的内容，相关活动受《教育法》《高等教育法》保护，具有法律意义。而中国高校分类设置政策及其运行具有鲜明的行政色彩，经验化成分较为浓厚，政府部门在高校设置中的权限和责任过大，不仅容易造成管理的主观化，压抑高校分化的动力，也会滋生暗箱操作和教育腐败。

首先，要明确中央和地方各级政府、高校、社会和第三方机构在高校设置中的地位。中央政府分类管理重在标准的制定，而不是面面俱到。政府能否在资源分配过程中减少对高校的管控，赋予高校应有的办学自主权，在很大程度上决定了高校分类设置和发展的积极性和长效性。[①] 以澳大利亚为例，联邦政府对高校的分类管理经历了不同时期的变化，先是从州政府收回高等教育管理权，其后控制大学教育和职业教育的比例，到现在明确制定高校在课程认证、教学水平、科研成果等方面的办学要求，联邦政府对高校的分类管理视角由宏观逐渐转向微观。[②] 同时，要逐步提升地方政府、第三方机构在高校分类设置中的权限，提升高校设置的灵活性、适当性。应用型本科高校、职业技术型院校的设置与管理权限则划归地方和第三方机构。此外，对于高校而言，分类设置政策也要突出其类型选择和转型方面的主体地位，要发挥高校在自主分化中的主体作用，建立高校分类设置的自主选择机制。

其次，明确高校设置规程。高校设置要经过高校申请、主管部门审议、设置委员会考察评议、公示与社会反馈、政府授权等环节，每道程序均应建立规范有序的操作程序。以巴基斯坦为例，巴基斯坦的高等学校设置工作依照高教委于2007年修订的《高等学校设置指南》（第五版）执行，无论何种类型的高校，其设置均需经过申请、审核、考察、赋权等主要程序，一所新高校正式成立的标志是其获得政府赋予的特许状。[③] 因此，未来高校分类设置政策的制定应注重高校设置程序的完善，要在动态中协调高校设置权力的分配与制衡；同时，要积极吸纳高等教育研究专家、有影响力的教育智库、国际教育组织的力量，组建专业化的高校设置高级评委会，提升高校设置的科学化和专业化水平。

最后，具体政策层面，要坚持行政手段与市场手段相结合，刚性制度与诱制性政策相结合，综合运用法定性院校分类规程和使命陈述协定、政府统筹下的系统结构调整战略、政府统筹下的院校分层调和制度，突出政

[①] 王保华、王楠：《中国高校分类设置研究：现状、成因与对策》，《中国高等教育评论》2018年第2期。

[②] 胡艳芬：《澳大利亚高校分类管理制度与特色》，《世界教育信息》2022年第1期。

[③] 陈恒敏、古尔扎·阿里·沙阿布哈里：《巴基斯坦高等学校设置制度：缘起、程序及标准》，《比较教育研究》2017年第7期。

策的连续性与延伸性。在政策制定过程中，要更多地考虑未来发展的不确定性，宜粗不宜细，要为高校提供更好的信息服务，为每所高校未来发展预留空间，更多地考虑持续性发展。① 分类设置政策方面，结合本科及高职（专科）类专业设置管理办法、学位授权审核申请基本条件等政策文件，侧重对《普通高等学校设置暂行条例》《普通本科学校设置暂行规定》《高等职业学校设置标准》等政策的评析，明晰研究型、应用技术型、职业型院校的类型特征、办学使命和设置标准。采用动态调整方式，反映高校办学的多样性。立足于高等教育系统的发展和演变，跟踪高校办学数据，根据需要适当地调整分类标准的内涵，并定期采用更新的数据形成新的高校分类方案。②

（三）出台高校类型选择与退出政策

高校分化是一个动态过程，我们一方面引导高校办学基于基准分化，按预定的路径实现类型化，另一方面也应容许院校自主变革，选择适当的院校办学模式。院校的转型也不是一帆风顺的，事实上，历史并不乏转型失败的案例。纵观现代大学发展史，高等教育中心由意大利转向法国，再由英国转向德国，直到"二战"以后转向美国，千年来高等教育兴衰史表明高校转型是复杂的、机遇与挑战并存。而中世纪以巴黎大学、博洛尼亚大学等为代表的传统大学，或由于故步自封，或发展战略失当，均在发展的特定时期陷入了衰落，一些大学甚至被取缔或被迫关门。现代大学受全球化或逆全球化、市场化或新型国家主义等思潮的影响更甚，发展环境更为复杂，组织转型面临着更大的不确定性，而院校故步自封也会落后于时代发展的脉搏而被淘汰。因此，高校分化政策既要注重对院校设置基准的调适，更要注重分类设置的过程管理与疏导。

首先，完善高校类型选择政策。当前，中国高校类型选择的空间比较有限。如2021年新颁布实施的《中华人民共和国民办教育促进法实施条

---

① 陈厚丰：《高等教育分类的理论逻辑与制度框架研究》，广东高等教育出版社2011年版，第319—322页。
② 康敏：《我国高等学校分类制度的生成研究》，博士学位论文，厦门大学，2020年，第111页。

例》对于民办高校的营利性与非营利性进行分类管理提出了具体要求，突出了公办高校和政府部门参与主办的民办高校的权限和类型的条件限定，该条件指出，"擅自变更学校名称、层次、类型和举办者的"，县级以上人民政府教育行政部门、人力资源社会保障行政部门或者其他有关部门依据职责分工责令限期改正，相关学校应根据实际情况承担相应的法律责任；《高等教育法》规定，"高等学校和其他高等教育机构分立、合并、终止，变更名称、类别和其他重要事项，由本条第一款规定的审批机关审批"。然而，对于高校如何自主选择、变更机构类型，这些法律法规并没有明确的规定。因此，我们认为，应进一步完善高校办学类型选择审批制度，落实高校分化的自主权。可参照国外典型做法，设立官方和半官方的高校认证机构、同类院校联盟，通过政府和社会力量协同制定相关高校的类型认可制度。

其次，健全高校退出机制。高校分类设置涉及高校的设立、审批、运行、退出等各个环节，有高校的新建，就会有高校类型的变更和退出。如以2021年为例，中国普通本科学校1238所（含独立学院164所），比上年减少11所；本科层次职业学校32所，比上年增加11所；高职（专科）学校1486所，比上年增加18所；民办高校764所，比上年减少9所；而独立学院在2020年教育部印发《关于加快推进独立学院转设工作的实施方案》后，也加快"转为民办、转为公办、终止办学"的转设步伐。随着未来高等教育普及化的不断深入和人口出生率下降所引发的高等教育入学人口下降，一些高校将不可避免地通过合并、终止办学等形式退出高等教育舞台。高校设置是一所高校能否设立的准入门槛，退出机制是对高校关闭或调整办学的规范，准入机制与退出机制相结合才能促进高校严守高校设置质量底线、提高高校办学质量。[①] 因此，高校分类设置政策的设定也应科学预测不同层次类型高等教育需求，制定高校退出的专门政策，保障办学质量和系统稳定有序发展。

---

① 史秋衡等：《高等学校分类体系及其设置标准研究》，经济科学出版社2019年版，第318页。

第二节 高校分类评价政策

在高校利益相关者的参与下，高校评价在统一评价与分类评价间摇摆，但总的趋势仍是分类评价。分类设置为高校分化活动指明了方向，当高校依照设置基准确立了组织发展愿景后，如何评价分化的效果和目标达成情况便成为分类管理的重心所在。由于分化活动的多面性，分类设置不仅设定了不同院校组织层面的整体特征，这些特征也表现出质和量方面的差异性。如何对不同院校的多维表现进行客观评价，一直是相关研究和政策实践的热点和难点。

一 高校分类评价的价值与政策内容

与"一刀切"式评价不同，分类评价即"分类式"评价，是在科学制定高校分类体系并对高校类型进行合理划分的基础上，根据不同类型高校的差异性构建具有针对性的评价指标体系，并实施评价的一种更具专业性和科学性的评价方式和评价制度。[1] 高校分类评价以高校分类设置为基础，体现不同类型高校的组织特征，主张针对运用不同的标准评价高校分化的成效。

（一）高校分类评价的政策价值

《深化新时代教育评价改革总体方案》提出，"推进高校分类评价，引导不同类型高校科学定位，办出特色和水平"。实施分类评价对于高等教育体系建设和个体高校的分类发展具有重要的政策价值。

1. 质量监控价值

高等教育评价活动不是为了评价而评价，最终要服务于高校发展，评价的对象是高校的办学水平和质量。由于高校具有多种办学职能，不同层次类型院校的办学活动存在较大差异。长期以来，政策实践对于如何评价高校办学质量一直缺乏科学、有效的标准和方法。但是，我们不能因此否认高校评价的价值，认为不需要高校评价。2016年新修订的《高等教育

---

[1] 郑文龙、欧阳光华：《高校分类评价的风险及其规避》，《现代大学教育》2022年第3期。

法》第 44 条规定："高等学校应当建立本学校办学水平、教育质量的评价制度，及时公开相关信息，接受社会监督。教育行政部门负责组织专家或者委托第三方专业机构对高等学校的办学水平、效益和教育质量进行评估。评估结果应当向社会公开。"质量是高校办学的生命线，从世界范畴来看，一个完备的高等教育系统都建立有严格的内部和外部质量保障体系，根据不同院校的组织特点建立评价体系，实施分类评价，有助于明晰院校办学质量的本质和要素，科学评估院校和系统发展的实际水平，进而为系统结构调整提供必要的办学信息。

2. 批判与反思价值

高校分类评价在本质上仍是一种有目的的价值判断活动，反映出评价的客体满足评价主体需求之间的关系，其价值由高校分类满足政府和社会需要的程度决定。总体上看，中国教育评价活动兴起于 20 世纪 70 年代末至 80 年代初。当时，为重建教育体系，中国基于对过去教育系统动荡和问题的反思，积极探索教育改革和实践的新路径，开展一系列教育评价政策实践。如 1985 年中共中央《关于教育体制改革的决定》首次提出，"教育管理部门还要组织教育界、知识界和用人部门定期对高等学校的办学水平进行评估，对成绩卓著的学校给予荣誉和物质上的重点支持，办得不好的学校要整顿以至停办。"1990 年，原国家教委颁布《普通高等学校教育评估暂行规定》。在"211"和"985"工程、"双一流"建设等重大项目启动、实施、验收等各个环节中，高校评价也发挥了在本科教学、科研和学科评估、教师队伍建设、办学条件建设等院校办学要素的评价功能。随着高校评价由偏重综合评价走向具体的分类、多维度评价，高校教育评价理论和实践的不断丰富，评价的功能也由起初的目标院校的认定、遴选扩展到系统层面相关项目工程实施效果的诊断、问责、改进，也引发了院校自身和系统层面对办学活动的深层自省性反思。

3. 反馈价值

从教育评价的主体和客体关系来看，高校分类评价的主体可以是高校自身，也是可以是政府、社会或第三方社会组织，政策层面则更突出外部主体对高校的评价，其目的在于改进高校办学实践。"高等教育评估具有鉴定功能、反省功能、参谋功能、批判功能和中介功能"[1]，高校分类评价活动作为高等教育评估的新形式，仍被普遍认为具有"以评促建、以评促改、以评促管、提高质量"的功能；即使对于讨论和争议比较大的教学评估而言，教学评估起到了鉴别教学质量的功能、教学评估有效指导了高校分类发展、教学评估促进了教学质量提升。[2]从教育评价主体的价值判断到高校分化实践，有赖于高校的办学自觉。高校分类评价注重以高校特色发展为导向，通过差异化的评价指标和评价手段，展现院校在系统中的层次类型坐标，评价结果将向院校传递特色发展、分类发展的固有优势，让院校认识到"千校一面"、同质化办学的弊端，形成良好的分类发展氛围，促进院校多样性发展。

4. 目标指引价值

高等教育评价一般采取定性与定量相结合的方式，制定相应的评价指标体系，评测高校办学的目标达成情况。而高校分类评价强调基于高校的科学分类，突出评价活动和指标体系的针对性、可比性、可评价性，进而保证评价活动的科学性、合目的性，提高评价结果的信度和效度，真实地反映高校办学的情况。因此，较之一般性的综合院校评价，高校分类评价的目的性更强，对高校办学发挥着必要的指挥棒功能。如《深化新时代教育评价改革总体方案》对"破五唯"、实施"四个评价"等作出了一系列新部署，其中就高校分类评价指出，探索建立应用型本科评价标准，突出培养相应专业能力和实践应用能力；制定"双一流"建设成效评价办法，突出培养一流人才、产出一流成果、主动服务国家需求，引导高校争创世界一流。高校分类评价政策中的最新动向，无疑都为高校内涵式发展确立了新的目标，驱动高质量高等教育体系建设的深入推进。

（二）高校分类评价的政策内容

如果将高校视为高等教育的基本构成单元，高校分类评价则属于高等教育评价中最为核心的内容。高等教育评价应是根据一定的价值尺度或标

---

[1] 别敦荣：《论高等教育评估的功能》，《高等教育研究》2002年第6期。
[2] 刘振天：《共治·分类·增效：新时代高校教学评估变革的三个向度》，《中国高教研究》2019年第10期。

准而对高等教育活动价值的认识和评判，以期达到高等教育价值增值的过程。① 根据这种理解，高校分类评价则包括对高校的分类评价和对高校所承载的高等教育活动的分类评价。

1. 关于高校层面的分类评价政策

高校分类评价以高校的分类为基础，突出不同类型高校的办学要素和特色进行机构评价。这是当前高校评价的主要趋势和典型做法。如在美国，高等教育评价制度起步于19世纪，其主要形式为高等教育认证制度，认证的范围就包括院校认证和专业两种类型，而院校层面的认证便是从院校办学整体综合判断院校是否达到了认证标准。美国高校认证和评估主要由民间力量主导，联邦政府无权干涉认证活动，也不出台相关的认证和评价政策，认证的实施基本上由独立的私人教育评估机构完成，而教育部的主要任务是对认证机构进行监管，以保证认证的专业性和公平性。美国高校的评估认证主要有全国性认证和区域性认证两种类型，前者主要关注职业技术类高校，而后者则以研究型大学为主要对象，典型的有中部各州大学院校协会、新英国学校和大学协会、西北地区高校委员会、北中央学院和学校协会、西部学校和学院协会、南部学校和学院协会等机构的认证体系。

在建有国家统一高等教育认证和质量保障体系的国家和地区，也多采用对不同类型院校实施差异化的评估。如加拿大高校分为研究型大学、非研究型大学（基础类大学）和学院三种类型，研究型大学又分为设有医学院的研究型大学和无医学院的综合类大学，在各类官方和第三方评价中对这些院校的评价也采取不同的指标和评价方法。芬兰高等教育评估同样如此。该国特别注重不同院校的差异化评价，如在人才培养方面，大学注重教学和科研，培养方案强调学生科研方法的基础性和写作的规范性；应用技术大学注重教学和职业技能应用，培养方案强调应用能力实操和职业训练；而在科学研究方面，应用技术大学整合科研、教学和职业培训的能力较强，这是大学可以学习的；大学对科研质量评估程序相对成熟，这是应

---

① 杜瑛：《高等教育评价范式转换研究》，上海教育出版社2013年版，第24页。

用技术大学可以借鉴的。① 此外，许多国家也实行公立与私立高校的分类管理，对不同办学体制的高校进行分类评价。

2. 关于高校办学活动的分类评价政策

院校分类评价将特定类型高校作为一种整体进行评价，较好地呈现了院校个体的可比性和评价价值。随着知识经济时代的不断发展，高等教育的形式日益多元，高校办学职能正得到极大的延伸。由于不同层次类型高校及其具体办学事务和职能间的关联得到强化，高校特色体现在其职能和办学活动的特定方面。因此，国际高等教育评价政策的另一个侧面是从高等教育具体功能出发，对高校相关办学活动或单元进行分类评价。如果将高校分类评价理解为横向评价的话，高校办学活动的分类评价则突出具体职能和办学要素的纵向评价，包括关于教学质量和学术与科学水平的评价、学科和学位点评价、教师评价、人才培养质量评价、本科专业和课程项目评价等。

以教学评价为例，关于这类评价的方式和理念非常丰富，不同系统政策层面关注的重点和内容各不相同。如澳大利亚和英国通过建立和实施本科教学质量国家标准。澳大利亚仿效英国的做法于2014年制定《大学教学规范与标准框架》，该体系可以按标准和学术水平呈现评价结果，分别用以证明不同级别的期望的进展，以及每个学术水平对所有标准的期望。按照标准来看，包括七个维度：（1）学习活动的设计和规划；（2）教学和支持学生学习；（3）对学生的学习进行评估并给予反馈；（4）开发有效的学习环境、学生支持和指导；（5）将奖学金、研究和专业活动与教学相结合，支持学生学习；（6）实践评估和持续专业发展；（7）专业和个人效能。按照学术水平来看，具体分为讲师（A）、讲师（B）、高级讲师（C）、副教授（D）、教授（E）五个等级。英国则于2016年制定《教学卓越框架》，该评估指标体系包含教学质量、学习环境、学生学习成果和学习收益3个一级指标，下设10个二级指标。

总体上看，关于高校办学活动的评价无论是从评价内容还是模式上看，都更为具体、灵活且富于针对性，因而正成为高校分类评价的主要形

---

① 贾宏春：《芬兰高等教育评估的内容与特点》，《中国高等教育》2021年第7期。

式。政策层面对于这类评价工具的使用往往侧重院校的分类绩效评价，制定相关事务和办学要素的分层、分类办学指标，结合目标完成情况对高校进行分类拨款。

二 高校分类评价的政策评析

中国高校分类评价政策是随着高等教育管理改革的不断深入和管理体制的不断完善而逐渐发展起来的。从分类评价的形式上看，高校层面的分类评价政策仍处于建设期，主要侧重于高校办学活动的分类评价。

（一）高校分类评价政策的演进

20世纪80年代以来，随着教育评价理论研究不断深入，特别是在第四代教育评价理论指导下，中国高校评价中广泛运用以科学计量学为代表的评价技术，并逐渐建立了以教学评估、学科评估、学位点评估、"双一流"建设评价为主要内容的多元评价体系。

1. 教学评估

中国对普通高校评估始于20世纪80年代，自1985年颁布的《中共中央关于教育体制改革的决定》首次提出"评估"后，中国分本科与专业两类院校开展教学评估，总体上按照分层、分类、分步有序展开。本科院校在先期对改革开放后新建院校、"211"工程重点高校等试点评估的基础上，先后经历"普通高校本科教学工作水平评估"（2003—2008年）、"普通高校教学工作审核评估"（2013—2018年）两个阶段；评估范围也由工科院校扩展到所有院校，并且根据院校设立时间对新建本科高校和其他高校、一般高校与医药等特殊学科专业院校进行了区分，体现出"分类指导原则"。随着本科院校评估的顺利推进，教育部逐步推进高职院校的教学评估，在试点评估的基础上于2004年全面启动高职高专院校的教学评估。2021年1月教育部印发《普通高等学校本科教育教学审核评估实施方案（2021—2025年）》，揭开了新一轮审核评估的序幕。新一轮审核评估采取"两类四种"柔性分类方法，由高校自主选择特定类型参与评估，高校也可以自定义特定指标，实现"量体裁衣"式的评估，充分体现了高校评估的开放性、自主性。

2. 学科评估

中国官方学科评价以教育部学位与研究生教育发展中心组织的"学科评估"为代表，该评估参照《学位授予与人才培养学科目录》（简称《学科目录》）对全国具有博士或硕士学位授予权的一级学科开展整体水平评估。"学科评估"始于2002年，目前已经进行了五次，目前第五次评估结果未公布。各轮"学科评估"总体上坚持"质量、成效、特色、分类"的理念，在保持一级指标总体稳定的前提下，评估对象和指标体系不断细化。第一轮和第二轮学科评估主要集中于学术队伍、科学研究、人才培养与学术声誉等一级指标，采取分批评估的方式进行；第三轮开始实施整体一次性评估，主要集中于人才培养质量、师资队伍与资源、科学研究（与艺术/设计实践）水平、社会服务与学科声誉四个一级指标，分为人文社科、理学、工学、农学、医学、管理学六大学科领域；第四轮学科评估进一步细化了分类设置指标体系，将人文学科、社会科学、理学、工学、农学、医学等分别单独设立指标体系，分类设置的指标体系由第三轮评估的六类拓展到九类。每个学科采用独立的权重，共设置95套权重。在第五轮评估中，评估指标进一步分化，教育部按一级学科分别设置99套指标体系，各学科按学科特色分别设置17—21个三级指标。同时，在评估方法和技术、评估结果等方面也不断得到改进，以便更为有效地贯彻分类评估的原则，达到分类评估、淡化名次、引导院校加强学科建设的目的。

3. 学位点评估

学位点评估是国家对研究生学位点进行的审核和质量评估。中国自1981年实施学位制度以来，先后以多种形式开展学位点评估，如各类学位审核评估、部分学科的学位授予质量评估和学位点质量评估、一级学科评估、学位点基础条件合格评估及定期评估等。2004年，教育部关于印发《学位授权点合格评估办法》的通知（〔2014〕4号）中指出：学位点合格评估每6年进行一轮，每一轮评估的前5年为自我评估阶段，最后1年为随机抽评阶段。标志着中国建立了学位授权点周期性、强制性的合格评估制度。[①] 同其他评

---

① 刘兰英：《合格评估视角下的研究生学位点内涵建设》，《教育发展研究》2019年第5期。

估类似，随着评估活动的深入，学位点评估逐渐体现出分类评估的实施原则。如根据学位点的层面，区分博士点与硕士点的评估，前者由国务院学位委员会办公室组织进行，而后者则委托各省级学位委员会或军队学位委员会负责组织。评估结果分为合格、存在部分问题、存在严重问题三类。在指标体系方面，教育部分类制定了《学术学位授权点抽评要素》《专业学位授权点抽评要素》，其中教学科研支撑、导师指导、实践教学或学术训练、论文质量等部分二级指标中体现出不同学科类型的差异。2020年国务院学位委员会、教育部关于修订印发的《学位授权点合格评估办法》的通知（学位〔2020〕25号）指出，"组织学位授权点进行自我评估，应建立有学校特色的自我合格评估指标体系，对师资队伍、学科方向、人才培养质量和特色、科学研究、社会服务、学术交流、条件建设和制度保障等进行评价。"学位点评估也将朝着一校一策的评估方向不断深入改革。

4. "双一流"建设评价

"双一流"建设是继"985"工程"211"工程后的中国高等教育新的重点大学建设工程。与前期同类重点大学和学科建设项目过于偏重分层建设相比，"双一流"建设更为注重分类建设。教育部等三部委印发的《统筹推进世界一流大学和一流学科建设实施办法（暂行）》（教研〔2017〕2号）中提出，"坚持扶优扶需扶特扶新，按照'一流大学'和'一流学科'两类布局建设高校，引导和支持具备较强实力的高校合理定位、办出特色、差别化发展，努力形成支撑国家长远发展的一流大学和一流学科体系。"三部委印发《关于深入推进世界一流大学和一流学科建设的若干意见》中进一步指出，"强化一流大学作为人才培养主阵地、基础研究主力军和重大科技突破策源地定位，依据国家需求分类支持一流大学和一流学科建设高校，淡化身份色彩，强特色、创一流。"同时，在评价方面，"推进深化新时代教育评价改革总体方案落实落地，把人才质量作为评价的重中之重，坚决克服'五唯'顽瘴痼疾，探索分类评价与国际同行评议，构建以创新价值、能力、贡献为导向，反映内涵发展和特色发展的多元多维成效评价体系。"因此，在第一轮建设中，入选高校具体分为世界一流大学和一流学科建设高校两大类。三部委在2020年联合印发的《"双一流"

建设成效评价办法（试行）》中，"双一流"评价分为大学整体建设评价和学科建设评价，前者考察高校在人才培养、教师队伍建设、科学研究、社会服务、文化传承创新、国际交流合作6个方面的综合呈现的结果；后者主要考察高校在人才培养、科学研究、社会服务、教师队伍建设4个方面的综合成效。

（二）高校分类评价政策的主要问题

中国高等教育正处于结构调整期，高校分类体系还不够健全，分类评价政策仍处于初步探索阶段，相关政策面临着高校分类标准缺失、过度分层化的评价倾向、分类评价的指标体系有待完善等问题。

1. 高校分类标准缺失

分类评价的前提是对高校和内部办学要素进行科学分类。学界对于高校分类的研究非常丰富，但分类结果存在很大分歧。从已开展分类评价的部分地区来看，分类评价方案又回到了过去按照人才培养层次、高校传统办学实力划分的老路，"双一流"高校、博士授予权高校、硕士授予权高校、地方普通高校、高职院校等分类成为当前高校分类评价的典型分类，在这种分类法中，公办与民办高校、综合型与以特定学科专业为特色的专业型院校的办学差异很难在分类评价中得到有效呈现。更多的学者主张按照高校职能或培养目标划分，如研究类高校、应用类高校及其中间若干具体类型高校等。[1] 同时，从高校整体层面来看，尽管教育部已经明确了研究型、应用型和应用技术型三类高校的分类框架，但对于三类高校的具体内涵、分类标准、高校动态调整的方向与原则等一直缺乏明确的政策意见。总之，中国高等学校分类已经定为研究型、应用型和职业技能型的体系，但是与此相对应的高校分类设置标准和评价机制还在研制中，高校分类设置标准与评价机制体制建设滞后于高校分类管理需要。[2]

---

[1] 李立国、薛新龙：《建立以人才培养定位为基础的高等教育分类体系》，《教育研究》2018年第3期。

[2] 史秋衡：《〈中华人民共和国高等教育法〉20年发展报告——基于高校分类人才培养提质增效视角》，《国家教育行政学院学报》2020年第2期。

2. 过度分层化的评价倾向

根据第四代教育评价理念，教育评价应重视质性研究方法，应坚持价值多元性的信念，通过各种形式的平等对话达到对教育活动的共识，反对管理主义倾向。高校分类评价重在通过对高校办学活动的监测、分析并向高校反馈所存在的问题，帮助高校制定个性化的办学目标和实施方案，促进其更好地特色发展、分类发展。但是，在"双一流"建设背景下，竞争成为高校办学和地方高等教育活动的主旋律，基于绩效的分类管理理念盛行，当前官方各类针对高校及其具体办学要素的评价政策更为侧重高校办学水平的分等。在尚未对高校进行科学分类的情况下，高校及其办学要素纷纷被贴上"一流"的标签。而高校为了进入"双一流"建设名单，不得不被动地参与到各类学科评估、绩效评价活动之中。这种不区分高校类型和办学层次，甚至主要根据评估结果来划分高校办学层次的高等教育评估制度，严重影响了高校的准确办学定位，导致高等教育同质化，影响了高校分类分层建设和特色发展。[①] 同时，以等级制划分的高校评价政策也会进一步强化并产生累加效应，驱动高校将办学活动功利化，不仅重视在各类次重要的评价中积累小优势，而且更为注重将这些小优势汇聚成下一轮关键性评价中的大优势，造成高校办学行为的异化。

3. 分类评价的指标体系有待完善

高校分类评价指标应突出评价对象的特征，设计个性化的评价维度。为此，教育部等三部委分布的《"双一流"建设成效评价办法（试行）》，就"分类评价，引导特色发展"特别指出，"以学科为基础，依据办学传统与发展任务、学科特色与交叉融合趋势、行业产业支撑与区域服务，探索建立院校分类评价体系，鼓励不同类型高校围绕特色提升质量和竞争力，在不同领域和方向建成一流。"但是，不管是高校层面还是高等教育具体办学活动和要素层面的评价活动，当前高校评估的指标并未在各个维度和指标中体现不同院校的特点。如以上海市为例，虽然《上海高等教育

---

① 张应强、周钦：《"双一流"建设背景下的高校分类分层建设和特色发展》，《大学教育科学》2020 年第 1 期。

布局结构与发展规划（2015—2030 年）》提出的二维分类体系的其中一维是基于学科专业集中度进行分类，对未来上海不同学科专业布局的优化调整也有具体的设想和目标，但与之相配套的分类评价的指标体系中并没有关注到按主干学科对高校进行的综合、多科及特色性分类，缺乏具体的对不同类型高校基于学科专业集中度的观测点及评价指标。[①] 就高校特定办学活动和要素的评价而言，分类评价所存在的困难和障碍更多。如在教学评价中，如何评测不同院校的教学效果一直是相关研究和政策的难点，长期以来，教学评价由于缺乏科学的评价标准，政策实践往往在分类评价与统一评价间摇摆；在学科评价中，自然、社会和人文等学科尽管存在很强的异质性，但相关评价的核心指标却基本相同。难免被误读为具有重共性轻个性的价值导向，使学科评估面临着标准窄化和模式固化的风险，导致胜者不光彩，输者不服气。[②] 而在学位点评估中，目前的学位点评估标准统一性有余，多样性不足。不同的评估标准，即使有所差异，也仅是"量"的不同，没有"质"的区别。这种强调"统一"的学位点评估标准抑制了学位点建设单位的自主性和创造性，影响了办学特色和学科特色的形成。[③]

三 高校分类评价的政策创新

高校分类评价依赖于分类设置基准，评价结果又为分类拨款政策提供必要的依据。因此，分类评价作为高校分类管理的中间环节，对高校分化起着承上启下的作用。进一步落实分类评价的政策理念，优化相关政策对于高校分类管理具有重要的实践意义。

（一）建立共治、共享的分类评价制度

现代教育评价理论的发展已历经了四代，第一代评价以测量为特征，

[①] 杜瑛：《省域高校分类评价的现实审视与改革路径》，《中国高教研究》2021 年第 9 期。
[②] 张继平、刘婷、赵欢：《以中国特色的学科评估推进"双一流"建设：问题与进路》，《研究生教育研究》2020 年第 6 期。
[③] 甘晖、罗云、孙志强：《完善学位点评估标准的策略选择》，《中国高等教育》2011 年第 24 期。

第二代评价以描述为特征,第三代评价以判断为特征,第四代评价以心理建构为特征。这四代评价都把评价定义为价值判断。从第四代教育评价开始,"回应—协商—共识"的评价线索更为关注多元价值,回应不同利益相关者的不同价值诉求。其中第四代教育评价提出,教育评价是一个社会政治过程,主张打破以往评价中的"管理主义倾向",以"回应"各种主体诉求;第五代教育评价主张从"单一主体单维度"向"多元主体多维度"转变,从"结果评价""过程评价"向"立体评价"升级,从用于鉴定、证明、改进、回应向全方位服务扩展,将价值判断、价值促成和价值创新统一起来。

高校评价本质上是一种价值判断活动,在高等教育体系越来越复杂、普及化日益深入的政策环境中,相关政策及其实践需要应对多元主体的价值诉求。随着高等教育系统由简单走向复杂,科层式治理逐步向多元共治转变。在这种环境下,高校分类必须树立"用户导向"原则,满足政府、高校、工商界、教师、学生等利益相关者的需求。政府应该向社会赋权,将评价的权力赋予所有利益相关者,以实现多元共治。[①] 这种分类评价制度不仅是政策本身取得合法性的前提,也是分类评价结果作用于高校分类发展的制度保障。

共治、共享的分类评价制度的核心要素是实现评价所涉主体的合作协商、价值共享。具体来看,一是完善高等教育评价法律法规。教育评价不仅是保障教育质量的关键性政策工具,也是建立高质量教育体系的重要内容。高校层面的分类评价具体涉及研究型、应用型本科、职业技术院校三类高校的评价。建议在充分调研的基础上,出台三类院校的分类设置与分类评价专门性政策文件,明确各类院校分类办学的目标、结构、办学职能和内部办学活动要求;基于此,制定行业性院校、专门性院校、边缘性院校、民办高校等院校办学评价办法。二是统筹设计高等教育具体内容的分类评价政策。高等教育具体活动已日益深入地卷入国家和社会生活的各个方面,政策层面应针对高校教学、科研、社会服务等活动的特点,出台专

---

① 周光礼:《论高校分类的逻辑》,《中国高教研究》2022年第11期。

门性的评价方案。根据高等教育治理体系建设的要求和"管办评"分离的原则，修订高校教学、科研、学科、教师、经费使用、国际交流合作、服务全民终身学习等专项评价实施办法，理顺评价主体和对象的责权利关系，对各类评价的目标、原则、内容、程序、组织、实施等作出明确规定。三是积极吸纳高等教育外部利益相关者参与各类评估。学生与家长、高校毕业生、行业企业、用人单位和国际教育组织等主体，是高等教育活动的直接参与者，这些群体理应参与到高校评价活动之中。要建立高校分类评价听证制度和分类办学的社会调查制度，促进这些主体更好地参与到高校分类评价政策的出台、评估方案和标准的制定、评估过程的监督和结果的反馈的各个环节。

（二）完善高校分类评价标准

确立评价标准并提升其测度的有效性是高校分类评价的根本保障。评价标准在评价活动开展前发挥着"指挥棒"的作用，而在评价活动结束后则可作为评判评价活动效用和高校办学效果的依据。评价标准的制定要做到全面、具体、突出特色，既要关注高校的整体和具体办学活动的现实表现，有利于区别高校办学过程中的存量与增量，更要重视对其未来的发展趋势和办学特色的考察，进而引导不同类型和层次的高校根据办学特色和国家社会发展需求，确立自身在高等教育体系中的坐标，实现以评促建、以分类评价促分类发展的目标。

分类评价标准的制定要平衡指标的统一性与多样性的关系。正如遗传与变异造就了生物的多样性一样，尊重组织的特色并有序引导其朝向合目的的分化，正是高校分类管理的根本价值所在。而在高校评价活动中，评价标准的统一性与多样性间存在矛盾关系。过于突出院校的差异化特征、突出多样性的分类评价，甚至一校一策的评价活动，似乎更能体现并引导实现院校的多样化，但其代价却是摒弃了分类评价在分析同类院校和办学要素与活动中的比较价值，无法区分劣币或良币，更无法指导高校的分类发展。反之，为了方便评价而对院校类型和其他被评价对象的简单归类，虽然有助于提升评价的效用，但无法真实地反映被评价的内容，反而会影响院校的特色发展。

为此，应建立共性维度与特色指标相统一的分类评价标准。未来中国在评价指标建构中应摒弃单一化和统一化的设计理念，根据评估对象的不同建立兼具综合性、特色性和动态性的评估指标体系，进而引导高校不断增强其竞争力与凝聚力。① 比如，高校的评价方案可思考"理论型、工程型、应用型、职业型"等典型特征的不同，依据职能确立高校评价的共性标准和特色标准，对高校的评价要针对共性通用因子和特色标志因子综合进行，对当前的工作要推动差异化创新探索。② 共性通用因子，如对人才培养规格和目标中强调"知识、技能和思维力"，培养过程中突出"理论学习和实践练习"，研究活动中对于基础研究、应用和开发研究成果及其影响的评价等，这些在各类院校和具体活动要素的评价中的总体要求是统一的。但是不同类型高校和办学活动理应根据其特色的差异，形成个性化的评价方案。为保证分类评价的科学性，评价标准的选择应以政府、教育主管部门、有影响力的教育研究机构和智库等为主，并辅之以社会第三方机构的评价方式为补充。要改变过去由政府和专家主导制定评价标准的做法，鼓励高校根据自身办学特点，自由设定个性化的评价指标体系。具体来说，重点要关注两个方面：一是进步性，体现为"自己与自己比"；二是先进性，体现为"与同类院校的比较"。③ 总之，高校分类评价要分类制定不同类型高校、具体办学活动的标准，提高被评价对象的可比性，实现不同类型高校和办学活动的复合、多维比较。对各类高校的评估不应是一套而应是多套的，只有如此，每所高校在考虑发展战略、制订发展规划时，才可以实事求是地根据自己的主客观条件、自己的优势和特点，在各自层次和类型中争创一流。④

（三）用好分类绩效评价政策

绩效评价是以对绩效的理解和界定为基础的，通过系统收集信息用于

---

① 胡德鑫、郭哲：《我国高校评价的历史演进与制度设计》，《中国高等教育》2021 年第 17 期。
② 马陆亭：《推动新时代高校评价的差别化创新》，《民族教育研究》2021 年第 6 期。
③ 王旭初、黄达人：《关于新时代高等教育评价问题的一些思考》，《中国高等教育》2020 年第 22 期。
④ 潘懋元：《大众化阶段的精英教育》，《高等教育研究》2003 年第 6 期。

判断不同高校"绩效"的优劣和高低,将这样的评价结论用于高等教育资源的配置,从而推动不同高校努力实现更高的办学绩效。从绩效指标的选择来看,在以绩效为驱动的、强调人才培养主体功能的分类管理中要重视人才培养过程,绩效指标不仅要包括输入和输出指标,还应包括过程及与过程相关的情境性指标,以引导、监控和彰显大学生的学习体验。绩效指标对于不同类型的机构应加以区分,将绩效指标与拨款政策、国家战略和机构使命紧密结合,重视对高等学校中间过程和进步的认可和鼓励。[1]

高校评价是对高校办学效果的综合性判定,评价结果往往也构成了下一轮高校分类发展和管理活动的基点。如教育部等三部委联合印发《"双一流"建设成效评价办法(试行)》中提出"综合评价结果作为下一轮建设范围动态调整的主要依据","根据综合评价结果,对实施有力、进展良好、成效明显的建设高校及建设学科,加大支持力度;对实施不力、进展缓慢、缺乏实效的建设高校及建设学科,减少支持力度。"许多省市也在积极尝试高校分类绩效评价制度,将办学绩效与资源配置结合起来,引导高校分化。如上海市自2015年以来积极探索对高校实施分类绩效评价,针对特色化办学专门要求和分类评价指标对不同类型高校进行综合绩效评价,适度向社会公开发布分类评价结果,并将评价结果作为政府分类考查高校履行职责、公共财政分类拨款、公共资源配置等的重要依据。[2] 进入"十四五"后,一些省市进一步结合前期"双一流"建设和高校分类管理的经验,深化高校分类绩效评价改革。如2022年,江西省教育厅出台的《江西省普通本科高校分类管理实施办法(试行)》,实行差别化分类考核,分别研制研究型和应用型高校两类评价指标体系,在一流专业、一流课程、教学成果、教学改革项目、教学名师等方面,分别设置赛道,采用不同的评价标准。

分类绩效评价也成为当前世界高等教育评价制度的普遍趋势,在许多发达国家的一流大学建设项目和高等教育管理政策中,都充分发挥了绩效

---

[1] 杜瑛:《基于绩效的高校分类管理机制探析》,《国家教育行政学院学报》2017年第12期。

[2] 杜瑛:《高校分类体系构建的依据、框架与应用》,《中国高等教育》2016年第Z2期。

的杠杆作用。如德国的"大学卓越计划"、法国的"卓越大学计划"、韩国的"世界级高水平大学建设计划"、日本的"COE 计划"等项目中，参与的高校无时不处在激烈竞争与动态调整之中。在英国，"卓越研究框架"和"卓越教学框架"便分别按照院校科研和教学质量的评价结果，将其作为财政拨款的依据，引导高校朝教学和科研进行分化。而韩国也在通过实施基于绩效的年度"大学基本能力诊断"，通过不断优化高校评价指标，发挥对高校办学的综合影响力。

分类评价与绩效评价关系紧密，用好分类绩效评价政策工具，无疑将更有效地发挥分类管理的政策效应，促进院校良性分化。在具体政策实践中，为避免分类绩效评价工具的过度使用，要在尊重高校办学活动完整性的前提下，明确分类与绩效评价的标准，确立正确的院校办学绩效观和分化观。在具体操作上，要注重将核心标准与院校办学绩效联系起来，并注重分类评价结果的综合使用。从系统深入实施分类评价的上海、浙江来看，均特别注重研究制定与分类评价结果绩效挂钩的具体操作方案，将评价结果尽可能科学化运用。[①] 要淡化分类结果对于高校办学的分层与符号效应，突出其对于高校内部办学活动和资源配置等内涵建设方面的引导功能。

第三节 高校分类拨款政策

如果将复杂的高校分化过程定义为一个黑箱，分类管理政策的侧重点就在于控制输入和输出的两端。输入端主要受分类设置政策影响，后者为高校分化制定规则、指明方向；输出端则与分化评价政策相关，具体展现院校分化的结果。由于高校分化所具有的自主性与政府分类管理的外部性间的矛盾性普遍存在，这就需要通过一定的激励机制驱动院校朝向合政策目的的分化行为，这便是分类拨款政策的价值所在。

[①] 贺武华：《高校如何在"宫格"中实现行政主导下的自主发展——兼析沪浙高校分类发展模式与经验》，《教育发展研究》2022 年第 1 期。

一 高校分类拨款的价值与政策内容

高等教育属于具有高度的资源依赖性特征的公共部门,高校分化深受拨款政策影响,分类拨款有助于为不同院校办学提供多样化的氛围,促进多元职能的履行。

(一) 高校分类拨款政策的价值

高校分类拨款主要指针对不同类型高校办学特点,对其采取差异化的拨款方式、手段和比重。高校分类拨款是分类管理政策的关键工具,有助于提升拨款的针对性和效率。

1. 高校分类拨款的内涵

中国高校办学经费主要来源于国家投入的财政性教育经费、学生个人投入的事业经费,以及社会资金。本书中高校分类拨款属于国家财政预算内教育经费,这类经费主要由中央、地方各级财政或上级主管部门在本年度内安排,并划拨到教育部门及其他部门主办的各级各类高校,按照中国教育统计的口径,通常包括教育事业费拨款、科研经费拨款、基建拨款以及其他经费拨款等。

固然,中国高校所获取的财政预算内经费都是按照一定的项目结构和标准分类进行划拨的。目前,学界并没有对高校分类拨款作出明确的界定,但高校分类拨款政策主要是作为分类管理政策的一部分而提出的。如2014年,由教育部等六部门印发的《现代职业教育体系建设规划(2014—2020年)》(教发〔2014〕6号)中提出,要"探索研究型高校、应用技术型高校、高等职业学校等不同类型高校的分类设置、评价、指导、评估、拨款制度"。从这个意义上看,高校分类拨款是指各级政府和高等教育主管部门为促进高校分类发展,根据不同高校办学活动特点,制定对应的拨款项目,采取差异化的拨款系数和比重,将财政拨款与不同高校特定方面的表现直接匹配的拨款模式。

2. 高校分类拨款政策中的公共性

高等教育是准公共物品,具有一定的外部性,同其他准公共物品相比,高等教育的外部性是劳动者的受教育而外溢出来的,其外部性与内部性是合一的，因而具有"更大""正外部性"，不仅个人收益水平会提高，社会和国家的生产效率都会得到极大提升，并获得巨大的经济和非经济效益。因此，高等教育所具有的正外部性也决定了政府投入高校办学的正当性。

正外部性是高等教育部门的固有属性，然而，不同类型高校所具有的外部性大小存在差异。从营利性私立高校到非营利性高校、公立高校，从承担大众化职能的职业院校到承接国家创新体系建设的高水平研究型大学，受教育者个人、高校举办者和社会从这些院校的收益各不相同。同样地，高校不同功用的外溢也会存在外部性的差异。比如，教学职能一般被视为院校最基本的职能，在培养高素质人才的同时对于解决结构性失业和就业问题也有所贡献，培养技能型工人与科学家或工程师之于个人和政府的意义同样存在差异，开办社会热门专业与基础性冷门专业同样如此。同样，科研领域中的基础性研究、应用型研究和开发研究，横向课题与纵向课题，对于政府和社会而言意味着不同的利益。基于此，政府应出于维护高等教育公共性的需求投资办学，但经费投入更应体现出对应的差异。

3. 高校分类拨款政策中的公平

公平性是高校拨款的重要原则。在一个完备的高等教育系统中，各类院校扮演着不同的角色，各司其职、错位发展，共同形成了良好的系统生态。从内在属性来看，所有院校都是系统不可或缺的一员，并不存在身份和地位的差别。但是，由于办学能级差异的存在，高校职能履行的效果也不尽相同。因此，高等教育拨款政策需要根据高校的表现设计拨款方案，为院校创设公平的发展环境。

高校分类拨款更为突出政策的公平性，进而有助于促进院校分化。分类拨款强调拨款起点公平，对于同类院校或同类功能，实行相同的拨款标准和尺度，规避拨款方案中的人为或非理性因素的影响；对于不同院校或功能，在尊重院校的办学特色和能级大小的前提下，拨款政策通过评估院校办学的增量价值，尽量消除起点差异对于不同院校拨款的影响。相反，无差别的、同质化的拨款政策不仅意味着政策的公平性缺失，而且也会降低不同的院校办学热情，从而会导向院校的同质化。正如尼科·克洛特所言，统一的机构治理方式，即在类似的法律下以同样的方式建立机构，不允许治理机制的差别。如果再加上政府的无差别拨款机制，便有很大的同质压力。①

4. 高校分类拨款政策中的效率

高等教育资源具有稀缺性，即使西方发达国家，当前也无法实现高等教育全人教育。由此，财政拨款的分配除了基于公平原则，保证高等教育公共性外，还要优化选择针对性的拨款方案，保证不同高校各项资金合理配置，激励整个系统提高效益。

20世纪90年代末以来，中国高等教育经过持续的规模扩张，使得中国成为世界高等教育大国，这也对资源造成了极大的压力，长期以来高等教育投入总量不足与经费使用不高的问题同时存在。为此中国一直采取非均衡式的高校拨款政策，通过设立各类重点高校建设项目和工程，集中有限的教育资源，提高经费使用效率。

"十三五"以来，特别是高等教育进入普及化阶段以来，中国高等教育进入以内涵式发展为核心的新发展阶段。在提质、增速、提效的发展要求下，高校拨款政策旨在通过提升现有办学要素的质量与效率、充分挖掘高校既有的内生动力，实现院校的特色发展、分类发展，建设高质量高等教育体系。实施高校分类管理的重要价值就在于优化高等教育资源配置，更为精准地促进院校特色发展，实现物尽其用、校尽其能。由于历史的原因，中国高等教育发展不均衡不充分的现实将长期存在，高等教育资源的稀缺性将更为突出，在提高资源投入水平的同时，改革高等教育拨款体制，更为注重以分化效果的资源导向将是财政拨款改革的可能方向。

(二) 高校分类拨款的政策内容

从目前国家和地方高等教育财政体制现状来看，高校分类拨款政策仍处于边实验边探索的阶段，尚未形成相对完善的拨款制度，以下结合典型地区的案例对此进行归纳分析。

---

① Nico Cloete: Africa Needs Differentiated Higher Education Systems (http://www.universityworldnews.com/article.php? story = 20150225142742928).

1. 高校拨款的项目类别

拨款标准、方式和形式受国家财政体制和经济社会水平等因素的影响，世界各国所采用的高等教育拨款模式各不相同，对高校拨款额度和拨款项目类别并未形成共识性模式，但一般多根据拨款方式、拨款用途等对高校进行分类拨款。

根据拨款来源的不同，高校拨款的项目类型主要分为直接拨款和间接拨款两种类型。直接拨款即政府或高等教育管理部门将经费直接划拨到高校，由高校支配使用，这类经费的项目类型主要包括基本运行经费拨款、有关专项拨款等。间接拨款则是指经费不直接下达给高校，而是通过一定的中介或中间环节，由高校通过提供对应服务的形式进行补偿或返还，从而完成经费的拨付，包括科研资助、学生的奖学金、助学金和助学贷款等。如对于学生的奖助学金，政府先将这些经费以学生资助的形式发放给学生，学生通过向高校支付学费从而完成政府对高校的拨款。一般来看，直接拨款的使用效率更高，可以直接针对高校发展过程的需要，更好地保障其有序运行，但也容易造成产出低效、高校缺乏公平竞争与绩效评估理念不足等问题；而间接拨款相对则拥有更完备的第三方监管机制，在拨款环节上更能调动高校的办学积极性，有利于维护高等教育公平，但存在拨款管理过程烦琐、拨款信息失真和资源分散等问题。因此，当前各国普遍综合使用这两种方式对高校进行拨款。

根据拨款用途的不同，高校拨款主要包括科研和服务拨款、教学拨款、运行和其他发展性拨款等类目。科研和服务拨款可用于院校基础研究、应用开发与技术推广等活动，一般采用项目制、合同拨款、专项拨款的形式予以资助，具有一定的竞争性，在高校拨款中所占的比重相对较小。教学是高校最基本的职能，为高校教学活动提供必要的财政支持也是高等教育财政的基本使命之一，包括直接用于学生培养、专业建设、教师培训、继续教育和开放教育等活动的经费，这是高校拨款的重要组成部分。同中国一样，许多国家和地区以高校入学人数为基数向高校提供教学资助。加拿大安大略省的高校拨款模块中的核心模式便是以招生人数为基准，这种拨款基于过去的招生人数进行，试图为高校提供相对稳定、可预测的拨款,以便高校制订多年的发展规划。① 运行和其他发展性拨款则用于高校的基本建设和日常运行等活动,如校区建设、教学科研设施配置、图书馆、体育馆、绿化等项目支出。

2. 高校分类拨款的依据

一般来看,高校分类拨款比较常见的做法是按照高校办学涉及的活动,根据一定的公式和标准计算各类拨款的额度下拨给高校,总体上可分为两种类型,一是以高校投入或发展需要为依据,以增量拨款、公式拨款为典型;另一种是基于高校办学活动的表现或产出水平,包括绩效拨款、合同拨款等形式。

增量拨款即协商拨款,是一种"基数加发展"的拨款模式,政府根据往年的拨款情况,结合本年度财政预算和高校发展需要,与高校协商确定拨款额度,拨款依据包括学生过去的招生基数、高校基建完成情况及下年的发展需要等。公式拨款相比增量拨款更为科学,也是当前世界普遍采用的拨款原则。这种拨款以不同高校办学活动的成本计算为依据,通过对高校运行情况的分析和计算,综合确定办学成本,从而形成特定的计算公式、综合不同类型高校的拨款数额,因此具有更高的科学性,有利于控制高校办学成本、提高办学效率。以上两种模式强调高校拨款的投入性、过程性指标,随着高等教育管理转向于以结果为导向,高校分类拨款随之侧重于根据高校的表现采用差异化的拨款政策。绩效拨款是以高校产出为基数的拨款模式,拨款额度和标准与绩效预算相匹配,通过综合计算高校教学、科研和运行等方面的表现,平衡办学的成本、质量、效率、效益,从产出的数量和质量两个方面衡量高校办学绩效,进而确定拨款类别及其数额。同样的,合同拨款同样与项目预算紧密相连。政府部门通过为高校发展设定预期目标,通过将这些目标转化为相应的课题并公开招标,通过协议的形式与高校签订合同,以此为依据对高校拨款。这种拨款多用于科研拨款,教学服务、社会服务、基础设施建设等类别都成为政府与高校间合

---

① The Ministry of Training, Colleges and Universities. *University Funding Model Reform Consultation Paper*, Ontario: Queen's Printer for Ontario, 2015, p. 9.

同拨款的内容。

根据不同高校的使命，从拨款的具体依据来看，总体上，目前绝大多数国家的政府和专门性高等教育拨款部门，通过采用可定性或定量测量的多维指标，综合使用以上方法分类确定不同高校的拨款类目和额度，并表现出两大趋势。一是拨款越来越重视高校的表现和产出。政府和拨款机构通过绩效评估，委托专门的高校拨款中介组织，拨款的制度化、法制化建设不断深入。典型的如英国。近年来，一些过去高等教育实行政府干预的国家和系统，也以积极借鉴这种市场机制的做法，进而提高拨款的效率。如20世纪90年代以来，德国高等教育出现了以"合约管理"为核心的治理理念和以"目标协定"为代表的治理工具。①。二是突出不同类型高校的差异化。如美国佐治亚州成立了高等教育拨款委员会，该委员会所制定的基于产出的高等教育拨款公式，其原则就包括：确定不同类型学校优先发展项目；确定不同类型学校（技术学院、州两年制学院、地区和州立大学、研究型大学）战略行动；根据卡耐基大学分类标准，将不同类型大学的美国南部地区教育委员会平均教师工资作为拨款乘数等内容。②

二　高校分类拨款的政策评析

作为分类管理政策的核心工具，高校分类评价政策针对不同类型高校办学活动的特点和需求，细化拨款类目，从而强化院校的资源导向，引导其分类发展、特色发展。中国一些地区正在配合分类设置和评价工具，深化高校分类拨款政策改革。

（一）高校分类拨款政策的演进

实际层面，中国高校分类拨款是随着高等教育拨款体制的不断完善而推出的新的拨款模式；在"双一流"政策的推动下，分类拨款正不断深入地融入分类绩效评价政策体系之中。

---

① 巫锐、皮尔·帕斯特纳克：《德国高等教育"合约管理"模式的经验与启示——基于柏林洪堡大学七版目标协定文本的比较分析》，《清华大学教育研究》2020年第1期。
② 王建慧、沈红：《美国高等教育公式拨款的演进与改革》，《外国教育研究》2014年第10期。

1. 中国高校拨款政策的发展情况

中国教育实行集权式管理，高校拨款政策受公共教育财政体制的影响，而后者又与国家经济体制改革紧密相关。中华人民共和国成立以来，随着中国宏观经济体制由计划经济模式向市场经济模式转型，高等教育财政体制经历了以"统一列支、分级管理"为特征的中央高度集中式管理，到中央与地方两级分担、以地方为主的管理的转变；高等教育经费筹措渠道也由单一的依赖财政拨款到以政府拨款为主、多渠道筹资的轨道上来。

中国公共教育财政体制大体上经历了三个发展阶段：第一阶段自1949年至1979年，教育财政实行"中央统一财政和分级管理"，各级教育经费被纳入中央预算，由中央政府统一领导、集中分配，形成中央及各部委、地方分级管理的体制；第二个阶段自1980年至1992年，实行"分级财政和分级管理"，前期经历省级财政的"划分收支，分级饼干"的预算管理体制，逐步形成"总额分成，比例包干"的包干办法；随后配合国企改制，财政包干制度进一步细化，中央与地方两级政府分级管理所属学校和相关教育部门的经费管理；第三个阶段从1993年至今，在党的十五届五中全会提出的"逐步建立适应社会主义市场经济要求的公共财政框架"下，国家开始实行分税制，高等教育管理体制改革不断深化，"条块分割的"管理体制被打破，中央和省级政府两级管理、以省为主的管理体制得以建立，教育投资新体制的基本思路得以形成，地方政策和高校因而获得了更大的办学自主权，在经费获取和使用方面的权力进一步扩大。

相应地，中国高校拨款政策也经历了四个发展阶段：第一阶段自1955年至1984年，实行"基数加发展"模式。国家根据高校前一年所得的拨款份额，并适当考虑当前高校发展需求和财力情况划转经费。第二阶段自1985年至2001年，实施"综合定额加专项补助"模式。"综合定额"指由国家根据培养成本所确定的各类经费定额标准；"专项拨款"部分是由国家另行给特定高校使用的专项经费，是对综合定额的补充。以上两种模式实质上都属于增量拨款，不利于高校控制成本，特别是与高等教育大众化高校多样化发展不相适应。为此，从2002年至今，高校拨款实施"基本支出预算加项目支出预算"模式，分别用于高校日常运行所需的经费及大型的修缮或专项活动的开支。而自2011年以来，地方高校实行"生均拨款加专项补助"，又回到了过去"综合定额加专项补助"模式上来；而中央高校则继续之前的做法，国家以项目或国家专项工程项目名义拨款。

2. 中国高校分类拨款政策的提出与实践

针对不同高校具体办学活动的差异，设计差异化的拨款项目是中国不同时期高等教育拨款体制改革的核心内容，从这个意义上看，中国高校拨款一直都沿用分类拨款的原则，不断优化调整高校拨款的公式。特别是1985年开始实施的"综合定额加专项补助"模式中，"综合定额"的确定就将高校日常运行经费分解为教职工人员经费、学生奖贷学金、行政公务费、教学业务费、设备费、修缮费、其他费用等几个项目，从而体现了各类各层次高等院校、各系科和专业的差异；而"专项拨款"的划拨同样依据各高校的特殊发展需要，由相关部门单独安排给高校使用，涉及的经费类目包括专业设备补充费、长期外籍专家经费、离退休人员经费、世界银行贷款设备维护费和特殊项目补助等。同样的，"基本支出预算加项目支出预算"模式、"生均拨款加专项补助"模式以及面向中央高校的各类工程项目拨款，均体现出不同院校的办学特色。

严格意义上看，分类拨款是分类管理政策的关键性政策工具，相关政策的出现还是2010年以后的事情。《国家中长期教育改革和发展规划纲要（2010—2020年）》最早就高校分类管理改革提出明确要求，其中指出"发挥政策指导和资源配置的作用，引导高校合理定位，克服同质化倾向，形成各自的办学理念和风格，在不同层次、不同领域办出特色，争创一流"。2015年，财政部、教育部联合出台了《关于改革完善中央高校预算拨款制度的通知》，进一步突出资源配置引导高校分类发展的重要作用，具体针对中央高校的项目，"项目设置面向所有中央高校，主要采取按照因素、标准、政策等办法科学合理分配资金，促进公平公正竞争，增强中央高校发展活力，提高发展的包容性。"2016年国务院发布的《国务院关于高等教育改革与发展工作情况的报告》，则基于2010—2015年的高等教育事业发展状况的分析，明确提出要"建立健全高校分类指导、分类拨款、分类评估制度"。2017年教育部发布的《国家教育事业发展"十三五"规划》则进一步提出,"推动地方开展高等学校分类管理改革试点,以人才培养定位为基础建立高等教育分类体系,研究制定高校分类设置、分类指导、分类拨款、分类评估等制度,努力形成高等学校科学定位、特色发展的局面。"

同时,上海、浙江、广东和北京等地区已开始探索与分类评价结果挂钩的资源配置和财政拨款制度,如湖北省"以武汉城市圈高校分类管理为基础,探索实行以分类为基础的高等教育拨款机制,开展基础经费＋发展性经费＋竞争性经费的预算管理改革试点"。辽宁省人民政府办公厅出台的《关于改革省属高校财政拨款制度 促进人才科技供需协调发展的意见》,通过设立绩效奖补专项资金的方式,"充分考核高等学校促进辽宁人才培养、产业发展的贡献度,按照因素、标准、政策等办法科学合理分配资金"。[1] 随着高等教育放管服改革的进一步深入,地方高校"生均拨款加专项补助"模式的实施,在促进高校分类发展方面的政策空间得到极大的扩展。如河南省将高校分类拨款作为其高校分类管理的重要突破口。2015年,河南省教育厅下发《关于促进普通高等学校分类发展的指导意见》,其中明确提出"探索高校分类拨款机制",该省于2018年全面实施省属高校和职业院校生均拨款制度,该项改革的核心便是实行分类拨款,"省属本科高校分为'双一流'建设高校、综合提升高校和特色发展高校,实施差异化财政支持政策。"[2]

(二)高校分类拨款政策的主要问题

进入21世纪以来,中国高等教育财政改革的步伐明显加快,高校拨款的科学化水平不断提高,公式拨款模式不断细化,并逐渐向绩效拨款模式转变,为高等教育事业发展提供了更为充足、有效的经费保障。然而,随着"双一流"建设和高质量教育体系建设的不断深入,当前高校分类拨款

---

[1] 陈昌芸、刘振天:《我国高校分类管理政策的演变历程、多重逻辑及优化路径——审视〈国家中长期教育改革和发展规划纲要(2010—2020年)〉实施十年》,《江苏高教》2021年第10期。

[2] 申久燕:《河南省属本科和职业院校不再按老师编制拨款 生均拨款制度全面实施》(https://jr.dahe.cn/2018/05-09/305851.html)。

政策仍不能有效适应高校分类管理与分类发展的需要，主要表现在以下方面。

1. 分类拨款与分类评价脱节

高校分化的动力源于多个因素，政府干预下的分类管理政策驱动下高等教育体系结构调整的同一性、强制性与高校分化行为的个性化与多样性之间存在一定的张力。分类设置是分类管理的起点，以官方的名义为院校分化制定规则；而院校能否朝向政府预定的方向分化却是分类管理的难点之所在，因而建立与之适应的分类评价、分类拨款制度被普遍认为是维系两者平衡、形成院校合目的的分化合力的关键政策。

然而，从中国高校拨款政策的演变来看，分类拨款与分类评价政策间联动不够紧密，突出地表现为重拨款、重评价。如"基数加发展""综合定额加专项补助"两种拨款模式基本属于增量拨款模式，后者虽然从一定程度上考虑了高校办学成本，但两者的拨款依据带有一定的计划经济时代的经验色彩，并没有全面考查各类高校办学的实际效益。大扩招以来施行的"基本支出预算加项目支出预算""生均拨款加专项补助"等模式，通过项目的形式引入结果导向的拨款工具，但总体上仍以招生数作为拨款的主要依据，由于办学成本、办学效果的测量一直被视为高等教育财政的难点问题，这两类拨款模式在落实分类评价政策方面仍有不小的空间。

2. 以分层拨款代替分类拨款

同当前中国高等教育体系所存在的分层化倾向类似，当前高校分类拨款政策体现出分层拨款的倾向。总体上，中央部属高校与地方高校沿用不同的拨款模式，因管理所属所获得的经费数额存在较大的差异，进而固化了体系结构的层级关系。大众化时期中国高校规模扩张以及以侧重招生规模的拨款制度，使得中央部属高校、地方重点高校进一步扩大了体量上、办学水平的相对优势。近十年以来，中国高等教育进入以提高质量为核心的内涵式发展阶段，头部高校仍能利用规模和水平上的存量优势获得更多的基本办学经费和竞争性的项目经费。不少地方高等教育财政拨款政策主要是在高校分层基础上构建的，高校所处的层次越高，获得的财政拨款就会越多。①

进一步来看，受"双一流"建设的影响，科研水平因素在高校拨款中所占比重不断加大，现行分类拨款模式对于不同类型高校而言均存在公平性问题和效率性问题，进而影响高校的分类发展。在这一拨款模式的实施过程中，往往会使有限的教育资源向综合型大学、重点大学倾斜，而在某些学科具有比较优势的单科性、行业性地方高校在这种拨款模式下显然不具优势，从地方政府获取的拨款也相对较少，从而导致它们无视自身要素禀赋结构而盲目追求综合化、趋同化发展。② 在部分实施分类管理的省市，一些普通本科高校的类型定位更偏重于研究型大学而不是应用技术型高校，一些实力强劲的高职院校则认为如果定位为职业技能型，学校可能会丧失升格为本科院校的机会。③

3. 分类绩效拨款政策失真

从世界高等教育财政趋向来看，绩效拨款已成为高校拨款政策的重要内容。中国在高等教育发展的不同时期设立不同类别的建设项目，在重点学科专业以及平台和基地建设、重大科研攻关、拔尖人才培养、重点高校和示范性高职院校建设等工程项目中，均根据高校的表现采取差异化的拨款方案，通过分类拨款与绩效拨款的结合，优化配置资源，提高经费的使用效率分配。比如，不同时期的拨款政策在这些项目工程的评选过程中都考虑了绩效因素，在执行过程中通过建设项目的可行性研究报告论证以及绩效考评衡量绩效，均实行年度总结、中期检查和项目验收三个阶段的检查和监督。④

由于与分类评价、分类设置等政策缺乏紧密衔接，基于绩效的分类拨款政策同样面临一定的问题。一是效力不足。如从全国层面来看，截至2021年5月1日，只有16个省市印发、转发了高校分类评价政策，这表

---

① 王玲、宋尚桂：《山东省高校分类管理的财政拨款模式构想》，《济南大学学报》（社会科学版）2013年第1期。
② 林云、张河森：《地方高校趋同现象及化解路径》，《湖南师范大学教育科学学报》2015年第4期。
③ 杜瑛：《省域高校分类评价的现实审视与改革路径》，《中国高教研究》2021年第9期。
④ 王莉华：《我国高等教育绩效拨款的局限与对策》，《中国高教研究》2010年第5期。

明纵向层面高校分类管理考核评价、经费拨款、绩效激励政策等缺少与之对应的强制约束与实质激励，并没有很好地调动地方参与的积极性。[①] 二是政策异化。一些高校和地区在争取拨款时，基于理性选择的目标导向，将办学的重心转向于显性指标、有实际资源获取功用的办学行为，而忽视了自身办学的特色和传统，这在学科评估、"双一流"建设中表现尤为突出。三是绩效缺位。许多重点建设工程的设立、专项经费的份额与组成方式主要是通过中央政府和各部委、地方政府和高校多方博弈确定的，而不是直接根据高校呈报的项目建设可行性论证报告。这种情况虽在当前"双一流"建设中有所改观，但仍是支配高校拨款的潜在影响因素。

三 高校分类拨款政策的创新

资源是高校办学最为关键的基础条件，优化配置资源对于高校分类管理政策的实施具有举足轻重的意义。当前高校拨款政策的改革方向在于加强拨款工具与分类设置、分类评价等政策的整合，进一步落实分类拨款的具体要求，积极推进绩效拨款改革，通过建立专门的拨款中介机构提高拨款的专业化、科学化水平。

（一）强化基于目标的分类拨款模式

针对现行拨款模式所存在的问题，分类拨款政策的改革要突出拨款的目标导向，在严格核算各类办学成本的前提下，以目标协定的形式引入合同拨款。

1. 细化分类拨款的类目与标准

中国高校一直采用收付实现制为主核算办学成本，并未采用严格意义上的成本费用核算。少数高校虽然试行实施成本核算制度，但对于核算对象、核算方法和成本构成等基本问题的解释缺乏统一标准，造成高校成本核算结果不准确，从而影响了国家高等教育拨款政策实效。为此，应根据《政府会计制度行政事业单位会计科目和报表》《事业单位成本核算基本指

---

① 王利利：《省域高校分类评价的现状、问题及改革路径》，《内蒙古社会科学》2022年第5期。

引》等文件的要求，结合高校历年办学经费收支情况，分析其实际活动成本。由于不同类型高校、专业和办学活动存在显著差异，核算方法方面可综合比较完全成本法、制造成本法以及作业成本法等方法，针对特定对象进行比较分析，以提高成本核算的科学性。

同时，应进一步优化整合分类拨款类目。现行高校拨款以学生人数作为核心成本变量，虽然简便易行，但无法准确核定办学成本。建议修订完善《高等学校教育培养成本监审办法（试行）》，进一步明确部分项目如科研经费计入高校培养成本的规定，改革高校食堂等后勤业务的成本支出的核算分摊方法等，结合高校分类设置政策，区分不同类型高校，综合考虑高校规模、区位和定位等因素，将拨款类目分解为基本建设、教学、科研、日常运行等类目，再由高校自行选择整体发展、各项业务活动、学科专业建设等特点和办学需求，确定各自的各类经费的拨款标准。

2. 以目标协定推进合同拨款

高校拨款由投入式模式向产出式模式转变，是当前世界高等教育财政体制改革的重要趋向。发达国家多将高校定位作为拨款的重要依据，通过合同拨款的方式，提高资源配置的效用。如德国一些州政府与高校签订"目标协定"，政府通过"合约管理"既加强对高校的控制，又给予其适当的办学自主权力，有效发挥了办学经费在引导高校分化的作用。美国高校自20世纪30年代以来就有公开发布使命陈述的传统，并将其纳入组织战略规划的重要组成内容，一些州为建设专注于实现机构、区域和州优先事项的高绩效校园，也尝试通过院校使命陈述、确定校园目标等方式实现问责制，而功能性陈述被认为是可确保该州校园满足州和地区全面需求的重要基石。[1]

借鉴这些拨款模式，中国高等教育拨款体制改变应进一步突出高校定位与类型选择的重要价值。一方面，政府应引导高校科学制订战略规划，明确自身办学定位和使命愿景，将高校办学定位写入学校章程，通过精心

---

[1] Ohio Board of Regents, *The High Performance Campus—Building the Campus of the 21st Century: A New Funding Model for Institutional Stability, Performance and Change for the Future*, Columbus: Ohio Board of Regents, 1994, pp. 7–8.

编制的使命陈述，重点突出、简明扼要地展现组织通过组织战略履行组织使命的能力。另一方面，政府与高校应基于"委托—代理"框架建立稳定的合同关系，以契约方式对高校进行分类管理，并通过协商的方式具体确定组织战略目标，并将其作为拨款和评价的重要依据。同时，高校与政府间的目标协定也将为高校面向政府和社会筹资提供依据，有助于与高校潜在的资助者建立有意义的合作伙伴关系。

（二）完善基于贡献和效益的绩效拨款模式

从目前多数国家和地区的实践来看，高校拨款仍以公式拨款为主要形式，绩效拨款、合同拨款等模式多作为公式拨款的补充而存在。面对普及化和"双一流"建设的要求，中国高校拨款要改变目前以学生数量为依据的拨款方式，深入推进办学成本核算制度改革，建立更为科学的分类拨款标准，引导高校内涵式发展；同时，也要积极推进绩效拨款模式改革，鼓励高校公平竞争、全面提高办学质量。

1. 认真评估分类绩效拨款的价值和条件

从世界范围来看，高等教育财政要解决两大问题，即保障财政经费的充足性、提高其使用效率。以公式拨款为代表的拨款模式的突出特点是基于投入，即以过去高校办学的收支情况和成本核算为基础，具有一定的经验色彩。这种模式在保障高校基本建设和运行方面具有一定的优势，但难以反映未来高校发展的需要，容易造成高校的资源依赖和办学惰性。与此相反，绩效拨款则以产出和效率为导向，把资源分配与高校办学的成效联系起来，有利于最大化地激活高校办学活力，优化高等教育资源配置，促进高校间的平等竞争。

绩效拨款有三个条件。一是建立可识别的办学目标。这些目标是高校和作为拨款主体的政府所共同认可的，是明晰的、可操作的，并在一定时期内保持相对稳定，以便与高校战略规划相适应。二是高校办学绩效是可评价的。比如对于人才培养质量的标准，不同层次类型高校间应有一定的差异性，但同类高校间应该是可以比较的、可测量的；科研和社会活动的绩效，同样也有数量和质量的差异。办学绩效的这些差异和变化可通过单位拨款的调整体现出来。三是拨款的政策对象是可激励的。高校作为理性人，在资源和评价工具的引导下，明晰自身办学定位，能与政府一道确立未来发展方向，认可绩效评估指标和方法，以此作为评定产出的依据，自觉进行标杆管理和成本调控，实现分类发展。

2. 研制差异化的绩效拨款指标

当然，同其他拨款模式一样，绩效拨款有其适用性，同样也面临着一定的问题。绩效拨款最大的挑战是"绩效指标的选择、赋权和测量"。教育中的很多成果难以量化测量，一旦试图量化测量，就会陷入片面与争议。[1] 从这个意义上看，绩效拨款指标的选择与优化便是当前相关政策改革的重点内容。事实上，由于不同高校和办学活动所固有的异质性，理想的绩效拨款指标也应该是有差异的，综合国内外研究和实践，可能存在这样几种拨款指标设计思路。

一是院校分类拨款指标。如日本对大学经费拨款补助实行竞争性"倾斜配给"，为促使国立大学明确自身定位、推进功能分类改革，国立大学"各尽其职"推进功能改革的程度将成为政府拨款的一个衡量标准。从2016年开始，该国对每组类型的大学实行不同功能的分类拨款。[2] 相关做法也可为中国高校分类管理提供政策借鉴。二是办学模块指标。一般是根据高校教学、科研和服务等活动的需要，分别制定不同高校拨款标准。典型的如英国，该国正全面实施高校绩效拨款，教学拨款从以公式法为参照的整体拨款转变为以公式法为基础的绩效拨款；科研拨款则是一以贯之地支持高质量绩效表现的学术研究；同时增加了以校企互动绩效为基础的知识交换拨款。[3] 三是定制化指标。这种方式相当于一校一议，政府与高校事先便单独确定绩效目标和评价方式。如加拿大安大略省政府通过与大学部谈判制定的文件，跟院校量身定做战略授权协议，为其提供交流优先事项、确定机构优势/重点领域和设定绩效指标的机会。[4]

---

[1] 张和平、沈红：《高校绩效拨款中的政府控制与结果导向——大学自治会被削弱吗?》，《学术论坛》2015年第2期。

[2] 王晓燕：《日本推进国立大学功能分类改革的动向研究》，《中国高教研究》2016年第10期。

[3] 张红峰：《英国高等教育基金委员会拨款方法的变迁研究》，《中国高教研究》2017年第5期。

[4] Strategic Mandate Agreement：*Strategic Mandate Agreement*（https：//www.torontomu.ca/provost/strategic-plans/strategic-mandate-agreement/）.

(三) 加强拨款制度和中介组织建设

除了加快拨款模式改革外，拨款制度和组织建设也是分类拨款政策改革的重要内容。从发达国家的实践来看，随着高校拨款占教育经费、国家财政支出的比例不断提高，如何调配这些巨额经费本身就是非常复杂的问题。因此，从拨款程序上看，这些系统的高校拨款政策的出台均依据特定的法律框架，通过颁布专门的拨款法案，规范高等教育资源配置行为，并通过专门的中介组织负责高校经费的划拨、过程监督和绩效评价。

1. 进一步健全高校拨款制度

鉴于高等教育在国家经济社会建设中的地位日益提高，发达国家普遍设立专门的法案保障高校拨款的顺利实施。如美国的《国防教育法》《退伍军人权利法案》《大学负担能力法》《"9·11"后退伍军人教育援助法案》，以及不同时期修订的《高等教育法》等系列法案，均对联邦政府介入高校办学的资助模式作出了明确的规定；各州作为高等教育的管理者，也都在其州宪法中规定了高校拨款的具体办法。如加州宪法规定，"全州学校拨款委员会应在每个财政年度，按照立法机关可能提供的方式，通过学区和其他学校主管部门，用以支持和资助包括幼儿园、中小学和技术院校在内的学校"，并单独针对加州大学的经费筹措作出了系列规定。[①]澳大利亚《高等教育支持法案》、荷兰《双层结构法》、日本《私立学校振兴助成法》等专门性高校拨款法案的颁布为高校拨款制定了基本规则。

在中国，高校拨款制度的建设应纳入高校分类管理的体系之中进行统筹规划。应健全以《高等教育法》为核心的高等教育法律体系，制定与《高等教育法》配套的一系列法律规范，出台具有法律效力的高等学校分类发展政策文件，如《高等学校分类设置条例》《高等教育分类拨款条例》以及《高等学校分类办学水平监督条例》等，形成一整套内容翔实、上下衔接、结构严谨的高等教育分类发展的制度体系。[②]基于此，加快建立和

[①] California Secretary of State: *Constitutions* (https://www.sos.ca.gov/archives/collections/constitutions).

[②] 夏焰、赵璐瑶:《我国高等学校分类发展政策的演进——基于39份政策文本的分析》,《重庆高教研究》2022年第2期。

完善与高校分类管理相适应的高校财政制度和分类管理政策体系，实现高校分类拨款与分类设置、分类评价的联动。

2. 建立多元参与的专业拨款机构

过去，中国政府集高等教育事务的运动员和裁判员的角色于一身，事无巨细、面面俱到，造成高校分类发展的自主性缺失、动力不足。对此，教育部等5部委联合印发的《关于深化高等教育领域简政放权放管结合优化服务改革的若干意见》，要求中央向地方和高校放权，给高校松绑减负、简除烦苛，让学校拥有更大办学自主权。就高校经费使用管理要求，该文件提出"改进项目管理方式，完善资金管理办法，采取额度管理、自主调整等措施，进一步扩大高校项目资金统筹使用权"；此外，要"创新监管方式和手段"，完善第三方评估，加强事中事后监管。

高等教育领域的放管服改革不仅是单纯的部门职能的下放，改革的实施还需要不断健全组织建设，适当分解各政府和部门的职能。中国高等教育拨款采用政府向高校直接拨款，拨款过程、绩效评估等都由政府直接管理和控制，高校经费使用自主权不足，经费预算、使用和过程管理等并不透明，拨款效率亟待提高。从高等教育财政体制建设方面来看，在高校和政府间设立专门的拨款、绩效评估中介组织是发达国家的普遍做法。如英国高等教育拨款委员会、法国国家评估委员会，这些拨款的"缓冲"机构相对独立，组织构成来源于高校办学的不同利益相关者，从而有效保证了拨款的科学性、公平性、有效性。建议组建高等教育拨款与评估委员会，该组织是政府和高校的"缓冲"组织，其人员由中央和地方政府、高校、行业部门、有影响力的教育咨询和研究机构等组成，专门负责收集、整合不同主体对高校办学、经费使用等方面的诉求信息，并开展拨款的审议、分配、绩效评价等事务，增强分类设置、分类拨款、分类评价各政策的联动性，确保政府拨款的有效利用。

参考文献

一 中文文献

别敦荣：《论高等教育评估的功能》，《高等教育研究》2002 年第 6 期。

陈恒敏、金超逸：《从分化到整合：南非高校分类变迁的内在逻辑》，《江苏高教》2020 年第 4 期。

陈厚丰：《高等教育分类的理论逻辑与制度框架研究》，广东高等教育出版社 2011 年版。

陈沛酉：《高校组织转型：研究进展与分析框架》，《中国人民大学教育学刊》2018 年第 1 期。

陈学飞、叶祝弟、王英杰等：《中国式学科评估：问题与出路》，《探索与争鸣》2016 年第 9 期。

董宝良主编：《中国近现代高等教育史》，华中科技大学出版社 2007 年版。

董立平：《多样化：高等教育普及化阶段的基本特征》，《中国高等教育》2016 年第 17 期。

杜瑛：《省域高校分类评价的现实审视与改革路径》，《中国高教研究》2021 年第 9 期。

冯向东：《高等学校定位：竞争中的抉择》，《北京大学教育评论》2004 年第 2 期。

高燕：《高等教育机构类型分化的历程、特征与趋势》，《中国高等教育评论》2012 年第 3 卷。

顾永安、陆正林：《我国新建本科院校的设置情况分析及其启示》，《中国高教研究》2012 年第 2 期。

郭文斌、方俊明：《关键词共词分析法：高等教育研究的新方法》，《高教探索》2015年第9期。

韩炜、杨俊、陈逢文等：《创业企业如何构建联结组合提升绩效？——基于"结构—资源"互动过程的案例研究》，《管理世界》2017年第10期。

何万国、蔡宗模、杨正强：《我国高校分类发展对策研究》，《中国高教研究》2016年第2期。

贺武华：《高校如何在"宫格"中实现行政主导下的自主发展——兼析沪浙高校分类发展模式与经验》，《教育发展研究》2022年第1期。

胡德鑫、郭哲：《我国高校评价的历史演进与制度设计》，《中国高等教育》2021年第17期。

胡仁东：《"双一流"建设背景下高校评价体系之重构》，《国家教育行政学院学报》2019年第5期。

胡瑞文、卜中和：《优化布局结构改革管理体制——对当前高等教育布局结构调整的思考》，《教育发展研究》1997年第2期。

胡艳芬：《澳大利亚高校分类管理制度与特色》，《世界教育信息》2022年第1期。

怀进鹏：《胸怀国之大者 建设教育强国 推动教育事业发生格局性变化》，《学习时报》2022年5月6日第1版。

贾宏春：《芬兰高等教育评估的内容与特点》，《中国高等教育》2021年第7期。

贾彦峰、郭淑新：《地方高校两次转型中的文化断裂与有序演进》，《高教探索》2016年第6期。

姜宏建：《山东省级财政下达7.15亿元支持"双一流"建设》，《大众日报》2018年5月13日第1版。

康敏：《我国高等学校分类制度的生成研究》，博士学位论文，厦门大学，2020年。

柯安琪：《金砖国家高等学校设置标准研究》，硕士学位论文，厦门大学，2018年。

雷家彬：《国际比较视域下高校分类与分层的共生关系研究》，《国家教育行政学院学报》2021年第10期。

雷家彬：《政府还是市场：国外高校多样化策略的争论与启示》，《清华大学教育研究》2022年第1期。

李春林、邓寒怡：《中国省域"双一流"政策文本量化分析》，《高等工程教育研究》2019年第4期。

李立国、薛新龙：《建立以人才培养定位为基础的高等教育分类体系》，《教育研究》2018年第3期。

刘方、翁庙成主编：《实验设计与数据处理》，重庆大学出版社2021年版。

刘兰英：《合格评估视角下的研究生学位点内涵建设》，《教育发展研究》2019年第5期。

刘振天：《共治·分类·增效：新时代高校教学评估变革的三个向度》，《中国高教研究》2019年第10期。

马陆亭：《从一流大学建设转向一流体系建设——如何推动高等学校的分类发展》，《光明日报》2014年7月8日第13版。

马陆亭：《新时期"双一流"建设的推进战略》，《中国高教研究》2019年第12期。

马万华：《多样性与领导力——马丁·特罗论美国高等教育和研究型大学》，教育科学出版社2011年版。

聂永成、董泽芳：《新建本科院校的"学术漂移"趋向：现状、成因及其抑制——基于对91所新建本科院校转型现状的实证调查》，《现代大学教育》2017年第1期。

潘昆峰、何章立：《高校名称与学生认知判断：实验的证据》，《教育与经济》2017年第4期。

潘黎：《高校分类标准的构建及实证研究》，科学出版社2017年版。

潘懋元：《大众化阶段的精英教育》，《高等教育研究》2003年第6期。

潘懋元、吴玫：《高等学校分类与定位问题》，《复旦教育论坛》2003年第3期。

秦琴：《质量保障与评估如何影响高等教育多样化发展——基于13个国家

（地区）高等教育外部质量保障体系的文本分析》，《外国教育研究》2017年第4期。

沈红：《美国研究型大学形成与发展》，华中理工大学出版社1999年版。

沈红、王鹏：《"双一流"建设与研究的维度》，《中国高教研究》2018年第4期。

史秋衡、康敏：《探索我国高等学校分类体系设计》，《中国高等教育》2017年第2期。

史秋衡等：《高等学校分类体系及其设置标准研究》，经济科学出版社2019年版。

宋歌：《知识结构与创新扩散》，科学技术文献出版社2019年版。

苏渭昌：《五十年代的院系调整》，《高等教育学报》1989年第4期。

孙伦轩、陈·巴特尔：《高等学校的分化、分类与分层：概念辨析与边界厘定》，《国家教育行政学院学报》2016年第10期。

王保华、张婕、刘振天等：《高等学校设置理论与实践》，华中师范大学出版社2000年版。

王建慧、沈红：《美国高等教育公式拨款的演进与改革》，《外国教育研究》2014年第10期。

王培刚主编：《多元统计分析与SAS实现》，武汉大学出版社2020年版。

王伟廉：《走向多样性：中国高等教育改革的大趋势》，《江苏高教》1993年第4期。

王英杰：《刍论多样化高等教育制度建设》，《比较教育研究》2019年第5期。

王占军：《高等院校多样性的机制——基于种群生态学的分析框架》，《中国人民大学教育学刊》2013年第4期。

邬大光：《大学分化的复杂性及其价值》，《教育研究》2010年第12期。

巫锐、皮尔·帕斯特纳克：《德国高等教育"合约管理"模式的经验与启示——基于柏林洪堡大学七版目标协定文本的比较分析》，《清华大学教育研究》2020年第1期。

杨林玉、贾永堂、肖家杰：《大众化以来我国高校大面积更名现象研究——基于双轨制的视角》，《高等工程教育》2016年第3期。

杨晓明编著：《SPSS在教育统计中的应用》（第2版），高等教育出版社2012年版。

于洋：《我国高校规范更名研议》，《国家教育行政学院学报》2017年第7期。

曾昭抡：《高等学校的"专业"设置问题》，《人民教育》1952年第9期。

翟亚军、王晴：《"双一流"建设语境下的学科评估再造》，《清华大学教育研究》2017年第6期。

张和平、沈红：《高校绩效拨款中的政府控制与结果导向——大学自治会被削弱吗？》，《学术论坛》2015年第2期。

张红峰：《英国高等教育基金委员会拨款方法的变迁研究》，《中国高教研究》2017年第5期。

张建新、陈学飞：《从二元制到一元制——英国高等教育体制变迁的动因研究》，《北京大学教育评论》2005年第3期。

张男星、王纾、孙继红：《我国高等教育综合发展水平评价及区域差异研究》，《教育研究》2014年第5期。

张应强、周钦：《"双一流"建设背景下的高校分类分层建设和特色发展》，《大学教育科学》2020年第1期。

赵炬明：《精英主义与单位制度——对中国大学组织与管理的案例研究》，《北京大学教育评论》2006年第1期。

周光礼：《论高校分类的逻辑》，《中国高教研究》2022年第11期。

二 翻译文献

［德］乌尔里希·泰希勒：《迈向教育高度发达的社会：国际比较视野下的高等教育体系》，肖念、王绽蕊译，科学出版社2014年版。

［法］埃米尔·涂尔干：《社会分工论》，渠东译，生活·读书·新知三联书店2000年版。

［法］克里斯托弗·查理：《模式》，载［瑞士］瓦尔特·吕埃格主编《欧洲大学史（第三卷）：19世纪和20世纪早期的大学（1800—1945）》，

张斌贤等译,河北大学出版社2014年版。

[法] 涂尔干:《教育思想的演进》,李康译,商务印书馆2016年版。

[法] 雅克·韦尔热:《模式》,载[比] 希尔德·德·里德-西蒙斯主编《欧洲大学史(第一卷):中世纪大学》,张斌贤等译,河北大学出版社2008年版。

[荷兰] 威廉·弗里霍夫:《模式》,载[比] 希尔德·德·里德-西蒙斯主编《欧洲大学史(第二卷):近代早期的欧洲大学(1500—1800)》,张斌贤等译,河北大学出版社2008年版。

[加] 格兰·琼斯:《安大略高等教育》,载自格兰·琼斯主编《加拿大高等教育:不同体系与不同视角》,林荣日译,福建教育出版社2007年版。

[美] E.博耶:《美国高等教育机构的发展》,袁惠松译,《外国教育动态》1989年第2期。

[美] 阿特巴赫:《世界一流大学的代价与好处》,载刘念才、Jan Sadlak主编《世界一流大学:特征·排名·建设》,上海交通大学出版社2007年版。

[美] 彼得·赫尔肖克:《高等教育、全球化以及多样化的矛盾性》,冯李鉴译,《清华大学教育研究》2010年第2期。

[美] 彼特·布劳:《不平等和异质性》,王春光等译,中国社会科学出版社1991年版。

[美] 伯顿·克拉克:《高等教育系统——学术组织的跨国研究》,王承绪等译,杭州大学出版社1994年版。

[美] 伯顿·克拉克:《建立创业型大学:组织上转型的途径》,王承绪译,人民教育出版社2003年版。

[美] 伯顿·克拉克主编:《高等教育新论——多学科的研究》,王承绪等译,浙江教育出版社2001年版。

[美] 德里克·博克:《走出象牙塔——现代大学的社会责任》,徐小洲等译,浙江教育出版社2001年版。

[美] 杰弗里·菲佛、杰勒尔德·R.萨兰基克:《组织的外部控制:对组

织资源依赖的分析》，闫蕊译，东方出版社2006年版。

［美］克拉克·克尔：《高等教育不能回避历史——21世纪的问题》，王承绪译，浙江教育出版社2001年版。

［美］罗伯特·菲利普·韦伯：《内容分析法导论》，李明译，格致出版社2019年版。

［美］米歇尔·刘易斯-伯克、艾伦·布里曼、廖福挺主编：《社会科学研究方法百科全书》（第1卷），沈崇麟等译，重庆大学出版社2017年版。

［美］乔治·凯勒：《大学战略与规划——美国高等教育管理革命》，别敦荣等译，中国海洋大学出版社2005年版。

［美］世界银行——联合国教科文组织高等教育与社会特别工作组：《发展中国家的高等教育：危机与出路》，蒋凯等译，教育科学出版社2001年版。

［美］亚瑟·M.科恩、卡丽·B.基斯克：《美国高等教育的历程》，梁燕玲译，教育科学出版社2012年第2版。

［英］达尔文：《物种起源》，舒德干等译，北京大学出版社2005年版。

［英］盖伊·尼夫：《模式》，载［瑞士］瓦尔特·吕埃格主编《欧洲大学史（第四卷）：1945年以来的大学》，张斌贤等译，河北大学出版社2019年版。

［英］威廉·博伊德、埃德蒙·金：《西方教育史》，任宝祥等译，人民教育出版社1985年版。

三 外文文献

Agostino Menna, Holly Catalfamo and Cosimo Girolamo, "Applied Entrepreneurship Policy: Ontario's Colleges in the Age of Globalization", *Educational Planning*, Vol. 23, No. 2, 2016.

Alexander C. McCormick, "Classifying Higher Education Institutions: Lessons from the Carnegie Classification", *Pensamiento Educativo*, Vol. 50, No. 1, 2013.

Amy Kaufman, Linda Jonker and Martin Hicks, *Differentiation within the Ontario*

College System: Options and Opportunities, Toronto: Higher Education Quality Council of Ontario, 2018.

Andrew Codling and V. Lynn Meek, "Twelve Propositions on Diversity in Higher Education", *Higher Education Management and Policy*, Vol. 18, No. 3, 2006.

Ben Jongbloed, "Regulation and Competition in Higher Education", in P. Teixeira et al. (ed.), *Markets in Higher Education-Rhetoric or Reality*? Dordrecht: Kluwer Academic Publishers, 2004.

Bjørn Stensaker & Jorunn Dahl Norgård, "Innovation and Isomorphism: a Casestudy of University Identity Struggle 1969–1999", *Higher Education*, Vol. 42, No. 4, 2001.

Bob Rae, *Ontario: A leader in learning*, Toronto: Ministry of Training, Colleges and Universities, 2005.

Center for Higher Education Policy Studies, *Towards a Cartography of Higher Education Policy Change*, Enschede: University of Twente, 2007.

Christopher C. Morphew, "Conceptualizing Change in the Institutional Diversity of US Colleges and Universities", *The Journal of Higher Education*, Vol. 80, No. 3, 2009.

Chuanyi Wang & Qiang Zha, "Measuring Systemic Diversity of Chinese Universities: A Clustering-method Approach", *Qual Quant*, Vol. 52, No. 3, 2018.

Colleges Ontario, *Reaching New Heights: Differentiation and Transformation in Higher Education*, Toronto: Colleges Ontario, 2013.

David Riesman, *Constraint and Variety in American Education*, Lincoln: University of Nebraska Press, 1956.

David Trick, *Affiliated and Federated Universities as Sources of University Differentiation*, Toronto: Higher Education Quality Council of Ontario, 2015.

Fadia Dakka, "Competition, Innovation and Diversity in Higher Education: Dominant Discourses, Paradoxes and Resistance", *British Journal of Sociology of Education*, Vol. 41, No. 1, 2020.

Federica Rossi, "Massification, Competition and Organizational Diversity in Higher Education: Evidence from Italy", *Studies in Higher Education*, Vol. 35, No. 3, 2010.

Frans A. van Vught, "Diversity and Differentiation in Higher Education", in F. A. van Vught (ed.), *Mapping the Higher Education Landscape: Towards a European Classification of Higher Education*, Dordrecht: Springer, 2009.

Harvey P. Weingarten and Fiona Deller, *The Benefits of Greater Differentiation of Ontario's University Sector*, Toronto: Higher Education Quality Council of Ontario, 2010.

Harvey P. Weingarten, Amy Kaufman, *Linda Jonker & Martin Hicks, College Sustainability: Signal Data Toronto*, Toronto: Higher Education Quality Council of Ontario, 2017.

Ivar Bleiklie, "Organizing Higher Education in a Knowledge Society", *Higher Education*, Vol. 49, No. 1-2, 2005.

Ivar Bleiklie, "Systemic Integration and Macro Steering", *Higher Education Policy*, Vol. 20, No. 4, 2007.

James S. Fairweather, "Diversifcation or Homogenization: How Markets and Governments Combine to Shape American Higher Education", *Higher Education Policy*, Vol. 3, No. 1, 2000.

Jeroen Huisman & V. Lynn Meek, "Institutional Diversity in Higher Education: A Cross-National and Longitudinal Analysis", *Higher Education Quarterly*, No. 61, 2007.

Jeroen Huisman, "Higher Education Institutions: As Different as Chalk and Cheese?" *Higher Education Policy*, No. 13, 2000.

John Taylor, "Institutional Diversity in UK Higher Education: Policy and Outcomes Since the End of the Binary Divide", *Higher Education Quarterly*, Vol. 57, No. 3, 2003.

Kenneth D. Bailey, *Typologies and Taxonomies: an Introduction to Classification Techniques*, Thousand Oaks, CA: Sage Publications, 1994.

Martin Hicks and Linda Jonker, *The Differentiation of the Ontario University System: Where are we now and where should we go?* Toronto: Higher Education Quality Council of Ontario, 2016.

Martin Trow, "Reflections on the Transition from Elite to Mass to Universal Access: Forms and Phases of Higher Education in Modern Societies since WWII", in J. Forrest & P. Altbach (ed.), *International Handbook on Higher Education*, Dordrecht: Springer, 2007.

Ministry of Training, *Colleges and Universities. Ontario's Differentiation Policy Framework for Postsecondary Education*, Toronto: Queen's Printer for Ontario, 2013.

OECD, *Assessment of Higher Education Learning Outcomes (AHELO) Feasibility Study Report, Volume 1-Design and Implementation*, Paris: OECD Publishing, 2012.

Ohio Board of Regents, *The High Performance Campus—Building the Campus of the 21st Century: A New Funding Model for Institutional Stability, Performance and Change for the Future*, Columbus: Ohio Board of Regents, 1994.

Ontario Confederation of University Faculty Associations, *Differentiation Policy Framework for Postsecondary Education: OCUFA Analysis*, Toronto: Ontario Confederation of University Faculty Associations, 2013.

Peter A. M. Maassen and Henry P. Potman, "Strategic Decision Making in Higher Education: An Analysis of the New Planning System in Dutch Higher Education", *Higher Education*, Vol. 20, No. 4, 1990.

Peter Scott, "Markets and Managerialism: Enhancing Diversity or Promoting Conformity?" in M. O. Rosalind et al. (ed.), *Diversity and Excellence in Higher Education-Can the Challenges be Reconciled?* Rotterdam: Sense Publishers, 2015.

Pierre G. Piché, "Measuring Systemic and Climate Diversity in Ontario's University Sector", *Canadian Journal of Higher Education*, No. 4, 2015.

Robert Birnbaum, *Maintaining Diversity in Higher Education*, San Francisco, CA:

Jossey-Bass, 1983.

Roger Pizarro Milian, Brad Seward and David Zarifa, "Differentiation Policy and Access to Higher Education in Northern Ontario, Canada: An Analysis of Unintended Consequences", *The Northern Review*, No. 49, 2020.

Roger P. Milian, Scott Davies and David Zarifa, "Barriers to Differentiation: Applying Organizational Studies to Ontario Higher Education", *Canadian Journal of Higher Education*, Vol. 46, No. 1, 2016.

Ronald A. Fisher, Alexander S. Corbet and Carrington B. Williams, "The Relation between the Number of Species and the Number of Individuals in a Random Sample of an Animal Population", *Journal of Animal Ecology*, No. 12, 1943.

Steven Brint, Kristopher Proctor, Scott Patrick Murphy and Robert A. Hanneman, "The Market Model and the Growth and Decline of Academic Fields in U. S. Four-Year Colleges and Universities, 1980 – 2000", *Sociological Forum*, Vol. 27, No. 2, 2012.

Tyrrell Burgess, *The Shape of Higher Education*, London: Cornmarket Press, 1972.

Ulrich Teichler, "Changing Patterns of the Higher Education Systems in Europe and the Future Tasks of Higher Education Research", in European Science Foundation (ed.), *Higher Education Looking Forward: Relations between Higher Education and Society*, Strasbourg: ESF, 2007.

Ulrich Teichler, "Changing Structures of the Higher Education Systems: The Increasing Complexity of Underlying Forces", *Higher Education Policy*, Vol. 19, No. 4, 2006.

Ulrich Teichler, "Diversification? Trends and explanations of the shape and size of higher education", *Higher education*, No. 56, 2008.

Ulrich Teichler, "Higher Education System Differentiation, Horizontal and Vertical", in. J. Shin & P. Teixeira (ed.), *Encyclopedia of International Higher Education Systems and Institutions*, Dordrecht: Springer, 2017.

V. Lynn Meek, "The Transformation of Australian Higher Education: from Binary to Unitary System", *Higher Education*, Vol. 21, No. 4, 1991.

William F. Massy, "Markets in Higher Education: Do They Promote Internal Efficiency?" in P. Teixeira & B. Jongbloed et al. (ed.), *Markets in Higher Education-Rhetoric or Reality*? Dordrecht: Kluwer Academic Publishers, 2004.

Zha Qiang, "China's Move to Mass Higher Education in a Comparative Perspective", *Compare: a Journal of Comparative and International Education*, Vol. 41, No. 4, 2011.

Zha Qiang, "Diversification or Homogenization: How Governments and Markets Have Combined to (Re) shape Chinese Higher Education in Its Recent Massification Process", *Higher Education*, Vol. 58, No. 1, 2009.

后　记

　　2008年下半年，我在导师沈红教授的指导下，将高校分类作为博士学位论文选题方向，并持续研究至今。细细数来，我从事相关研究也有近15年的历程。这15年，太长也太短。说太长，是因为人生就是一个时间单位，15年所经历的变化着实太大。偶尔看到那时的登记照，再打量镜子中的自己，不得不感慨岁月是把无情刀。说太短，一晃由青葱步入中年，感慨其中过往，真是稍纵即逝。学术之路又何尝不是，博士三年自不用说，省属院校工作的这十多年来，顶住教学和浮躁环境的压力，找一些空间和时间做一点自己感兴趣的科研，有时感叹学术志向之不易，时间真是太长；正如有同事所言，电脑前一坐一天，自我感觉很努力，一年到头又没啥收获，回望起来着实令人汗颜，自愧春光易老、岁月匆匆而无所获。

　　学术之路尽管漫无边际，好在我还是坚持下来了。作为国家社科基金教育学一般项目"'双一流'建设背景下高校分类管理政策与制度创新研究"的最终成果，本书的出版或许可以作为对来时路和去时方向的交代。两年多来的碎片化写作和研究，伴随高等教育体系建设和相关研究的迅速发展，也让我读博期间的研究迷思逐渐得以澄清，对高校分类问题的实质有了更为深入、宽泛和多角度的认识。我努力阅读也希望阅遍这一领域的国内外文献，我也不再就分类而研究分类，而是从体系建设的层面考察高校分化及其多样性的产生机制问题，也更为关注宏观政策对系统和个体层面横向与纵向分化的潜在影响。其中我既有豁然开朗，更有困惑不解和迷茫失措。

　　给予我支持和帮助的人永远值得感谢，是你们给予我热情、信心和能量。博士导师沈红教授总是如我读书期间那样挂念着我，每次寒暄之余总能提出为人为学的敏锐建议，老师的鞭策和对学术的激情无时不在感染着我。感谢武汉工程大学的老同事和好朋友们，聚是一团火、散作满天星，尽管相距不远、相聚机会很多，但我还是不时想起和大家一起奋战的点滴。同时，也感谢我的研究生们，相识是缘，感谢小伙伴们在我困顿之时催我不断学习，其中李晓静、徐芊同学分别参与本书第二章、第六章部分内容的研究，在此表示感谢。本书也是湖北第二师范学院人才引进科研启动经费项目"增进多样性：高校分类管理制度与政策研究"的成果之一，并获得湖北省人文社科重点研究基地"湖北教师教育研究中心"、教师教育智库等湖北第二师范学院省级科研平台支持，借此也要感谢湖北第二师范学院科研处、教育科学学院的领导和新同事们的大力支持。自然更要感谢我的家人们，无论身在何时、在何处，亲情和后盾永在、信心就在，一切都是值得的。最后，要感谢中国社会科学出版社的赵丽女士对本书的顺利出版所做出的努力，试想没有赵老师多少次不厌其烦、细致入微的修改反馈、悉心督促和沟通协调，拙作何以面世？由于本人水平有限，本书仍存在不少瑕疵，敬请读者和同行批评指正。

雷家彬

2023 年 4 月 10 日